Greife nie in ein fallendes Messer

Friedhelm Busch ist als Moderator des Fernsehsenders n-tv und als Gründer der Sendung »Telebörse« einer der bekanntesten Börsenkommentatoren Deutschlands. Von 1977 bis 1984 leitete er das Wirtschaftsressort der ARD-Nachrichtensendung »Tagesthemen«, danach war er drei Jahre lang Chefredakteur des SAT 1-Zulieferers Gesellschaft für Wirtschaftsfernsehen GWF. Seine Karriere begann der promovierte Diplom-Kaufmann 1968 bei der Wirtschaftsredaktion des WDR-Hörfunks Köln. Es folgten Stationen beim NDR- und BR-Fernsehen.

Friedhelm Busch

Greife nie in ein fallendes Messer

Börsenweisheiten beim Wort genommen vom n-tv Moderator

Campus Verlag
Frankfurt/New York

Die Deutsche Bibliothek – CIP-Einheitsaufnahme

Ein Titeldatensatz für diese Publikation ist bei
Der Deutschen Bibliothek erhältlich
ISBN 3-593-36579-0

5., erweiterte Auflage 2000

Ein Projekt der Montasser Medienagentur
Umschlaggestaltung: Guido Klütsch, Köln
Umschlagmotiv: The Stock Market Photo Agency, Inc. (»TSM«), Düsseldorf
Satz: TypoForum GmbH, Singhofen
Druck und Bindung: Media-Print, Paderborn
Gedruckt auf säurefreiem und chlorfrei gebleichtem Papier.
Printed in Germany

Inhalt

Einführung

Seit mehr als einem Jahrzehnt versuche ich in der Fernsehsendung *Telebörse*, die 1987 nur wenige Tage vor dem Oktobercrash auf SAT 1 startete und wenige Jahre später vom Nachrichtensender n-tv übernommen wurde, eine Antwort auf die Frage zu finden: »Was bewirkt das Auf und Ab der Aktienkurse am deutschen Aktienmarkt?« Im Laufe der Jahre habe ich nach intensiven Gesprächen mit den Händlern und den Maklern auf dem Börsenparkett begreifen müssen, daß es darauf nur selten eine eindeutige Antwort geben kann. Im günstigsten Fall gibt es mehr oder weniger konkrete Hinweise, die in die eine oder andere Richtung deuten, nicht selten aber führen gerade diese Informationen in die Irre. Zwar erfahren die Anleger hin und wieder aus den Medien, aus welchen Gründen und mit welchem Kursziel diese oder jene Analyseabteilung eines deutschen Kreditinstitutes oder eines internationalen Wertpapierhauses eine Aktie empfiehlt oder vor ihr warnt, aber allzu häufig gelangen derartige Empfehlungen zu spät in die Öffentlichkeit. Der Börsenzug ist dann unter Umständen längst schon wieder in die andere

Richtung unterwegs. Ein Schelm, wer dahinter ein System vermutet. Zahllose Informationsdienste, Bücher, tiefschürfende wissenschaftliche Abhandlungen oder auch Kaffeesatzleser, Sterndeuter und ähnliche Wahrsager bieten zusätzlich eine Flut von Börseninformationen an, in der nicht nur der ungeübte, naive Kleinanleger zu ertrinken droht.

Was mich immer wieder irritiert, ist die Exaktheit bis hinter dem Komma, mit der bisweilen Börsenanalysten oder Börsen-Gurus ihre Aussagen treffen: über das Ausmaß der bevorstehenden Korrektur nach unten, über mögliche Trendwenden an genau definierten Unterstützungs- oder Widerstandslinien. Computer werden mit Erkenntnissen komplizierter mathematischer Kapitalmarkttheorien gefüttert, die vorgeblich alle relevanten Daten bei der Kursfindung beachten und daher in der Lage sein sollen, den »richtigen«, den »fairen« Kurs zu bestimmen. Die mathematische Formulierung, mit der beispielsweise nach der Black & Scholes-Methode der »faire Wert« eines Optionsscheines errechnet wird, berücksichtigt zahlreiche Parameter, die alle mit der Option zusammenhängen, also den Basispreis, den Aktienkurs und seine Schwankungsbreite, ausgedrückt als Wert der kumulierten Standardnormalverteilung, den Verfallstermin, den risikolos erzielbaren inländischen Zinssatz und schließlich noch die Dividendenrendite der Aktie, die dem Optionsschein zugrunde liegt. Kaum einer meiner Gesprächspartner auf dem Parkett kann mir die Formel aufschreiben. Das sei auch gar nicht notwendig, heißt es, denn die Computer in der Bank erledigen diese Aufgaben für die überforderten Profis auf dem Börsenparkett.

Das Dumme ist nur, daß diese Computerergebnisse, die

in ihrer pfenniggenauen Exaktheit dahergestelzt kommen, höchst selten mit den tatsächlichen Kursen auf dem Parkett übereinstimmen. Denn leider kennen oder begreifen nicht alle Anleger diese Theorien, so daß sich die Kurse an den Börsen häufig ganz anders entwickeln als von den Wissenschaftlern vorherbestimmt. Und selbst wenn sich alle danach richteten, würden die theoretisch berechneten Abläufe an den Kapitalmärkten gerade deswegen sehr schnell zusammenbrechen. An einer Einsicht kommt nämlich kein Theoretiker vorbei: An den Aktienbörsen handeln vor allem Individuen, die sich höchstens nur sehr kurzfristig von den mathematischen Modellen beeinflussen lassen. Wenn aber nicht alle Marktteilnehmer in den Bahnen laufen, die ihnen von Kapitalmarkttheoretikern vorgegeben werden, wenn sie zu rationalem Handeln nicht bereit oder fähig sind, dann scheitert die »virtuelle Börse« an der Praxis.

Doch die Wissenschaftler in den Hochschulinstituten und die teuer eingekauften Mathematiker in den Analystenstuben der Kreditinstitute geben natürlich so schnell nicht auf: Wenn die Anleger im Sinne dieser Theorien »Fehler« machen, sich also nicht so verhalten, wie es die Modelle vorsehen, dann müssen halt diese »falschen« Verhaltensweisen in den Modellen berücksichtigt werden. Und schon stimmt's wieder – zumindest in der Theorie. Dennoch hält sich auf dem Parkett der Frankfurter Präsenzbörse das Vertrauen in diese modelltheoretischen Überlegungen in Grenzen. Von nachweisbaren Erfolgen an den Terminbörsen, die bei ihrem Handel im Sekundentakt auf exakte Befehle für ihre Computerprogramme angewiesen sind, hört man nicht allzuviel. Die milliardenschwere Schieflage des renommierten Hedgefonds Long-Term Capital Management mit seinen nobelpreisgekrönten Beratern hat im Herbst 1998 meine Skepsis bekräftigt. Und daß Wissenschaftler, die diese Kapitalmarkttheorien entwickeln, laut Hörensagen für ihre eigenen Anlagestrategien auf Althergebrachtes, wie zum Beispiel die Fundamentalanalyse, zurückgreifen, ist wohl mehr als nur ein Grund zum Schmunzeln.

Noch etwas hat mich bei meiner ständigen Suche nach den »richtigen« Kursen verstört: Die meisten meiner Gesprächspartner zeigen sich außerstande, für den nächsten Tag oder die nächste Woche einen Trend vorherzusagen und ihn auch nachvollziehbar zu begründen. Dagegen trauen sie sich ohne größeres Zaudern zu, mir den Börsenstand des nächsten Jahres zu prophezeien: »Langfristig bin ich durchaus positiv eingestellt für die deutsche Börse. Ob wir aber morgen das heutige Niveau halten werden, das kann ich beim besten Willen nicht sagen.« Sätze, die ich auf dem Parkett ständig höre. Scheinbar eine widersinnige Aussage. Denn die in ferner Zukunft liegenden Zeiträume sind doch allein wegen der zeitlichen Distanz mit größeren Unsicherheiten belastet, während das Naheliegende leichter zu prognostizieren sein müßte.

Spötter werden einwerfen, wer langfristige Prognosen abgebe, setze auf die Gnade der menschlichen Vergeßlichkeit. Doch die Dinge liegen anders: Die Erfahrungen lehren nämlich, daß sich an den Börsen auf lange Sicht grundsätzlich die fundamentale Betrachtungsweise durchsetzt. Wer seine Aktienanlage nicht als kurzfristige Spielerei versteht, mit dem Ziel, in kurzer Zeit eine möglichst hohe Rendite zu erzielen, wer sich vielmehr für die Aktie als Instrument einer langfristigen Vermögensbildung entschieden hat, der kommt ohne Wissen über die fundamentalen Grundlagen nicht aus. Dieser Anleger braucht Informationen über die wirtschaftlichen Daten des Unternehmens, dessen Aktien er sich ins Depot legen will, über die Konkurrenz, die Branche und die volkswirtschaftlichen Rahmendaten.

Natürlich gehen auch in eine fundamentale Analyse Unsicherheiten, Spekulationen und Risiken ein. Nichts im täglichen Leben läuft ohne das Risiko des Fehlschlags, erst recht nicht an der Börse. So können die Aussagen der Unternehmen selbst oder die der Analysten wegen bewußter oder unbewußter Fehler in die Irre führen, im Guten wie im Schlechten. Einstmals zutreffende Überlegungen stimmen plötzlich nicht mehr, wegen politischer Ereignisse, wegen globaler oder begrenzter Naturkatastrophen. Vorausgesetzt, wir leben weiterhin in einer 'mal mehr 'mal weniger stark wachsenden Weltwirtschaft, ist jedoch bei langfristiger Betrachtung der Aktienanlage derjenige gut beraten, der sich aufgrund fundamentaler Überlegungen für bestimmte Wertpapiere entscheidet und seine ursprüngliche Entscheidung nicht spontan korrigiert, nur weil plötzlich die ganze Börsenwelt durch ein Währungsscharmützel zwischen den USA und Deutschland ins Wanken zu geraten scheint oder weil der Generalsekretär der KPdSU Michail Gorbatschow von Putschisten bedroht wird.

Eine alte Börsianerweisheit lautet: »Nie mit den Wölfen heulen« und eine andere: »Politische Börsen haben kurze Beine«. Beide Sprüche haben sich nach dem Wall-Street-Crash von 1987 und nach der Gorbatschow-Krise vom August 1991 als richtig erwiesen. Ein Jahrzehnt *Telebörse* und lange Gespräche mit erfahrenen Börsianern haben mich gelehrt, daß in der Banalität einer alten Börsianerregel oft mehr Weisheit steckt als in mancher noch so modisch geputzten quantitativen Analyse. Das Verwirrende ist nur, daß sich diese Weisheiten oft scheinbar widersprechen. Nach vielen Wochen der Kurssteigerungen mahnt die Börse zur Vorsicht, schließlich »ist die Börse keine Einbahnstraße«, man sollte daher Kursgewinne realisieren, also verkaufen, denn »durch Gewinnmitnahmen ist noch nie jemand arm geworden.« Andererseits soll man »seine Gewinne laufen lassen«, denn »the trend is your friend«. Was also tun? Verkaufen oder halten? Weiter kaufen? »Das kommt darauf an«, habe ich während meines Studiums gelernt. Aber worauf kommt es an? Auf die zeitlichen Vorstellungen des Anlegers, auf das Ziel der Aktienanlage, auf die eigene Liquidität, auf das wirtschaftliche Umfeld.

Aus eigenen Erfahrungen weiß ich, daß vorzeitige Gewinnmitnahmen im nachhinein äußerst schmerzhaft sein können. Aber gar nichts zu tun und die vielzitierte Schlaftablette des André Kostolany zu nehmen, halte ich auch für gefährlich. So richtig es ist, sich aufgrund eigener Kenntnisse oder mit Hilfe Sachkundiger eine Meinung zu bilden und danach sein Aktiendepot aufzubauen, so falsch kann es sein, aus Schlafmützigkeit oder Sturheit bei dieser Meinung zu bleiben, selbst wenn sich die wirtschaftlichen oder auch gesellschaftspolitischen Voraussetzungen entscheidend verändert haben. »An der Börse muß man eine eigene Meinung haben«, lautet daher mein erster Grundsatz. Und der zweite: »Aus seinen Fehlern muß man lernen.« Mit diesem Buch möchte ich Ihnen keine »absolut sicheren Tips« geben, wie man in kürzester Zeit reich werden kann. Ich möchte Ihnen nur helfen, Fehler zu vermeiden, Fehler, die ich gemacht habe.

Kapitel 1

Greife nie in ein fallendes Messer

Der lange Marsch aus dem Oktober-Crash 1987

Die Gläser und Teller von der rauschenden Premierenfeier in der Frankfurter Redaktion der »Telebörse« waren noch nicht einmal weggeräumt, die Münchener Geschäftsführung sichtete mehr als zufrieden die zahlreichen Glückwunschschreiben und blätterte aufgeregt in den deutschen Tageszeitungen auf der Suche nach Berichten über den gelungenen Start der ersten umfassenden Börsensendung im deutschen Fernsehen, da sollte es für uns alle, nur zwei Wochen nach der ersten Sendung auf SAT 1, zur dramatischen Feuerprobe kommen.

Es begann alles ganz harmlos, wie einer dieser Tsunamis, dieser schreckenerregenden Meereswellen, die sich im Stillen Ozean langsam und unbemerkt aufschaukeln bis zu einer Höhe von mehr als 30 Metern, um schließlich mit rasender Geschwindigkeit auf die Küste aufzulaufen, alles unter sich begrabend, was sich ihnen in den Weg stellt.

In den USA bereiteten sich die Börsianer arglos und in aller Ruhe auf die Schlußrunde eines erfolgreichen Börsenjahres vor. Die Autoindustrie rechnete auch für das letzte Quartal 1987 mit steigenden Absatzzahlen, die chemische Industrie blickte voller Zuversicht in die Zukunft, und die Händler und Makler an der New Yorker Börse, der Wall Street, setzten mehrheitlich auf weiter steigende Aktienkurse. Einige warnende Stimmen wegen einer möglichen Zinserhöhung durch den neuen US-Notenbankchef Alan Greenspan konnten die Börsenbullen nicht sonderlich erschrecken. Daß sich Präsident Ronald Reagan und sein Finanzminister James Baker um das wachsende amerikanische Handelsbilanzdefizit sorgten und vor allem von den notorischen Überschußländern im Handel mit den USA, also von Deutschland und Japan, Maßnahmen zum Abbau dieser Überschüsse und damit zur Verringerung des US-Handelsbilanzdefizits forderten, auch das brachte niemanden um den Schlaf – weder an der Wall Street, noch in der Bonner Regierung, erst recht nicht bei den Währungshütern der Deutschen Bundesbank in Frankfurt. Warum also sollten wir in der Frankfurter Redaktion der *Telebörse* vom Business as usual abweichen?

Wir konzentrierten uns in den ersten Tagen unserer halbstündigen börsentäglichen Sendung darauf, Gesprächspartner an den internationalen Börsenplätzen und vor allem auf dem Börsenparkett in Frankfurt zu finden. Neue Mitarbeiter mußten über die Abläufe der Sendung und über die Spielregeln an der Börse informiert, Kursgrafiken in ein fernsehtaugliches Format übertragen und Kameras auf der Galerie über dem Börsensaal installiert werden. Schließlich hatten wir als Trainingsphase bis zum Start der Sendung nur wenige Tage zur Verfügung gehabt, im Grunde war unsere Generalprobe gleichzeitig die Premiere gewesen.

Auch die Börsianer selber brauchten Zeit, sich an unsere Sendung und an den Reporter auf dem Parkett zu gewöhnen. Diese ständigen Fragen nach dem »Warum« der Kursbewegungen, nach persönlichen Einschätzungen und Prognosen, und das alles live vor der laufenden Fernsehkamera, das hatte es bisher in Deutschland in dieser Form noch nicht gegeben.

So mancher Börsenhändler war über die Anordnung seines Chefs, in unserer Sendung die Wertpapierstrategie des Hauses zu erklären, nicht sonderlich erfreut. Zumal es häufig auch gar keine Erklärung für einen plötzlichen Einbruch oder Kursgewinn gab. Kein Wunder also, daß wir die Sendung nur langsam, im ersten Gang anfahren konnten. »Und bleiben Sie bitte mit Ihrer Kamera oben auf der Galerie«, hatte mir die Börsenleitung eingebleut, »denn sonst besteht unter Umständen die Möglichkeit, mit der Kamera in das Auftragsbuch eines Händlers oder Maklers zu schauen und die jeweiligen Aktienverkäufe und -käufe sichtbar zu machen.«

Außerdem sollten wir es vermeiden, mit der Kamera nur einzelne Börsianer zu erfassen, zu schnell konnte sonst der falsche Eindruck entstehen, die in der Fernsehsendung angesprochenen allgemeinen Ereignisse und Meinungen wären einem konkreten Börsianer zuzuordnen.

Die Berührungsängste waren in den ersten Tagen der *Telebörse* nicht gering. Schließlich waren wir mit unserer Sendung die ersten, die regelmäßig direkt und live vom Parkett über die Börse berichteten. Inzwischen gehören die Kameras der deutschen und internationalen Fernsehteams längst zum alltäglichen Leben der Frankfurter Börse.

Themen aus unmittelbar deutscher Sicht gab es für die Telebörse vom ersten Tag an zur Genüge. An journalistischer Arbeit herrschte also kein Mangel. So witterte Anfang Oktober 1987 Bundesbankpräsident Karl Otto Pöhl unmittelbar hinter der nächsten Ecke massive Inflationsgefahren. Selbst Stimmen aus dem Kreis der Wirtschaftsinstitute, die vor einer möglichen Abkühlung der Binnenkonjunktur besonders im Baubereich warnten, konnten ihn nicht von dieser Meinung abbringen. Die Geldmenge war im September stärker gestiegen, als dies der Bundesbank nach Ansicht der Börse lieb sein konnte. Zwar signalisierte die aktuelle Preissteigerungsrate mit einem Plus von knapp einem Prozent nicht die geringste Gefahr für die Preisstabilität in Deutschland, aber die vorsichtigen Börsianer verwiesen mich auf den entsprechenden Vorjahreszeitraum, in dem die Preise noch um 1,5 Prozent gesunken waren. Eine gewisse Trendwende sei das schon, von sinkenden Zinsen werde man sich wohl verabschieden müssen, flüsterten mir die Börsianer auf dem Parkett sorgenvoll zu. Wenn die deutschen Zinsen aber erhöht würden, könne die D-Mark gegenüber dem US-Dollar noch mehr zulegen. Schon jetzt sei die D-Mark gegenüber dem US-Dollar mit 1,84 sehr stark. Verliere der Dollar noch mehr an Wert, werde es sehr schwer für die exportorientierte deutsche Industrie, ihre Stellung im Dollar-Raum zu behaupten, entsprechend könnten die Kurse der exportorientierten Automobil- oder Chemiewerte ins Rutschen geraten. Dem US-Dollar komme also in der nächsten Zukunft eine Schlüsselrolle zu. Vorsicht sei geboten, zumal die Bundesregierung plane, der Börse einen weiteren Stolperstein in den Weg zu rollen.

Im Kabinett der Bonner Bundesregierung war in diesen

Wochen der Plan entwickelt worden, die deutschen Kapitalerträge einer zehnprozentigen Quellensteuer zu unterwerfen. Die deutsche Finanzwelt schrie in hellem Entsetzen auf. Der Bankenverband befürchtete eine anhaltende Flucht aus deutschen Anlagen, der Deutsche Sparkassen- und Giroverband sorgte sich um die Kurse am deutschen Rentenmarkt und um die Zinsen und forderte das sofortige Ende der Diskussion über eine deutsche Quellensteuer und Zinserhöhungen. Die Gespräche der Händler im kleinen Rentensaal, hinter dem großen Saal, wo die Aktien gehandelt wurden, wurden immer lauter und aufgeregter. Für mich ein ganz ungewohntes Erlebnis, denn in der Regel ging es im Rentensaal der Frankfurter Börse eher ruhig und gelassen zu. Manchmal konnte man sogar den Eindruck gewinnen, sich in einem Schlafwagen der Bundesbahn zu befinden. Die Ruhe bei den Rentenhändlern wirkte auf mich wie die Entspannungsmusik bei meinen wöchentlichen Yoga-Übungen. Welch angenehmer Kontrast zu dem lauten und hektischen Treiben im Aktienhandel! Dieses wilde Geschrei der Aktienhändler und Makler, die sich ihre Kauf- oder Verkaufsangebote unmittelbar ins Gesicht schrien, dazu die hämmernden Preßluftbohrer der Bauarbeiter über mir, die im Akkordtempo die Börse auch während der Sitzungszeiten umbauten. Wahrscheinlich sind meine leichten Gehörschäden in jener Zeit entstanden.

Als am Dienstag, dem 6. Oktober, offenbar völlig unbeeindruckt von diesen Irritationen, die deutsche Bundesbank den Zinssatz für Wertpapierpensionsgeschäfte von 3,5 Prozent auf 3,6 Prozent anhob, in der Spitze waren sogar 3,75 Prozent von einzelnen Kreditinstituten akzeptiert worden, ging der deutsche Rentenmarkt laut ächzend in die Knie. Der US-Dollar rutschte prompt von 1,84 auf 1,83 D-Mark. Doch nicht nur in Frankfurt fielen die Kurse, stiegen die Renditen. Die Maßnahme der deutschen Bundesbank wurde von den Finanzmärkten weltweit als Signal für eine allgemeine Trendwende in Richtung steigender Zinsen verstanden. Bundesbankpräsident Karl Otto Pöhl hatte uns Journalisten von der Telebörse einen riesigen Knochen hingeworfen. Nur wußten wir es zu diesem Zeitpunkt noch nicht – er wohl auch nicht.

Das goldene Börsenjahr 1987 war zu Ende, ohne daß einer von uns es geahnt hätte. Nur wenige Tage später würden Milliardenverluste an den Weltbörsen die Erinnerungen an die Weltwirtschaftskrise von 1929/30 ins Gedächtnis zurückrufen, den Glauben an einen weiteren Aufschwung der Wirtschaft erschüttern und das Vertrauen in die Aktie vor allem in Deutschland auf eine harte Probe stellen.

In den Räumen der Frankfurter Redaktion der *Telebörse*, nur wenige Meter von der Börse entfernt, gerieten in diesen Tagen nach der deutschen Zinserhöhung unsere Aufräumungsarbeiten nach der Premierenfeier und die täglichen Vorbereitungen für die nächste Sendung immer wieder ins Stocken, wenn Mitarbeiter im Konferenzsaal laut aufschrien, weil auf unserem einzigen PC, den uns die Handelsblatt-Redaktion großherzig zur Verfügung gestellt hatte, aufregende Agenturmeldungen aus Amerika einliefen. Sofort rannten wir dann alle zu dem Gerät und lasen uns gegenseitig die Sensationsmeldungen vor. Begeistert entdeckten wir die spannende Welt der Börse. An die milliardenschweren Verluste, die mit jedem größeren Kurseinbruch verbunden waren, dachte in dem Augenblick wohl keiner von uns. Was die Reuters-Agentur über die aktuellen Bewegungen an den amerikanischen Märkten meldete, kam an Brisanz und Spannung jedem Tatort-Krimi gleich. Die Meldungen zu Kursverlusten an der Wall Street überschlugen sich. Äußerungen aus dem amerikanischen Regierungslager zu dem Zinsschritt der Frankfurter Bundesbank ließen an Deutlichkeit kaum zu wünschen übrig. Die Tonart wurde von Tag zu Tag aggressiver. Offenbar hatte die deutsche Zinserhöhung die amerikanische Wirtschaft in eine äußerst unangenehme Situation getrieben.

Noch bei dem jüngsten Treffen der großen Industrienationen der westlichen Welt, wenige Wochen zuvor in Washington, hatte US-Präsident Reagan die wichtigsten Handelspartner der USA gebeten, mehr zu tun als bisher, um die Konjunktur daheim anzuheizen. Von einem Anstieg der Binnenkonjunktur in Deutschland beispielsweise erhofften sich die Amerikaner eine stärkere Nachfrage nach amerikanischen Gütern. Dadurch könne man das bedrohlich steigende amerikanische Doppeldefizit im Haushalt und in der Handelsbilanz zumindest bremsen. Die deutsche Delegation mit Finanzminister Stoltenberg und Bundesbankpräsident Pöhl verwies lakonisch auf die kommende Steuerreform, die in Deutschland ab 1988 ein Nachfragevolumen von fast 50 Milliarden D-Mark erreichen werde. Dies sei genug, um die Konjunktur in Deutschland anzuregen. Mehr zu tun, gab der Bundesbankpräsident zu bedenken, wäre inflationsfördernd. Eine Zinssenkung sei also kein Thema.

Die Amerikaner waren von dieser kühlen Haltung der

Deutschen offensichtlich nicht gerade begeistert. Und als dann die Frankfurter Notenbank sogar die Zinsen noch erhöhte und damit die deutsche Konjunktur bremste, platzte dem impulsiven US-Finanzminister Baker endgültig der Kragen. Aus seiner Sicht nicht ganz unverständlich. Denn natürlich wurde das deutsche Zinssignal als der Beginn einer weltweiten Zinserhöhung verstanden. Das war geradezu eine Katastrophe angesichts der Hoffnungen der amerikanischen Regierung, über eine weltweite Konjunkturbelebung ihre steigenden Defizite im Haushalt und im Außenhandel zu bekämpfen. Finanzminister Baker und Notenbankchef Greenspan hielten steigende Zinsen in den USA für nicht gerechtfertigt, erst recht nicht für wünschenswert, aber die Frankfurter Notenbank machte ihnen einen Strich durch die Rechnung.

Die amerikanischen Finanzmärkte nahmen sofort die richtige Fährte auf. Der Zins für erste Adressen in den USA, die Primerate, zog an, und als die monatlichen Zahlen ein weiteres Abgleiten der Handelsbilanz signalisierten, geriet die Wall Street unter Druck, sank der US-Dollar gegenüber der D-Mark auf 1,81. Namhafte Börsen-Gurus in den USA, wie zum Beispiel Robert Prechter, ein entschiedener Anhänger der »Elliot-Wave-Theorie«, warnten vor einem Einbruch beim Dow Jones Industrial-Index von 200 bis 300 Punkten in Richtung 2000 und darunter.

An der Frankfurter Börse wurden meine Gesprächspartner immer blasser. Zwar erholte sich der Index der Börsenzeitung zwischenzeitlich an einem Tag von knapp 398 auf über 403 Punkte – umgerechnet in den heutigen DAX hätte das einem Stand von unter 1600 entsprochen –, aber der

Rentenmarkt meldete Land unter. Druck wegen einer drohenden Quellensteuer, dazu steigende Zinsen am kurzfristigen Geldmarkt und, zu allem Übel, ein schwächerer US-Dollar, der mit Sicherheit höhere Zinsen in den USA zur Folge haben würde: das war zuviel für die Kurse am deutschen Rentenmarkt. Die Kurse fielen, die Renditen schossen senkrecht nach oben. Der Oktober-Crash 1987 stand unmittelbar vor der Tür.

Eine Woche lang hatte US-Finanzminister Baker voller Zorn sinkende Aktienkurse an der Wall Street und steigende Zinsen auf den amerikanischen Finanzmärkten zur Kenntnis nehmen müssen, und das alles, weil das amerikanische Handelsbilanzdefizit für August nur leicht auf 15,68 Milliarden US-Dollar abgenommen hatte. Im Juli hatte es noch bei 16,47 Milliarden US-Dollar gelegen. Den Börsianern war dieser geringe Rückgang zu wenig. Sie sahen darin ein Unvermögen der eigenen Regierung und senkten den Daumen. Die wahren Schuldigen für diese mißliche Lage glaubte Baker genau ausmachen zu können. Für ihn saßen sie in Deutschland, genauer gesagt, in der Frankfurter Bundesbank. Die restriktive Zinspolitik der deutschen Währungshüter war aus seiner Sicht verantwortlich für die weltweite Furcht vor steigenden Zinsen und die schleppende Erholung der amerikanischen Wirtschaft.

Am 16. Oktober nachmittags, es war ein Freitag, und die meisten deutschen Börsianer hatten sich schon längst ins Wochenende verabschiedet, zündete US-Finanzminister James Baker die Bombe, die die deutsche Börse für Monate in ihren Grundfesten erschüttern sollte. In der Fernsehsendung »Meet the Press« des US-Senders NBC antwortete er dem Reporter auf die Frage nach seiner Reaktion auf die schwachen US-Finanzmärkte: »In diesem Lande werden wir nicht zusehen, wenn Überschußländer ihre Zinsen heraufsetzen und weltweit Wachstum abwürgen in der Erwartung, daß die USA dem irgendwie folgen und ihre Zinsen ebenfalls erhöhen.«

An die Adresse der Deutschen Bundesbank gewandt, drohte er außerdem mit einer Aufkündigung der gemeinsamen Devisenkurspolitik, die die westlichen Industrienationen noch im Februar im sogenannten Louvre-Akkord feierlich vereinbart und bei ihrem jüngsten Treffen in Washington noch einmal bekräftigt hatten. Mit anderen Worten, die amerikanische Regierung werde nichts tun, um den US-Dollar gegenüber der D-Mark zu stützen, vor allem werde sie nicht die Zinsen erhöhen, wie die Finanzmärkte wohl befürchtet hatten. Dies war ja ein zusätzlicher Grund für die Schwäche an den amerikanischen Bondmärkten.

Mit seinen Äußerungen wollte Baker die Bundesbank zu einer Änderung ihrer Zinspolitik bewegen und gleichzeitig den US-Finanzmärkten die Furcht vor amerikanischen Zinserhöhungen nehmen. Eine Kalkulation, die gründlich danebenging. Die Wall Street interpretierte die Baker-Äußerungen als Kriegserklärung an die Deutsche Bundesbank und als Beginn einer Talfahrt für den US-Dollar, der über kurz oder lang doch durch höhere Zinsen würde gestützt werden müssen. In einem vorher nie erlebten Tempo katapultierte sich der Dow Jones Industrial-Index in den Keller. Kurz nach Börsenbeginn, gegen 11.30 Uhr Ortszeit, sackte die Börse bei Rekordumsätzen um 210 Index-Punkte nach unten. Computergesteuerte Programme reagierten auf die ersten deutlichen Kursverluste so, wie man es ihnen eingegeben hatte: Sie lösten beim Erreichen bestimmter Kursuntergrenzen umfangreiche Depots auf, um die Eigentümer dieser Aktienbestände vor weiteren Verlusten zu schützen. Diese computergesteuerten Verkaufsprogramme lösten einen zusätzlichen Kursrückgang aus, der wiederum weitere Verkaufsprogramme in Gang setzte.

Natürlich waren nicht alle Börsianer unglücklich über den Ausverkauf an der Wall Street. Manch einer von ihnen hatte bei der Kurseuphorie der vergangenen Monate auf eine überfällige Konsolidierung an der Börse gesetzt, also auf sinkende Kurse gehofft und sich an der Terminbörse entsprechend verhalten. Aus der Gerüchteküche an der Wall Street wurde den Pessimisten ein zusätzliches Schmankerl serviert: Im Golfkonflikt mit dem Iran, so hieß es plötzlich auf dem Parkett, sei es zu einer Verschärfung der Lage gekommen, der Iran plane eine Kriegserklärung an die USA. In panischer Angst vor einer Katastrophe am Aktienmarkt spielte die Börsenaufsicht sogar mit dem Gedanken, den Börsenhandel zu stoppen. Bevor man aber den Stecker 'rauszog, kam es zu technisch bedingten Gegenbewegungen. Der Dow Jones schloß dennoch mit einem Verlust von 108,36 Punkten bei 2 246,73. Das war ein Tagesrekord in der Geschichte des weltbekannten Index.

Aber immerhin ein Börsenschluß über den Tagestiefstständen! Ein gutes Omen also für den kommenden Montag an der New Yorker Börse? War die Krise vielleicht schon vorbei, bevor sie richtig begonnen hatte? Sollte man die niedrigen Kurse zum Einstieg nutzen? Meine Fragen müssen meinen amerikanischen Gesprächspartnern am Telefon wohl mehr als nur naiv vorgekommen sein. Das einhellige Echo ließ keine Zweifel aufkommen: »Nicht kaufen, noch nicht! Erst einmal warten, bis die Börse einen Boden gefunden hat.« Das aber könne angesichts der anstehenden ökonomischen Probleme noch sehr lange dauern. Wer schon jetzt die Hand aufhalte, um Aktien zu kaufen, der werde sich ganz bös' verletzen. »Greife nie in ein fallendes Messer«, war der Rat meiner Freunde in New York.

Wie die erste Reaktion auf diesen Kurseinbruch in Deutschland sein würde, konnten wir uns in der Frankfurter Redaktion leicht ausmalen. Die unmittelbar bevorstehende Katastrophe an der Börse würde für die neue Börsensendung die entscheidende Bewährungsprobe bringen. Als erste Vorbereitung auf den kommenden Montag wurde in beschwörenden Telefongesprächen bei der SAT 1-Sendeleitung in Mainz eine Verlängerung der Sendezeit über 13.30 Uhr hinaus beantragt – und auch genehmigt. Im starren Sendekonzept eines öffentlich-rechtlichen Senders der ARD wäre dies wahrscheinlich nicht so schnell möglich gewesen.

Für den Fall, daß auf dem Börsenparkett die Kursanzeigetafeln, die schon in den Tagen zuvor unter dem Börsenumbau zu leiden hatten, wieder ausfallen würden, bereiteten wir für die wichtigsten deutschen Aktien Kurszettel vor, auf denen der Schlußstand vom vergangenen Freitag notiert wurde. Meine Assistentin Kirsten sollte im Notfall die aktuellen Kurse handschriftlich auf die Formblätter übertragen, die Kursdifferenzen errechnen und gut lesbar eintragen. Ihre Hauptaufgabe aber sollte darin bestehen, auf dem Börsenparkett die Gesprächspartner aufzuspüren und sie eine Treppe höher zu mir vor die Fernsehkamera zu holen.

Doch trotz der Vorwarnzeit war ich innerlich nicht auf das vorbereitet, was mich dann am Montag, dem 19. Oktober, mit Börsenbeginn auf dem Parkett erwartete.

Dicht gedrängt standen sie vor den braunen Holzschranken der Kursmakler, die Händler der Banken, die Freimakler und einige Zeitungsjournalisten. Schreiend, mit den Armen rudernd oder nur ungläubig nach oben auf die Fernsehmonitore starrend, die über den Schranken der Kursmakler in einer eng versponnenen Rohrkonstruktion provisorisch aufgehängt waren und auf denen die Kursmakler während der Umbauzeit die aktuellen Kurse der gehandelten Aktien anzeigten. Mit aufgerissenen Augen sahen wir fassungslos, wie selbst die goldgeränderten deutschen Standardaktien verramscht wurden. Überall auf den Bildschirmen Minusankündigungen hinter den Aktienkürzeln. Einfach Minus signalisierte: Achtung, der nächste Kurs der betreffenden Aktie wird um 5 Prozent niedriger liegen als der letzte Kurs. Doppelminus warnte vor einem zehnprozentigen Verlust.

Das Feinste vom Feinen wurde zu Ausverkaufspreisen gehandelt. Daimler, die am Freitag noch 1019 D-Mark gekostet hatten, waren jetzt um 76 D-Mark billiger zu haben, die angesehene Bayer-Aktie verlor auf einen Schlag 30 D-Mark und war schon für 325 D-Mark zu haben, VW-Stammaktien verloren ebenfalls 30 D-Mark. Mutige Käufer bekamen sie schon für 331 D-Mark. Aber nur wenige hatten diesen Mut. Die Aktien der Deutschen Bank rutschten um fast 58 auf 528 D-Mark ab. Und selbst auf diesem niedrigen Niveau gab es nur vereinzelt Kaufinteressenten. Inländische wie ausländische Anleger trennten sich in Panik von ihren deutschen Qualitätspapieren. Raus, raus aus Aktien!

Am Ende dieser denkwürdigen Börsensitzung hatte der Börsenindex der Börsenzeitung mehr als 9 Prozent verloren. Damit lag die deutsche Börse im europäischen Vergleich nicht einmal an letzter Stelle. London, Paris und Zürich hatten 10 Prozent verloren, die belgische Börse in Brüssel sogar mehr als 18 Prozent.

Wer sich von dem hektischen Geschäft unten auf dem Parkett für wenige Minuten lösen konnte, kam zu mir auf die Galerie und versuchte, Öl auf die Wogen zu gießen. Gestandene Händler, wie zum Beispiel Helmut Weigmann von der Dresdner Bank, erinnerten an frühere schwarze Tage an der Börse, als die Kommunisten in Berlin die Mauer bauten, als während der Kubakrise die Welt vor einem Atomkrieg stand, als am 21. August 1968 die Truppen des Warschauer Pakts in die Tschechoslowakei einmarschierten und die Börse auf einen Schlag 7,5 Prozent verlor.

Den jüngeren unter den Börsianern war mit diesen Erinnerungen natürlich kein Mut zu machen. Wie gelähmt starrten sie auf die Kursbewegungen. Nach einem permanenten Börsenaufschwung seit dem Regierungswechsel von Schmidt zu Kohl im Jahre 1982 verwandelte sich innerhalb von Minuten ihre schönste aller Welten in einen Scherbenhaufen. Dieses Massaker machte mit einem Schlag alles zunichte, was sie sich aufgebaut hatten: den Glauben an ihren Erfolg, ihr Selbstwertgefühl, ihren Wohlstand, nicht selten auf Pump gekauft. Der ständige Gewinn an der Börse hatte manchem von ihnen den Blick für die Realität genommen. Jetzt wurden sie jäh aus ihren Träumen gerissen und mit der Tatsache konfrontiert, daß die Börse halt keine Einbahnstraße ist.

Für die alten Kämpen unten auf dem Parkett konnte es nur

eine Devise geben: Keine Panik, einen kühlen Kopf behalten. Wenn alle in dieselbe Richtung laufen, muß es eigentlich die falsche Richtung sein, denn an der Börse hat die Mehrheit nur selten recht. Die erfahrenen Börsenhaudegen, wie Klaus Nagel von der Deutschen Bank, Heinz-Jürgen Schäfer von der Dresdner Bank oder auch Hans Werner Dort, damals noch bei der Commerzbank beschäftigt, sie alle verwiesen in der Telebörse auf die gute Qualität der deutschen Standardwerte, die sich auf lange Sicht durchsetzen und in höheren Kursen niederschlagen werde. Kurzfristige Bedenken könnten natürlich angesichts dieses Schlachtfestes auf dem Parkett nicht verschwiegen werden. Ein schwacher US-Dollar werde die Exportchancen der deutschen Wirtschaft beeinträchtigen, hieß es immer wieder, aber auf lange Sicht würden sich die deutschen Unternehmen dank ihrer Innovationskraft und ihrer Produkt- und Lieferqualität auf den Weltmärkten in bewährter Manier behaupten. Allerdings dürfe man die Entschlossenheit der US-Regierung nicht unterschätzen, ihr Handelsbilanzdefizit zu verringern.

Für derartige Situationen bieten die Wirtschaftswissenschaften den amerikanischen Politikern eine simple Lösung an, nämlich die Erhöhung der Exporte. Aber was soll geschehen, wenn dieser theoretisch einsichtige Vorschlag nicht greift, weil beispielsweise in den hochverschuldeten Ländern der Dritten Welt die entsprechende Kaufkraft fehlt? Dann müssen halt die wohlhabenden Industrieländer in Europa und in Asien ihre Märkte stärker für amerikanische Produkte öffnen, tönen die Volkswirte aus ihren Studierstuben. Doch auch hier scheitert hin und wieder die Theorie in der Praxis. So sahen im Herbst 1987 amerikanische Politiker in der deutschen Stabilitätspolitik eine bewußte Blockade von Importen aus den USA.

»Dies könnte die Amerikaner zu protektionistischen Gegenmaßnahmen zwingen«, sorgten sich die Börsianer auf dem Frankfurter Parkett, »die Importe aus Deutschland werden sich in diesem Fall drastisch verringern.« Da gerade die deutsche Wirtschaft vom Export lebe, könne die deutsche Konjunktur und damit die Börse auch auf längere Sicht in Mitleidenschaft gezogen werden. Doch trotz all dieser Bedenken, der Tenor dieses Tages war: Im Grunde müsse man in die Schwäche hinein kaufen. Nach einem derartigen Kursrutsch waren das doch alles Kaufkurse. Oder? Allerdings sei es vielleicht besser, erst noch die Kursentwicklung an der Wall Street abzuwarten. Vermutlich sei aber schon bald alles vorbei. Ein schwerer Irrtum, wie sich wenige Stunden später herausstellen sollte.

Durch Sonder- und Eilmeldungen der internationalen Nachrichtenagenturen und unsere stundenlange Dauersendung auf SAT 1 direkt vom Frankfurter Börsenparkett aufmerksam geworden, waren auch andere Fernsehsender mit ihren Kamerateams angerückt. Sogar für die Tagesthemen der ARD wurde die Börse plötzlich zu einem Thema erster Ordnung. Jetzt wollten meine ehemaligen Kollegen in der Hamburger Redaktion der Tagesschau und Tagesthemen unbedingt wissen, warum die Aktienkurse fielen, in welche Richtung sich der US-Dollar entwickeln und wie lange die Verkaufspanik anhalten werde. Jahrelang hatte ich als verantwortlicher Wirtschaftsredakteur bei den Tagesthemen vergeblich für einen festen Platz derartiger Meldungen in der Sendung gekämpft. Seit diesem Tag spielt die Börse auch in der öffentlich-rechtlichen Fernsehberichterstattung die Rolle, die ihr schon längst hätte zukommen müssen. Für die *Telebörse* war dieses Schlachtfest auf dem Frankfurter Börsenparkett eine herausragende, wenn auch sehr teure Werbeaktion. Allein an den deutschen Börsen sollen Anleger an diesem Tag 45 Milliarden D-Mark verloren haben.

Das Schlimmste aber stand uns noch bevor. Wie von einigen Börsianern auf dem Frankfurter Parkett befürchtet, taumelte die New Yorker Börse kopfüber in den Abgrund. Aufgeschreckt durch die starken Verluste am Freitag an der Wall Street und durch die darauf folgende Verkaufswelle in Asien und Europa, hatten die großen institutionellen Anleger in den USA, die Banken, Versicherungen und offenbar auch etliche Pensionsfonds ihren Computersystemen neue Stop-loss-orders eingegeben. Diese computergesteuerten Verkaufsprogramme dienen dazu, bei einem Abrutschen der Kurse auf exakt bestimmte Kursuntergrenzen riesige Aktiendepots auf einen Schlag zu verkaufen, um den Verlust so gering wie möglich zu halten. Frei nach dem Motto: Der erste Verlust ist der billigste. Als die ersten computergesteuerten Verkäufe den Aktienmarkt unter Druck setzten, folgten prompt weitere Verkaufsprogramme. Verkäufe großer und kleiner Privatanleger waren die logische Folge. Wie bei einer stürzenden Reihe von Dominosteinen rissen die Computer in immer schnellerer Folge die Wall Street nach unten.

Nach nur wenigen Stunden, bevor auch nur einer seinem Computer einen anderen Befehl hatte geben können, hatte die wichtigste Börse der Welt sage und schreibe mehr als 500 Punkte verloren. Bei einem Schlußstand von 1738 betrug der größte Tagesverlust aller Zeiten fast 23 Prozent. Der Kurseinbruch stellte damit sogar jenen legendären Schwarzen Freitag im Oktober 1929 in den Schatten, als die Kurse schlagartig 12,8 Prozent verloren.

Später wurden massive Vorwürfe gegen den Programmhandel erhoben, der über die Terminbörse in Chicago, wo die Futures auf Aktien und Indizes gehandelt werden, spekulativen Druck auf den Kassamarkt ausgeübt haben soll, an dem die tatsächlichen Aktien, also die Gegenwerte der Futures verkauft und gekauft werden. Damit habe man die computergesteuerten Kurssicherungsverkäufe der internationalen Anleger und Investmentfonds, die wie eine immer höher schwappende Verkaufswelle die Börse überfluteten, in fataler Weise noch verstärkt.

Die Frage, ob der Terminhandel zu starken und unberechenbaren Kursschwankungen führt oder diese, im Gegenteil, verhindert, dieser Streit zwischen den Befürwortern und Gegnern der Terminbörse kommt auch heute noch an vielen Börsenplätzen dieser Welt immer wieder hoch, wenn offensichtlich der Terminmarkt dem Kassamarkt voranläuft, der Schwanz also mit dem Hund wedelt. Daß dieser Programmhandel und die computergesteuerten Verkaufsprogramme den Schwarzen Montag an der New Yorker Wall Street alleine verursacht haben, konnte durch die später folgenden Untersuchungen nicht bestätigt werden. Aber immerhin hat die US-Börsenaufsicht die Konsequenzen aus dem Montagsmassaker gezogen: Bei bestimmten Kursschwankungen wird an der Wall Street heute der Handel unterbrochen – wohl auch, um den Anlegern die Gelegenheit zu geben, den Computern die Stecker ’rauszuziehen, oder um sie mit neuen Befehlen zu füttern.

An jenem 19. Oktober aber verfolgten wir in der Redaktion vor dem Reuters-Bildschirm, wie im Minutentakt an der New Yorker Börse die Kurse der größten Konzerne dieser Welt um Milliardenbeträge verfielen. Insgesamt sollen Anleger an der Wall Street an diesem Tag 520 Milliarden US-Dollar verloren haben. Die Ursachenforschung dieses Crashtages schien uns ein Thema für spätere Sendungen zu sein. Jetzt mußten wir eine Antwort finden auf die entscheidende Frage nach der unmittelbaren Zukunft der Aktienbörsen weltweit.

Am Telefon in New York überschüttete uns ein aufgeregter Heiko Thieme, als Wertpapierspezialist für den amerikanischen Markt damals noch im Dienste der Deutschen Bank, mit seinen optimistischen Prognosen. »Kaufen Sie amerikanische Aktien, oder noch besser, kaufen Sie erst amerikanische Renten, und dann rein in die ausgebombten amerikanischen Blue Chips, wie zum Beispiel IBM. Denn die US-Notenbank kann gar nicht anders handeln, als die Zinsen dramatisch zu senken.« Nur so werde man einen Zusammenbruch der internationalen Finanzmärkte verhindern können. Er werde in den nächsten Tagen nach Deutschland kommen, um diese Meinung in der *Telebörse* zu begründen.

Dies war mein erster Kontakt mit diesem notorischen Börsenbullen, dessen grundsätzlicher Optimismus mich bis heute fasziniert und auch angesteckt hat. Zugegeben, damals, im schlimmsten Börsencrash, erschien mir seine These etwas gewagt. Doch Heiko Thieme sollte recht behalten, zumindest was die amerikanische Börse betraf.

Am nächsten Morgen, gegen 9 Uhr in der ersten Redaktionssitzung, wurde der Schlachtplan für den bevorstehenden Börsentag aufgestellt, Gesprächspartner für die Reportagen auf dem Börsenparkett und für Hintergrundgespräche im Studio wurden eingeladen. Wir wollten unbedingt die gespannte Aufmerksamkeit und die hohen Erwartungen, die die Ereignisse der letzten Tage auf die Börse und damit auch auf unsere Berichterstattung in der *Telebörse* gelenkt hatten, durch kompetente Analysen und packende Live-Reportagen rechtfertigen.

Mehr Informationen, aktueller und ausführlicher als die Konkurrenz vom Fernsehen und Hörfunk, das war unsere große Chance. Aber darin steckte auch eine gewisse Gefahr. Wer sich zu sehr vom Augenblick beeinflussen läßt, von der Fülle der Informationen und von der Stimmung vor Ort, der kann schnell den Blick für das Umfeld verlieren und sich von den direkten Einflüssen zu Aktionen verleiten lassen, die er nach einer längeren Zeit des Nachdenkens vielleicht unterlassen hätte.

Mancher ehemalige Börsenprofi hat mir im nachhinein gestanden, daß ihn die Stimmung auf dem Parkett und die Ansichten der Kollegen nicht selten von seiner ursprünglichen Meinung abgebracht und in die falsche Richtung gedreht hätten. Das ironische Wort »Information gleich Ruination« mag seine Wurzel in dieser Erkenntnis haben.

Der Bericht von der Tokioter Börse hatte am Dienstagmorgen, lange vor dem Start der Frankfurter Börse, relative Ruhe signalisiert. Ein gutes Omen für die deutsche Börse? Die ersten Kurse auf dem Parkett schienen dies zu bestätigen. Zwar waren vereinzelte Minusankündigungen auf den Kurstafeln nicht zu übersehen, aber dazwischen mogelten sich schon die ersten Plusankündigungen, zum Beispiel bei Hoechst oder BASF. Offenbar hielten bei diesem niedrigen Kursniveau die ersten institutionellen Anleger schon wieder die Hand auf und kauften zurück, was sie vorher zu Schleuderpreisen verkauft hatten. Aber es gab noch einen anderen Grund für die leichte Erholung: In einigen Wertpapierhäusern, so erzählte man mir später in privater Runde, hatten die Wertpapierhändler noch bis tief in die Nacht ihre Verkäufe mit den Verkaufsaufträgen der Kundschaft verglichen und dabei überrascht festgestellt, daß es Differenzen gab zwischen den tatsächlichen Verkäufen auf dem Parkett und den vorliegenden Verkaufsaufträgen der Kunden. Man hatte wohl im Eifer des Gefechtes aus unerklärlichen Gründen zu viel verkauft. Diese Differenz mußte somit am nächsten Tag durch Käufe wieder ausgeglichen werden. Auch dieser Umstand trieb die Aktienkurse wieder nach oben.

Wie hatte es zu dieser Verwirrung kommen können? Des Rätsels Lösung wurde intern am nächsten Nachmittag nachgereicht. Die Händler hatten am Montag durchaus in korrekter Höhe die Verkaufsaufträge der Kunden auf dem Parkett abgewickelt. Nur hatten leider die Mitarbeiter, die mit der buchhalterischen Erfassung der Kauf- und Verkaufsaufträge befaßt waren, erschöpft gegen 19 Uhr ihre Arbeit abgebrochen und nur den vorläufigen Umfang der Verkaufsaufträge festgestellt. Diese Zwischenergebnisse waren dann von den Wertpapierhändlern als definitives Endergebnis angesehen worden und führten in logischer Konsequenz am nächsten Morgen zu den besagten Deckungskäufen. Als dann am Dienstag nachmittag die endgültige Höhe der Aufträge feststand, mußten die düpierten Händler ihre Deckungskäufe durch entsprechende Verkäufe wieder korrigieren.

»Der Crash ist schon vorbei«, bekräftigten mir erleichtert viele meiner Gesprächspartner auf dem Parkett. Von dem Hickhack in einigen Häusern um die richtige Erfassung der Orderflut ahnten ja nur die wenigsten etwas. Und die optimistischen Börsianer schienen mit ihrer hoffnungsfrohen Einschätzung richtig zu liegen, der Index der Börsenzeitung verlor nur noch fünf Punkte auf 350,28. Nachmittags reagierte die Wall Street mit deutlich steigenden Kursen auf die sinkenden Zinsen in den USA – ganz, wie es Heiko Thieme vorhergesagt hatte.

Am folgenden Tag schlug die Erleichterung in Frankfurt um in grenzenlosen Jubel. Selbst die sprichwörtlichen »alten Börsenhasen«, wie der Börsenjournalist Bruno Hidding, einer unserer vorsichtigsten Gesprächspartner in der Sendung, konnten sich nicht an eine derartige Euphorie auf dem Börsenparkett erinnern. Eine feste Wall Street, sinkende Zinsen in den USA, steigende Rentenkurse in Deutschland, folglich sinkende Renditen auch bei uns, dazu ein US-Dollar, der um mehr als einen ganzen Pfennig auf 1,8041 stieg! Plötzlich schienen wir alle wieder in der besten aller Börsenwelten zu leben.

In den sprichwörtlichen Waschkörben wurden die Kaufaufträge der privaten Anleger an die Börse getragen. Selbst für die großen Standardwerte konnten die Kassakurse, zu denen die kleineren Aufträge abgewickelt werden, erst gegen 13 Uhr, also mit einer Verspätung von mehr als 45 Minuten errechnet werden. Bei vielen kleineren und mittleren Werten waren die völlig überforderten Kursmakler erst nach Börsenschluß in der Lage, einen Kassakurs zu ermitteln. Und dabei hatte die Börsenaufsicht die Handelszeit um eine Stunde bis 14.30 Uhr verlängert. Statt eines Börsianers, der an normalen Tagen im Rahmen der Börsenaufsicht Plus- und Minusankündigungen abzeichnen muß, liefen fünf aufsichtsführende Börsianer von einem Kursmakler zum nächsten, um die zahllosen Plusankündigungen zu kontrollieren.

»Hausse!« kommentierte am folgenden Mittwoch Bruno Hidding in der Börsenzeitung diesen Tagesgewinn von 5,9 Prozent und konnte stolz darauf verweisen, daß vor allem die deutschen Börsen auch im schlimmsten Crash und in der anschließenden stürmischen Erholung funktionsfähig geblieben seien. Während des Schwarzen Montags habe in Deutschland jeder Anleger, trotz einer nie vorher gesehenen Orderflut, seine Verkaufsabsichten vollständig verwirklichen können. Auch bei der Abwicklung habe es in Deutschland keine Verzögerungen gegeben. Spätestens nach zwei Tagen habe jeder Verkäufer sein Geld erhalten.

An anderen Börsenplätzen, so in Madrid, Lissabon, Helsinki oder Hongkong und Singapur, war die Börsenorganisation zeitweise ins Schleudern geraten oder völlig zusammengebrochen. Nicht selten hat man dort bis zu zehn Tage auf sein Geld oder auf die Aktien warten müssen.

Kein Wunder, daß vor allem Ausländer die deutsche Börse benutzten, um Kasse zu machen. Selbst an einem Tag, an dem wir alle vor Begeisterung fast aus den Schuhen sprangen, waren die Ausländer auf der Verkäuferseite zu finden. Eine Tatsache, die alle Alarmanlagen hätte anspringen lassen müssen. Aber wohl jeder, vom erfahrenen Börsianer bis zum jüngsten Börsenhändler, sie alle waren bei dieser Jubelstimmung auf dem Parkett fest davon überzeugt, die Börse habe ihren Boden erreicht, man müsse diese niedrigen Kurse an der Börse unbedingt zum Kauf nutzen. Daß viele, Börsenprofis wie Privatanleger, ihre Schnäppchenjagd über Kredite finanzierten, regte offenbar niemanden in den Kreditinstituten sonderlich auf. Die Börsenzukunft leuchtete nur noch in den rosigsten Farben. Welche Probleme zu dem amerikanischen Börsenkrach geführt hatten und ob diese lediglich durch Zinssenkungen in den USA schon wieder aus der Welt geschafft wären, ob es nachvollziehbare Gründe gäbe für einen steigenden Dollarkurs, auf all diese Fragen suchte keiner in Frankfurt eine Antwort. Ja, die Fragen wurden nicht einmal mehr gestellt Auch die deutschen Probleme, wie Quellensteuer oder Belastung der Exporte durch eine zu starke D-Mark, alles das war plötzlich kein Thema mehr.

Doch Haussen sterben im Übermut. Noch eine Börsianerweisheit, die man nicht vergessen sollte. Ohne das gesamte Börsenumfeld zu analysieren, hatten wir eine simple technische Erholung als Trendumkehr gedeutet. Schon am nächsten Tag sollten wir alle begreifen, daß wir gegen einen der wichtigsten Börsengrundsätze verstoßen hatten: Nicht blind in die Schwäche hinein kaufen. Nie in ein fallendes Messer greifen!

Der Donnerstag tauchte die jubelnden Börsianer in eisiges Gletscherwasser. Wo gestern noch die Plusankündigungen Begeisterungsstürme ausgelöst hatten, legten sich nur 24 Stunden später zahllose Minusankündigungen wie Mehltau auf die Seelen der Händler und Makler. Ausländische Fonds trennten sich von ihren deutschen Wertpapieren, aus Angst vor einer schwächeren Wall Street, Anhänger der technischen Analyse sahen voller Entsetzen, wie die Kurse ihrer Aktien unter die sichersten Unterstützungslinien stürzten, und traten ohne zu zögern auf die Notbremse.

Wieder mußte die Börsenzeit verlängert werden, wieder saßen die Mitarbeiter der Kreditinstitute bis Mitternacht in ihren Büros, um die Auftragsflut zu bewältigen, und wieder hatte sich die Frankfurter Börse als perfekte Organisation bewiesen. Jeder Käufer erhielt fristgerecht seine Aktien und jeder Verkäufer sein Geld. Die deutschen Börsen funktionierten also nicht nur bei schönem Wetter. Eine Eigenschaft, die sich weltweit sehr schnell herumsprach. Wer immer in dieser Krisenzeit Geld brauchte, an der deutschen Börse bekam er es. Grund genug für viele international anlegende Fonds, gerade ihre deutschen Depots abzustoßen. Was den Druck auf deutsche Aktien naturgemäß noch verstärkte. Außerdem konnten ausländische Anleger bei Verkäufen ihrer deutschen Aktien ihre Kursverluste durch Währungsgewinne abfedern, weil die D-Mark gegenüber dem US-Dollar und anderen europäischen Währungen zu einem Höhenflug angesetzt hatte.

Was den Ausländern ausgesprochene Freude bereitete, stürzte die deutschen Anleger in tiefe Depressionen. So mancher Profi wie auch Kleinanleger wurde von seinem Kreditinstitut ultimativ aufgefordert, Geld nachzuschießen bzw. sein auf Pump gekauftes Aktiendepot zu verkaufen, um die Kredite zurückzuzahlen. Nur wer seine Aktien nicht auf Kredit gekauft hatte oder wer sich mit seinem Kreditinstitut auf ein Stillhalteabkommen einigen konnte, war nicht gezwungen, mit blutendem Herzen zu diesen katastrophal niedrigen Kursen zu verkaufen. Synchron mit dem Kurs des

US-Dollars zur D-Mark tauchte die deutsche Börse in nie gesehene Tiefen.

Hatte der Index der Börsenzeitung am Freitag, dem 16. Oktober 1987, noch bei prächtigen 392,16 Punkten geglänzt, so verkümmerte er nur drei Monate später zu mageren 249,42 Punkten, begleitet von einem US-Dollar, der in Richtung 1,67 D-Mark taumelte.

Aber wenn die Nacht am dunkelsten, steht der Tagesanbruch unmittelbar bevor. Ein Börsianerspruch, mit dem wir uns auf dem Parkett gegenseitig Mut zusprachen. Nur, die wenigsten glaubten selber daran. Es gab einfach zu viele schlechte Nachrichten. So strafte Siemens auch noch den letzten Optimisten an der Börse Lügen, als die Unternehmensführung statt eines erwarteten Gewinnzuwachses von 200 Millionen D-Mark für das abgelaufene Geschäftsjahr 1986/87 einen Konzerngewinn von nur 1,275 Milliarden Mark bekanntgab, fast 200 Millionen Mark weniger als im Geschäftsjahr zuvor.

Nichts ist schlimmer für die Börse als enttäuschte Erwartungen. Wenn Analysten ihre vorherigen Gewinnschätzungen aufgrund der tatsächlichen Unternehmenszahlen nach unten korrigieren müssen, hat das in den meisten Fällen sinkende Kurse zur Folge, selbst wenn die erzielten Gewinne gar nicht so schlecht sind. Eine sehr mechanische Einstellung zur Börse, die sich im Laufe meiner journalistischen Tätigkeit an der Börse häufig als falsch herausgestellt hat. Die SAP-Aktie ist dafür ein sehr gutes Beispiel.

Der Siemens-Konzern machte vor allem den schwachen US-Dollar für den unerwarteten Gewinnrückgang verantwortlich. Die Aufwertung der D-Mark gegenüber dem US-Dollar habe im abgelaufenen Geschäftsjahr einen Umsatzausfall von 2 Milliarden Mark verursacht. Als Konsequenz müsse die Dividende von 12 auf 11 D-Mark gekürzt werden. Das hatte der Börse gerade noch gefehlt. Auf einen Schlag verlor die Siemensaktie mehr als 8 D-Mark.

Zusätzlich geriet ein anderes Flaggschiff der deutschen Börse ins Gerede: Bei der Deutschen Bank werde es unter Umständen ebenfalls eine Dividendenkürzung geben, wollten schweizerische und britische Quellen wissen. Das sofortige Dementi der größten deutschen Bank half nur wenig. Wenn die Börse erst einmal auf dem Negativ-Trip ist, dann kann sie nichts aus ihrem Stimmungstief herausholen. Nach dem Oktober-Crash hatten sich die deutschen Anleger, allen voran die Profis auf dem Parkett, durch voreiliges Kaufen furchtbare Verwundungen zugezogen. Jetzt hielt man die Taschen geschlossen, Käuferstreik war angesagt. Vielleicht hatte der eine oder andere Makler auch noch Probleme, seine Kredite bei der Lombardkasse fristgerecht zurückzuzahlen, zumal die Kreditspielräume gekürzt wurden, um weitere Verluste so gering wie möglich zu halten. Die meisten Banken, so hieß es hinter vorgehaltener Hand, hätten den Wertpapierhandel auf eigene Rechnung drastisch zurückgefahren, kein Wunder also, daß die Aktienbörse in einem Meer von Traurigkeit zu ertrinken drohte.

Selbst deutliche Zinssenkungen am deutschen Rentenmarkt, sonst ein Treibsatz für steigende Aktienkurse, konnten die deutschen Anleger nicht aufmuntern. Ganz im Gegenteil, wie die Ausländer auch trennten sich die inländischen Anleger von ihren Aktienbeständen und stiegen um auf Anleihen, Obligationen oder Pfandbriefe. Raus aus dem verlustreichen Aktiengeschäft und rein in die sicheren Rentenpapiere, selbst wenn diese nur noch eine Rendite von etwas mehr als 5 Prozent einbrachten, fast 50 Basispunkte weniger als ein Jahr zuvor.

Die deutschen Anleger waren so intensiv mit ihrem eigenen Jammer beschäftigt, daß sie die ersten Anzeichen der Trendwende in den USA nicht wahrnahmen. Im vierten Quartal 1987 hatte das reale Wachstum überraschend hoch bei 4,2 Prozent gelegen, im Grunde ein schlechtes Vorzeichen für den Aktienmarkt, weil eine gute Konjunktur sehr schnell die Währungshüter der Notenbank veranlassen konnte, mit steigenden Zinsen einer drohenden Inflation bereits im Vorfeld zu begegnen. Steigende Zinsen aber machen den Rentenmarkt attraktiver als den Aktienmarkt und sind deshalb nach Meinung der Börsianer Gift für die Aktien. Offensichtlich aber war die amerikanische Notenbank nach dem Oktober-Crash nicht daran interessiert, durch steigende Zinsen weiterhin Öl ins Feuer zu gießen.

Unterstützt wurde sie in dieser Haltung auch von den Deutschen. Finanzminister Stoltenberg und Bundesbankchef Pöhl zeigten sich wild entschlossen, die verschüttete Harmonie zwischen den USA und der Bundesrepublik wieder freizulegen. Die jüngsten Zinssenkungen am deutschen Rentenmarkt waren offenbar ein Teil der Wiedergutmachungen. Letztlich war dieses Einlenken der Deutschen auch im eigenen Interesse, denn mit dieser Kehrtwende in der offiziellen Zinspolitik nahm die Attraktivität der D-Mark gegenüber dem US-Dollar ab. Jetzt konnte die US-Notenbank die US-Zinsen weiter herunterschleusen, ohne den Kurs des US-Dollars zu belasten.

Die Rechnung ging auf: Der US-Dollar zog auf knapp 1,70 gegenüber der D-Mark an, und das, obwohl die Zinsen in den USA in einem atemberaubenden Tempo in den Keller fielen. Bei den 30jährigen US-Bonds gaben die Zinsen innerhalb weniger Wochen um mehr als zwei volle Prozentpunkte nach. Eine Mastkur für die Börse. Unser Daueroptimist aus New York, Heiko Thieme, hatte mit seiner Vorhersage unmittelbar nach dem Oktober-Crash schneller recht bekommen, als ich selber erwartet hatte.

Auf dem Frankfurter Parkett zogen die Aktienkurse aber nur leicht an. Der Index der Börsenzeitung stieg in der ersten Februarhälfte langsam auf 264,77, und die meisten meiner Gesprächspartner an der Börse pflegten immer noch ihre Wunden und murmelten etwas von technischer Reaktion oder Bullenfalle. Lediglich Horst Zirener, Geschäftsführer bei der Deka, der deutschen Kapitalanlagegesellschaft, nahm sein Herz in beide Hände und riet unseren Zuschauern zum Einstieg in den deutschen Aktienmarkt. Der US-Dollar habe das Schlimmste hinter sich, und der deutsche Rentenmarkt werde mit der vorherrschenden Zinssenkungsphantasie auf mittlere Sicht dem Aktienmarkt in den Sattel helfen.

Als dann die Amerikaner überrascht feststellten, daß ihr Handelsbilanzdefizit bereits im Dezember 1987 stärker gesunken war als ursprünglich geglaubt, jubelte die Wall Street, sprang der US-Dollar über die 1,72-Marke. Die deutsche Börse aber geriet schier aus dem Häuschen. »Nie wieder schwach«, schrien alle die Börsianer, die noch wenige Tage zuvor am liebsten das Wort »Aktie« aus ihrem Wortschatz gestrichen hätten. Angesichts der Erholung an der Wall Street fiel es nun allen wie Schuppen von den Augen: Die deutsche Börse hatte unter dem Oktober-Crash stärker und länger gelitten als die meisten anderen Finanzmärkte, nicht wegen der schlechteren Verfassung der deutschen Wirtschaft, sondern wegen der harten D-Mark und wegen ihrer perfekten Organisation. Ausländische Anleger konnten jederzeit soviel verkaufen, wie sie wollten, ohne jede Beschränkung, und beim Verkauf ihrer deutschen Titel auch noch hohe Währungsgewinne einstreichen. Folglich war die deutsche Börse in den letzten Monaten weit unter ihrem eigentlichen Wert gehandelt worden. Die Konsequenz aus dieser Erkenntnis: die leergefegten Aktiendepots schleunigst wieder auffüllen, und zwar so schnell wie möglich, ehe der Börsenzug zu sehr an Fahrt aufnahm. Auch wenn wir in den folgenden Wochen immer wieder von Gewinnmitnahmen in Deutschland oder von vorübergehenden Schwächeanfällen an der Wall Street und beim US-Dollar berichten mußten, die Wirtschaft und die Finanzmärkte weltweit hatten sich stabilisiert. Der Oktober-Crash '87 gehörte endgültig der Vergangenheit an, auch in Deutschland.

Am 16. Februar 1988, also vier Monate später, knallten in Frankfurt wieder die Sektkorken, nicht nur weil die Kurse explodierten. Die Börse feierte auch auf dem Parkett ihre traditionelle Fassenacht. Der Karnevalskater war bald wieder verschwunden, nicht so die Sorge, ein Crash wie der vom Oktober 1987 könne sich jederzeit wiederholen. Eine nützliche Erkenntnis, die vor überschäumender Euphorie und unerwarteten Enttäuschungen schützt. Wer aber an der Börse bedächtige Vorsicht mit panischer Angst verwechselt, wird nicht selten in zerrissenen Hosen herumlaufen.

Diese Erfahrung konnte ich nicht einmal zwei Jahre später machen. Wieder fing alles in Amerika an, und wieder war es ein Freitag im Oktober.

Kapitel 2

Angst ist ein schlechter Ratgeber

Späte Einsicht im Oktober 1989

»Freitag, der 13. Und das auch noch im Oktober! Wer weiß, welche Eier die Wall Street uns bis Montag ins Nest legt.« Mit bangen Gefühlen verabschiedeten sich die meisten Börsianer von einer Woche, die manchen in tiefe Unsicherheit gestürzt hatte.

Noch am Donnerstag hatten wir alle auf dem Frankfurter Börsenparkett fest daran glauben wollen, daß sich der deutsche Aktienmarkt der weltweiten Furcht vor steigenden Zinsen werde entziehen können. Zwar war der deutsche Rentenmarkt aufgrund pessimistischer Äußerungen des amerikanischen Notenbankchefs etwas unter Druck geraten. Alan Greenspan hatte angesichts einer Inflationsrate von 5 Prozent jede Hoffnung auf Zinssenkungen in den USA zunichte gemacht. Auch die positiven Signale aus der deutschen Wirtschaft waren nicht zu übersehen: Die Konjunkturampel zeigte strahlend grünes Licht für die Exportwirtschaft, kein Wunder bei einem US-Dollar, der gegenüber der D-Mark an Stärke gewonnen und gerade die 1,90 überschritten hatte. Selbst in der deutschen Binnenwirtschaft füllte der Aufschwung allmählich die Auftragsbücher. Im gewerblichen wie im privaten Wohnungsbau wuchs mit den Bauvorhaben die Zahl der Beschäftigten. Die Zahl der Arbeitslosen sank auf 1,9 Millionen. So niedrig war sie das letzte Mal im September 1982 gewesen. In der Tat hätten das alles bei einer pessimistischen Grundströmung auf dem Börsenparkett Argumente für wachsende Inflations- und Zinsängste sein können. Steigende Renditen auf dem Rentenmarkt und fallende Kurse bei den Aktien wären dann die logische Konsequenz gewesen.

Die allgemeine Meinung der Börsianer lief aber nicht in diese Richtung. Im Gegenteil, man war optimistisch gestimmt. In dieser Gemütsverfassung neigen wohl die meisten Menschen dazu, nur die Rauchzeichen wahrzunehmen, die ihren Optimismus bestätigen, alles andere wird verdrängt, aber doch nicht völlig aus dem Gedächtnis getilgt. Schlägt die positive Stimmung um in eine negative Sicht, werden die vorher überhörten Warnungen als neue Erkenntnisse auf dem Parkett herumgereicht, obwohl es in Wirklichkeit alte Hüte sind.

Die Optimisten an der Frankfurter Börse also sahen in den Konjunkturdaten keine Gefahr, vielmehr wurden die günstigen Nachrichten aus der deutschen Wirtschaft als Beleg für steigende Gewinne gewertet. Den Unternehmen in Deutschland gehe es gut, in der Zukunft werde es ihnen sogar noch besser gehen. Warum sollte sich das nicht positiv auf die Aktienkurse auswirken? Sicher, Bundesbankpräsident Karl Otto Pöhl hatte wieder einmal etwas von einer wachsenden Inflationsgefahr in Deutschland gemurmelt und mögliche Zinserhöhungen angedeutet, aber sie jetzt schon ins Kalkül einzubeziehen, das erschien den meisten verfrüht.

Unter der glatt polierten Oberfläche aber wuchsen die Zweifel. Schneller als erwartet konnte wegen des steigenden US-Dollars aus dem willkommenen deutschen Konjunkturaufschwung ein Boom entstehen, mit all den möglichen negativen Folgen für die Lohn- und Preisentwicklung in Deutschland. Die Bundesbank werde in einem solchen Fall sofort mit ihren Folterinstrumenten rasseln und dann eventuell die Zinsen erhöhen. Das würde die Anlage am Rentenmarkt wieder attraktiver machen und umgekehrt die Aktienkurse in den Keller drücken.

Hatten am Donnerstag noch die Optimisten die Nase eindeutig vorn' gehabt und den DAX von 1604,05 auf 1612,78 anheben können, so mußten sie sich am Freitag, dem 13. Oktober, der zunehmend skeptischen Stimmung beugen. Der DAX verlor 2 Prozent und fiel gegen 13.30 Uhr zum Börsenschluß auf 1604,05. Vor allem die Anleger aus dem amerikanischen Raum hatten sich an diesem Tag auffällig zurückgehalten. Irgend etwas schien sich an der Wall Street zusammenzubrauen.

»Auf jeden Fall habe ich erst einmal meine Aktienbestände abgebaut. Sicher ist sicher«, vertraute mir auf der Treppe vor der Börse einer meiner Gesprächspartner an, bevor er mit seinen Kollegen zu einem hastigen Mittagessen bei »Mutter Ernst« in der Nähe der Frankfurter Freßgasse einlief. Ein Steak und ein Bier, zu mehr würde es heute nicht reichen. Denn ab 15 Uhr war für ihn im Händlersaal seiner Bank »Reuters« angesagt. Über die Bildschirme der Reuters-Agentur konnte man in Sekundenschnelle erfahren, wie die amerikanische Börse in den letzten Tag der Woche starten würde.

Aber bei all unserer Skepsis und Vorsicht, das, was dann von der Wall Street über den Atlantik auf die deutsche Börse hereinbrach, das hatte – wieder einmal – keiner von uns vorhergesehen: Ein atemberaubender Kursrutsch bahnte sich an, der sofort an den dramatischen Oktober nur zwei Jahre zuvor gemahnte.

Das Wochenende war endgültig verdorben. Am nächsten Montag würde es an den deutschen Börsen ein Schlachtfest geben. Meine Stimme muß am Telefon vor Aufregung spürbar gewackelt haben, denn ohne Proteste genehmigte die Mainzer Sendeleitung von SAT 1 für den kommenden Montag zusätzliche Sendezeiten. Von 11 Uhr bis zum Börsenschluß hatte die Sendung *Telebörse* freie Bahn.

Wir hatten auf dem Frankfurter Börsenparkett schon in den vergangenen Wochen und Monaten die zunehmende Unruhe an der Wall Street registriert. Vor allem in der Luftfahrtindustrie hatten die Deregulierungspläne der westlichen Industrienationen zu heftigen Aktivitäten geführt. Eine weltweite Privatisierung des Flugverkehrs würde den internationalen Konkurrenzdruck verschärfen. Den vorhersehbaren Preiswettbewerb im Kampf um die Passagiere und das Frachtaufkommen konnten wahrscheinlich nur die größten Fluggesellschaften durchstehen. Vor diesem Hintergrund war die amerikanische Luftfahrtindustrie mächtig in Bewegung geraten. Jeden Tag gab es an der Börse neue Spekulationen über Konkursanträge, Fusionen oder Übernahmen. Mitarbeiter, Gewerkschaften, kapitalkräftige Finanziers oder Glücksritter, sie alle warfen ihren Hut in den Ring und wollten mitmachen beim Spiel ums große Geld.

Gefürchtet und hochgeschätzt zugleich war dabei eine Methode, die schon in den vergangenen Jahren die Wall

Street in wahre Rauschzustände getrieben hatte. Findige Finanziers unterbreiteten den Aktionären einer Gesellschaft Übernahmeangebote für ihre Anteile. Angebote, die weitaus höher lagen als der aktuelle Kurs, mit dem Argument, die bisherige Unternehmensführung habe es offensichtlich nicht verstanden, die wahren Fähigkeiten des Unternehmens zu wecken, und müsse deshalb abgelöst werden. Häufig waren die steigenden Börsenkurse nach der Bekanntgabe des Übernahmeangebotes den Aktionären schon Grund genug, die Anteile an den Kaufinteressenten zu veräußern, der dann mit Erreichen der Kapitalmehrheit natürlich im Unternehmen das Kommando übernahm.

Finanziert wurden derartige Übernahmen in vielen Fällen durch Kredite, die der neue Mehrheitsaktionär des Unternehmens aufnahm, oder, wenn die Verschuldung schon zu hoch war, durch die Ausgabe von sogenannten Junk Bonds, also äußerst risikoreichen Wertpapieren, die lediglich wegen ihrer ungewöhnlich hohen Verzinsung von den Anlegern gekauft wurden und ihren Namen »Ramsch«- oder »Abfallanleihen« wohl zu Recht trugen. Um diese Schulden zu tilgen oder die Junk Bonds bedienen zu können, wurde in vielen Fällen das übernommene Unternehmen in seine Einzelteile zerlegt und anschließend stückweise mit Gewinn verscherbelt. Was nach der Tilgung der aufgenommenen Fremdmittel von den Verkaufserlösen übrigblieb, das war praktisch der Reibach des Aufkäufers.

Um gar nicht erst in die Finger derartiger Finanzjongleure zu geraten, versuchten viele amerikanische Flugunternehmen die Flucht nach vorn. Fusionsgespräche mit der nationalen wie internationalen Konkurrenz standen plötzlich ganz oben auf der Tagesordnung der leitenden Herren.

Bei United Airlines planten sogar die eigenen Manager eine Übernahme des angeschlagenen Unternehmens, unterstützt von der Pilotengewerkschaft und vom europäischen Konkurrenten British Airways.

Aber dann, Anfang Oktober, geriet Sand ins Getriebe. Die amerikanischen Banken wollten nicht mehr so recht mitspielen. Warum nicht, war selbst auf dem New Yorker Börsenparkett nicht zu erfahren. Vielleicht hatten die Banken angesichts der steigenden Flut von aggressiven Übernahmen selbst Angst bekommen, die Finanzmärkte in einem Meer von Junk Bonds zu ertränken, vielleicht aber hatte auch die US-Regierung vorsichtig ihren Unwillen angedeutet über die Zerschlagung großer Unternehmen, den Verlust von Arbeitsplätzen und die drohende Überfremdung der amerikanischen Wirtschaft.

Was auch immer der Grund gewesen sein mag für die Kehrtwende der Banken, 75 Minuten vor Börsenschluß verbreitete sich am Freitag wie ein Lauffeuer auf dem Parkett der New Yorker das Gerücht, die Übernahme von United Airlines sei an dem »Nein« der Banken gescheitert. Blitzartig wurde den Börsianern klar, was das für die Wall Street bedeutete: Abschied von den Fusionsträumen, die in den vergangenen Wochen ein Kursfeuerwerk nach dem anderen gezündet und den Dow Jones Index auf das Rekordhoch von über 2750 getrieben hatten. Viele Aktien, nicht nur die von United Airlines, waren schließlich aufgrund von Übernahmegerüchten und wegen der daraus entstandenen Euphorie in den siebten Börsenhimmel geschossen. Und nun drohte die ganze Herrlichkeit zusammenzubrechen. Binnen weniger Minuten verlor der Dow Jones-Index

190 Punkte, also fast 7 Prozent. Böse Erinnerungen an das Massaker vom 19. Oktober 1987 machten die Runde. Wer mit seinen Aktienbeständen im Plus lag, hatte nur noch eines im Sinn: Verkaufen! Verkaufen!

Gewinnmitnahmen in allen Bereichen brachten die Wall Street ins Wanken. Längst hatten die Anleger und Börsianer den Anlaß, nämlich die gescheiterte Übernahme von United Airlines, verdrängt. Hatte nicht Notenbankchef Alan Greenspan vor kurzem wegen der gestiegenen US-Erzeugerpreise vor einem erneuten Aufflackern der Inflation gewarnt? Also mußte man sich auf Zinserhöhungen einstellen – wohl das Schlimmste für Anlagen in Aktien.

In Deutschland saßen wir in der Frankfurter Redaktion bis zum späten Abend mit großen Augen vor dem Reuters-Bildschirm. Nach nur zwei Jahren schon wieder ein Crash an der Wall Street! Das mühsam wieder aufgebaute Vertrauen in die Aktie als langfristiges Anlageinstrument, mit einem Schlag schien alles einzustürzen. Ähnliches müssen wohl die deutschen Kleinanleger gedacht haben, als einige Nachrichtensendungen am Wochenende den Börsenschluß an der Wall Street meldeten. In panischer Angst vor dem drohenden Schlachtfest am nächsten Montag auf dem Frankfurter Börsenparkett beschlossen viele von ihnen, sofort zur Eröffnung der Börse zu verkaufen. Kein Limit, einfach »bestens«. Nur ’raus aus den Beständen.

Es gibt ungezählte Ratgeber zum Thema Börse, die der Öffentlichkeit Tag für Tag Falsches und Richtiges ins Ohr blasen, Gefühle und Stimmungen, die mal in die eine, dann in die andere Richtung weisen. Als Anleger kann man sich diesen Einflüssen nur selten entziehen. Das gilt für den

Kleinanleger wie für den Börsenprofi auf dem Parkett. Aus diesem Grund kommen ja schließlich die Käufe und Verkäufe von Aktien zustande. Jeder hat seine eigenen Vorstellungen und Zielsetzungen und handelt danach. Nur, auf einen Ratgeber sollte man nie hören: auf die panische Angst.

Das ist leicht gesagt. Aber Ruhe bewahren, auch bei fallenden Kursen, das kann nur der Anleger, der bei seinen Aktiengeschäften kein überhöhtes Risiko eingeht, der nicht bei jedem Kursverlust um sein eingesetztes, häufig geliehenes Kapital bangen muß. Deswegen sollte man möglichst nur mit eigenem Kapital, das man nicht für andere Zwecke benötigt, an der Börse arbeiten.

Wer auf Pump Aktien kauft und auf eine schnelle Mark hofft, mag bei steigenden Kursen sensationelle Gewinne einfahren. Bei kurzfristigen Schwankungen aber wird er häufig aus Angst vor drohenden Verlusten zu Panikverkäufen verführt. Die Profis im Börsengeschäft nutzen in aller Regel derartige Verkaufswellen, um Aktienbestände aufzubauen, und lösen dadurch eine Gegenbewegung aus, die beim unerfahrenen Verkäufer erst recht zu Verzweiflungsschreien führt: Die Kurse steigen, aber die eigenen Aktien hat er vorher zu Billigstpreisen verkauft.

Wer an diesem Freitag an der Wall Street einen kühlen Kopf behielt, der witterte bereits in der Schlußphase der Börsensitzung diesen Umschwung. Als die Schlußglocke erklang, lagen die Kurse zwar um bis zu 20 Prozent niedriger als am Tag zuvor, aber die Umsätze waren im Verlauf der Börsensitzung merklich zurückgegangen. Die Neigung, auf diesem niedrigen Kursniveau zu verkaufen, ließ nach. Die Zeit der Schnäppchenjäger war offensichtlich schon wieder vor bei, so schnell, wie sie gekommen war. Leider konnte dieser leichte Stimmungsumschwung an der Wall Street die deutschen Anleger nicht beruhigen. Sie hatten schon längst in ihrer Panik Augen und Ohren verschlossen und waren mit den Erinnerungen an den Oktober 1987 ins Bett gekrochen. Nichts konnte das Unheil am deutschen Aktienmarkt aufhalten.

Am Montag darauf geschah das, was geschehen mußte: Schon vor Börsenbeginn ertranken die Kreditinstitute in einer Flut von Verkaufsaufträgen aus dem Kreis der Kleinanleger.

Was wir in unserer Sondersendung ab 11 Uhr den Zuschauern aus dem Frankfurter Börsensaal schilderten, war das absolute Chaos.

Von meinem Reporterplatz auf der Galerie im Börsensaal konnte ich beobachten, wie sich das Unglück anbahnte. Über die Telefonleitungen der Filialen waren die unlimitierten Verkaufsaufträge der privaten Kleinanleger in den Börsenbüros der Kreditinstitute gelandet, an den Seiten des Börsensaals. »Waschkörbeweise«, so am Tag danach ein Börsenhändler, »waschkörbeweise haben wir im Laufschritt nur rote Orderzettel zu den Kursmaklern hinter den Börsenschranken getragen. Ich konnte das Rot schon nicht mehr ertragen.«

Auf roten Zetteln wurden vor der Einführung der elektronischen Orderabwicklung die Verkaufsaufträge notiert. Auf grünen oder auch blauen Zetteln standen die Kauforders. Aber von Kaufaufträgen war in dieser Anfangsphase der Börsensitzung kaum etwas zu sehen. Trotz zusätzlicher Mitarbeiter, die in weiser Voraussicht aus den Zentralen der Kreditinstitute in Richtung Börsenplatz 1 in Marsch gesetzt worden waren, brach das Kommunikationssystem zwischen den Kunden, den Filialen, wo die Aufträge angenommen und weitergeleitet wurden, und dem entsprechenden Börsenbüro zusammen. Auf ihrem Marsch in Richtung Abgrund schien die deutschen Kleinanleger nichts aufhalten zu können. Meine Appelle an die Vernunft, meine Hinweise auf den unerheblichen Anlaß der Kursverluste an der Wall Street, meine Bitten, wenigstens mit limitierten, also nach unten begrenzten Verkaufsaufträgen an die Börse zu kommen, alles half nichts. Wie bei einer durchgehenden Rinderherde waren die Verkäufer nicht mehr zu stoppen. Selbst der Super-Cowboy John Wayne hätte diese Stampede nicht verhindern können.

Erst gegen 12 Uhr konnten die Kursmakler die ersten offiziellen Kurse feststellen, und um 12.30 Uhr, mit einstündiger Verspätung, wurde das ganze Ausmaß der Katastrophe sichtbar. Wie in einem defekten Fahrstuhl war am Ende der DAX von 1589,28 auf 1385,75 in den Keller gerauscht. Ein Tagesverlust von rund 203 Punkten. So schlimm hatte es die deutsche Börse selbst im Oktober-Crash von 1987 nicht erwischt. Kaum ein großer DAX-Wert ohne Minusankündigung. Bis zu dreifach Minus selbst bei den Standardwerten im DAX. Dadurch signalisierten die Kursmakler für den jeweils nächsten Kurs einen Verlust von 20 Prozent – für mich als Börsenreporter wohl der schlimmste Tag, nicht wegen der absoluten Kursverluste, vielmehr wegen seiner ganzen Irrationalität.

Eine völlig unbegreifliche, gespenstische Szene: Wie besessen stürzten sich offenbar die deutschen Kleinanleger mit ihren Aktien im Arm in die Tiefe. Vor allem die beliebtesten, besten Aktien wurden zu Schleuderpreisen verramscht. Daimler verloren 111 D-Mark, VW-Stammaktien sackten in einem Rutsch von über 470 auf unter 400 D-Mark, für den soliden Chemietitel Bayer gab es ebenfalls kein Halten mehr. Hatte die Aktie vor diesem Massaker noch knapp unter 300 D-Mark gelegen, so wurde sie jetzt im Ausverkauf um 20 D-Mark billiger gehandelt.

Heute sind solche ungerechtfertigten, übertriebenen Kursschwankungen im Tagesverlauf nicht mehr so ungewöhnlich. In der Regel aber stirbt ein übertriebener Kursrutsch am prompten Desinteresse potentieller Verkäufer, d.h. der Markt trocknet schlagartig aus. Für die besonnenen Anleger sind sinkende Umsätze bei fallenden Kursen ein Signal, »die Hand aufzuhalten«, also zu den niedrigeren Kursen mit dem Kauf zu beginnen.

Auf eine derartige Reaktion der Börsenprofis auf dem Parkett wartete ich an diesem Schwarzen Montag im Oktober 1989 aber lange Zeit vergeblich. Allein die 30 großen Standardtitel, die im DAX erfaßt werden, verloren, gemessen an ihren Kurswerten, auf einen Schlag 70 Milliarden D-Mark. Und das alles nur, weil in den USA eine gescheiterte Übernahme die Börsianer unsanft aus ihren Träumen gerissen hatte.

Selbst wenn man berücksichtigte, wie abhängig generell die deutschen Finanzmärkte von den kapitalkräftigen amerikanischen Anlegern sind, diese Panikreaktion auf den Wall-Street-Einbruch war für jeden Einsichtigen völlig unverständlich. Ich muß wohl auf dem Bildschirm sichtbar entsetzt und enttäuscht gewirkt haben angesichts der nicht endenden Verkaufsflut aus den Reihen der Kleinanleger. Genau dieser Gruppe von Anlegern wollte ich doch durch die Telebörse Informationen für eine erfolgreiche Anlagestrategie vermitteln. Und nun diese offensichtliche Unvernunft!

Tage später, als sich der Rauch verzogen hatte, riefen mich einige Zuschauer an und erklärten mir, warum sie ihre unlimitierten Verkaufsaufträge nicht zurückgezogen hatten. Sie hätten es, aufgeschreckt durch meine Reportage vom Parkett, noch während der Börsensitzung, per Telefon vergeblich versucht. Sie seien einfach nicht mehr zu den entsprechenden Sachbearbeitern in ihrem Kreditinstitut durchgekommen. Statt des Wertpapierhandels habe sich der Pförtner gemeldet oder der Sicherheitsdienst. Oder ein verzweifelter Anlageberater, der aber keine Möglichkeit mehr gesehen hatte, im direkten Kontakt mit dem Kollegen an der Börse den Auftrag zu stornieren.

Es waren an diesem Montag aber nicht nur die Kleinanleger auf der Verkäuferseite zu finden. Als sich mit zunehmender Börsendauer keine Stabilisierung auf dem Parkett andeutete, gaben auch die Manager großer Spezialfonds auf Wunsch ihrer Kunden aus der Industrie oder der Versicherungswirtschaft ihre abwartende Haltung auf und bauten ihre Bestände ab. Als Alternative bot sich den Flüchtenden der Rentenmarkt an. Bis zu 1,45 D-Mark stiegen die Kurse deutscher Anleihen.

In unserer Sendung prophezeite Dr. Wolfgang Röller, der damalige Vorstandssprecher der Dresdner Bank: »Wer heute verkauft, wird eines Tages sicher Lehrgeld dafür bezahlen.« Der Börsenchef der Deutschen Bank, Vorstandsmitglied Dr. Rolf Breuer, warnte die Anleger vor panischen Reaktionen: »Es ist nicht einzusehen, daß ein solides deutsches Unternehmen am Montag an der Börse gut 10 Prozent weniger wert sein soll als am Freitag, zumal sich am wirtschaftlichen Umfeld nichts geändert hat.«

Jetzt konnten nur noch die Banken durch massives Ge-

gensteuern die Verkaufsflut stoppen. Alle standen sie unten auf dem Parkett, Hans-Werner Dort, bei der Commerzbank zuständig für die Betreuung großer institutioneller Anleger, die Händler der Dresdner Bank, Günther Burgold von der BHF-Bank, Werner Freckmann von Georg Hauck & Sohn und vor allem Klaus Nagel, der Chefhändler der Deutschen Bank. Was würden sie angesichts der fallenden Kurse tun? Ebenfalls verkaufen? Oder »die Hand drunter halten« und billig einkaufen? Immer wieder schaute ich von meinem Platz auf der Galerie hinunter zu Klaus Nagel, wie er dort unten auf dem Parkett stand, in seinem grauen Anzug, scheinbar desinteressiert gegen die Holztäfelung gelehnt, und das Chaos vor sich beobachtete.

Wenn einer auf dem Parkett die finanzielle Möglichkeit hatte und den Blick für den richtigen Zeitpunkt, die Börse umzudrehen, dann er. Häufig hatte mir Klaus Nagel in den vergangenen Jahren bewiesen, wie wichtig die gute Nase für den günstigsten Zeitpunkt zum Einstieg ist – und ebenso auch, um zu entscheiden, wann man sich vorsichtig zurückhalten mußte. »Man darf nie in ein fallendes Messer greifen«, hatte er mich zu Beginn der turbulenten Börseneröffnung an den Oktober-Crash von 1987 erinnert, als ich ihn fragte, warum er die niedrigen Kurse nicht zum Einstieg nutze. Erst müsse sich die Börse austoben. Wer zu früh kaufe, der würde sein Pulver sinnlos verschießen und gutes Geld schlechtem hinterherwerfen.

Immer noch regungslos stand er mit verschränkten Armen neben dem Office der Deutschen Bank auf dem Börsenparkett. Während seine Mitarbeiter die Kundenaufträge ausführten, überwiegend Verkaufsaufträge, tat er gar nichts. Wie der steinerne Gast im Don Giovanni. Aber er wußte natürlich genau den Geräuschpegel auf dem Börsenparkett einzuschätzen, das Geschrei und Getobe der Händler und Makler vor und hinter den hölzernen Kursschranken. Die Wortfetzen und Gesten, die offensichtlich nur eines signalisierten: Verkaufen, verkaufen um beinahe jeden Preis.

Doch gegen Schluß der Börsensitzung sank fast unmerklich der Geräuschpegel, der Verkaufsdruck ließ nach, neben den roten Orderzetteln konnte ich schon wieder einige grüne ausmachen. Die Kurse auf den großen Anzeigetafeln veränderten sich kaum noch nach unten. Daß jetzt etwas passieren würde, war mit den Händen zu greifen. Doch welchem Zuschauer halfen meine Ahnungen noch? Die meisten Kleinanleger hatten wahrscheinlich längst zu Spottpreisen ihre Aktienbestände verschleudert. Aber jeder Fehler hat auch seine guten Seiten, wenn man aus ihm lernt. Wie wichtig es ist, sich an der Börse nicht von panischer Angst beherrschen zu lassen, zeigten die folgenden Minuten.

Plötzlich stieß sich Klaus Nagel von der Wand ab und setzte sich in Bewegung. Ich werde diesen Augenblick nie vergessen: Resolut und zielbewußt schritt der Chefhändler der Deutschen Bank zügig an den Kursmaklern vorbei. Mit beiden Armen fast gleichzeitig winkend, signalisierte er für jeden sichtbar: »Ich kaufe von Dir.« Bayer, Veba, Daimler, Siemens, alles, was in den letzten Stunden durch zahllose kleine Verkaufsaufträge ohne sonderliche Gegenwehr heruntergeprügelt worden war, alles stand offensichtlich auf Klaus Nagels reichhaltiger Einkaufsliste. Ich konnte bei dem Lärm, der auch an normalen Tagen auf dem Börsenparkett herrscht, natürlich nicht verstehen, welchen Umfang Klaus Nagels Kaufaufträge hatten. Es müssen aber gewaltige Stückzahlen gewesen sein.

Wie ein Lauffeuer ging es über das Börsenparkett: Die Deutsche Bank kauft!! Jetzt erinnerte sich der eine oder andere auch an den Hoffnungsschimmer, der gegen Ende der Freitagsitzung an der Wall Street aufgetaucht war. Analysten und Börsenhändler machten mich auf die geringen Kursverluste der Börsen in Toronto und Tokio aufmerksam, die wegen ihrer geographischen Lage noch vor der Frankfurter Börse auf den Einbruch an der Wall Street hatten reagieren können. Sehr wahrscheinlich werde sich das nachmittags auch positiv auf die New Yorker Börse auswirken. So plötzlich, wie der Crash entstanden war, fiel er in sich zusammen.

Der Tag danach war nicht weniger aufregend als der Montag. Schon am Montagnachmittag hatte die Wall Street nach anfänglichem Zögern wie erwartet mit den Aufräumarbeiten begonnen und ins Plus gedreht. Für die deutschen Anleger ein Grund mehr, all das zurückzukaufen, was man am Tag zuvor in panischer Angst verkauft hatte. Nach dem Kurssturz vom Vortag gab es nun, am Dienstag, den »Crash nach oben.«

Dort, wo 24 Stunden vorher auf den Kurstafeln noch Minus-Ankündigungen vorgeherrscht hatten, wimmelte es von Plus- und Doppelplusankündigungen, die Kursgewinne bis zu 10 Prozent signalisierten.

Am Ende dieser bemerkenswerten Börsenwoche hatten die Börse und die deutschen Anleger wieder zurückgefunden in die Normalität. Die Kleinanleger hatten aber offenbar die teure Lektion, die ihnen die Börse erteilt hatte, begriffen. Bei ihrem Wiedereinstieg am Tag nach dem Börsen-Crash waren die meisten Kaufaufträge aus ihren Reihen mit einem Limit versehen.

Kapitel 3

Kaufen, wenn die Kanonen donnern

Fehlstart im Kuweit-Konflikt

Im Sommer 1990 schwankte die Stimmung auf dem Frankfurter Börsenparkett zwischen ehrlicher Freude über die bevorstehende Wiedervereinigung der beiden deutschen Staaten und tiefsitzenden Ängsten wegen der finanziellen Lasten der deutschen Einheit. An der Spitze der Zweifler und Bedenkenträger marschierten prominente Sozialdemokraten wie Oskar Lafontaine, die das finanzielle Chaos für die Bundesrepublik Deutschland prophezeiten.

Allein die Modernisierung der ostdeutschen Industrie, so die überall diskutierten Horrorschätzungen, werde die Westdeutschen 800 Milliarden D-Mark kosten, 200 Milliarden D-Mark müsse der Staat aufbringen, um die marode Infrastruktur der DDR auf das Niveau der Bonner Bundesrepublik anzuheben. Die Bahn, das Telefonsystem, die Straßen und die Kanalisation seien in einem desolaten Zustand. Für kapitalisierte Rentenansprüche und für das soziale Netz, in das Millionen arbeitslose Ostdeutsche fallen würden, müßten zusätzlich 2 Billionen D-Mark einkalkuliert werden. Wenn die Hälfte dieser 3 Billionen D-Mark von der deutschen Wirtschaft, die andere Hälfte vom Staat getragen würden, müßte die Mehrwertsteuer auf 35 Prozent und der Zinssatz auf mindestens 10 Prozent steigen, so die Rechnung eines deutschen Wirtschaftsmagazins.

Die immensen Kosten einer Vereinigung beider deutschen Staaten wurden dem deutschen Bundesbürger von der sozialdemokratischen Opposition Tag für Tag in die Ohren geblasen, um dem Bundeskanzler Helmut Kohl die sichtbare Vorfreude auf den gesamtdeutschen Lorbeerkranz zu vergällen. Schließlich galt es, für die erste gesamtdeutsche Wahl im Herbst des Jahres entscheidende Wählerstimmen im Westen Deutschlands zu sammeln. Zusätzlich rollte sich die Regierungskoalition unter der Führung der Unionsparteien selbst einen weiteren Stolperstein in den Weg: Die mit der DDR vereinbarte Währungsunion würde den Bürgern der DDR für ihre auf den internationalen Finanzmärkten wertlose DDR-Währung die stabile, allseits geschätzte D-Mark bescheren. Diese Visionen der berufenen und selbstberufenen Schwarzseher stürzten den deutschen Rentenmarkt in tiefste Verzweiflung: Alle DDR-Bürger würden ihre wertlosen Spargroschen in harte D-Mark tauschen und sie sofort in das nächste Kaufhaus im Westen Deutschlands tragen, um endlich das zu kaufen, worauf man jahrzehntelang hatte verzichten müssen. Die Folgen, so die Pessimisten am Rentenmarkt, seien doch mit den Händen zu greifen: Die Inflation würde erst langsam zu traben beginnen und dann sehr schnell in einen wilden Galopp übergehen. Die heute noch so harte D-Mark würde binnen weniger Monate wachsweich. Steigende Zinsen seien die logische Konsequenz.

Diese bösen Vorahnungen, die vor allem aus dem Lager der sozialdemokratischen Wahlkämpfer täglich aufs Neue bestärkt wurden, verunsicherten die deutschen Rentenhändler. Wer auf die typisch deutsche Sparmentalität auch im Osten verwies, auf die Notwendigkeit, gerade wegen der dort zu erwartenden Arbeitslosigkeit, das Geld zusammenzuhalten, der stieß im Rentensaal der Frankfurter Börse auf taube Ohren. Als ob die Bundesrepublik Deutschland in den inflationsgeschüttelten Ländern Südamerikas läge, kletterten die Renditen am Frankfurter Rentenmarkt in Richtung 9 Prozent. Mit den explodierenden Zinsen fielen entsprechend die Rentenkurse.

Nicht gerade günstige Vorzeichen für den Aktienmarkt, sollte man glauben. Aber weit gefehlt: Den ganzen Sommer über aalte sich der deutsche Aktienindex DAX, der die dreißig wichtigsten deutschen Aktien abbildet, in ungetrübter Rekordlaune. Zufrieden sahen meine Gesprächspartner auf dem Parkett im Aktiensaal in ihre Auftragsbücher: überall nur Kauforders, Kauforders aus dem Ausland, wohlgemerkt. Während die Bedenkenträger in den deutschen Landen laut die Jammerharfe schlugen, folgten die ausländischen Anleger aus Amerika und Japan, fasziniert von den deutsch-deutschen Umarmungen auf der Berliner Mauer, dem unerschütterlichen Hoffnungsträger Helmut Kohl und setzten auf deutsche Aktien. Wenn ein Volk dieser Welt diese ungeheuere Aufgabe einer Vereinigung mit einem maroden kommunistischen Staat werde schultern können, so war in Gesprächen mit amerikanischen und britischen Journalisten immer wieder zu hören, dann seien es die Deutschen mit ihrer dynamischen Wirtschaft, die dank der Vereinigung der beiden deutschen Staaten vor einem zusätzlichen Schub stehen dürfte.

Und noch ein anderes Argument der Optimisten im Frankfurter Börsensaal machte mir Mut. Immer wieder werde man von amerikanischen Kunden auf die politische Situation in der Sowjetunion angesprochen. Komme es im Rahmen der Perestroika Gorbatschows zu einer Annäherung der Kommunisten an das westliche Lager, müsse davon gerade die Bundesrepublik profitieren. Umgekehrt hatte die deutsche Börse in der Vergangenheit unter jeder politischen Erschütterung in der Sowjetunion am stärksten gelitten. Eine fast vergessene Erfahrung, die uns etliche Monate später jäh aus unserer Rekordlaune aufschrecken sollte.

Jetzt aber, Mitte 1990, lag noch kein Schatten auf der Lichtgestalt Gorbatschows, rankten sich große Hoffnungen um die rohstoffreiche Wirtschaftsmacht im Osten Europas. Wegen ihrer Nähe zu diesem Markt habe die deutsche Industrie deutliche Standortvorteile, so die Anleger aus den USA. Folglich müsse man jetzt deutsche Aktien unbedingt im Depot haben. Daß sich der Zusammenbruch der Sowjetunion viel schneller als erwartet und viel tiefgreifender vollziehen würde, hat damals keiner auf dem Parkett geahnt. Auch nicht, daß der tatsächlich konkursreife kommunistische Ostblock über Jahre hinweg als liquider Abnehmer westlicher Produkte gänzlich ausfallen würde.

Bis in den Sommer 1990 ließen sich die Amerikaner und die Japaner in ihrer Deutschland-Euphorie nicht beirren und kauften unaufhörlich die »Deutschland AG«. Die Blue Chips, also die großen Standardwerte wie Siemens, Deutsche Bank, Daimler, VW, Thyssen, Bayer oder Allianz, diese Perlen der deutschen Wirtschaft standen ganz oben auf den Einkaufszetteln der Ausländer.

Und was machten die deutschen Anleger? Im Grunde nichts! Lange Zeit quälten sie sich mit ihren Ängsten über die möglichen Folgen der deutschen Einheit und bestaunten ungläubig die Kursgewinne am deutschen Aktienmarkt. Sahen denn die ausländischen Anleger nicht die schier unüberwindlichen Finanzbarrieren, vor denen die Optimisten scheitern mußten? Ahnten sie nichts von den kommenden Preis- und Zinsexplosionen in Deutschland?

Für mich brachte diese Zeit eine deprimierende Erkenntnis: Während die deutschen Anleger wie hypnotisiert auf die tatsächlichen und vorgeblichen Risiken der deutschen Einheit starrten und die Aktien deutscher Unternehmen links liegen ließen, setzten ausländische Anleger auf die langfristigen Chancen, die der deutschen Wirtschaft nicht nur durch die Wiedervereinigung zwangsläufig entstehen mußten. Neben Amerika und Asien würde es bald einen dritten großen Markt geben: Europa. Von einem gemeinsamen europäischen Markt mit mehr als 300 Millionen Verbrauchern, wie er in diesen Tagen vor allem von Frankreich und Deutschland als Vision für das Jahr 1993 in den Himmel gemalt worden war, würden in erster Linie die großen, erfolgreichen deutschen Industriekonzerne und Banken profitieren. In diesem geeinten Europa würde zukünftig das vereinte Deutschland liegen, nicht mehr als risikobelasteter Frontstaat, sondern als Herzstück, mitten drin, wie ein Filetstück.

Wer also langfristig dachte, der konnte gar nicht vorbeigehen an deutschen Aktien. Diese Botschaft versuchte ich täglich den Zuschauern der *Telebörse* zu vermitteln, ohne sonderlichen Erfolg. Bei aller Begeisterung über die steigenden Kurse, eines war nicht zu übersehen: Der deutsche

Börsenzug rollte unter Volldampf aus dem Bahnhof, aber in den Abteilen saßen überwiegend Ausländer. Die meisten deutschen Anleger standen verwirrt und skeptisch an den Gleisen und sahen den DAX vorbeifahren. Einige von ihnen waren bei steigenden Kursen gerade noch auf den fahrenden Zug gesprungen, aber ich war mir nicht sicher, ob sie nicht beim nächsten Halt wieder abspringen würden. Zu groß war die Skepsis der Deutschen im Hinblick auf die Folgen der Wiedervereinigung, täglich aufgefrischt durch die Berichte und Kommentare in ihren Massenmedien.

Und dieser Stopp, mitten auf der Strecke, sollte schneller als erwartet kommen. Ende Juli bildeten sich über den Börsen im Ausland einige Gewitterwolken. So drohte in Japan das Regierungsschiff in politischen und wirtschaftlichen Untiefen zu stranden. Aus der Sicht der Amerikaner hatten die Japaner in jüngster Zeit zu erfolgreich versucht, durch eine restriktive Einfuhrpolitik die Importe aus Amerika zu behindern. Durch einen schwachen Yen gegenüber dem US-Dollar waren zudem die Handelsüberschüsse der japanischen Wirtschaft drastisch gestiegen und die amerikanischen Exporte nach Japan deutlich gefallen. Explodierende Grundstückspreise in Tokio und atemberaubende Kursgewinne an der Tokioter Börse hatten zwar schon zu Beginn des Jahres manchem älteren Börsianer in Frankfurt die Stimme verschlagen, aber dem Vertrauen in die japanischen Finanzmärkte letztlich nicht geschadet. Die Finanzkraft der Japaner schien unerschöpflich zu sein. Luxushotels auf Hawaii, kostbare Gemälde von van Gogh, amerikanische Bonds oder die besten Aktien aus aller Welt, glücklicherweise auch aus Deutschland, alles landete in japanischen Händen. Auf

Kredit gekauft, die niedrigen Zinsen in Japan machten es möglich.

Ohne die massive Nachfrage japanischer Anleger nach amerikanischen Bonds wären die amerikanischen Zinsen längst stärker gestiegen, als es der angeschlagenen US-Wirtschaft lieb sein konnte. Auf diesen Umstand verwies die japanische Wirtschaft immer wieder, wenn die amerikanischen Beschwerden überhand nahmen. Doch plötzlich beendeten die politischen Querelen zwischen Japan und den USA mit ungeahnter Heftigkeit diese scheinbar endlose Erfolgsstory. Die internationalen Anleger reagierten sofort und hielten sich, wohl auch angesichts der hohen Aktienkurse am Tokioter Markt, merklich zurück. Der Börsenindex Nikkei, der Anfang des Jahres in einer vorher nie erlebten Geschwindigkeit die Hürde von 40 000 Yen zu nehmen schien, brach ein – von einem Tag auf den anderen. Wie in einem defekten Fahrstuhl stürzten die Kurse ab und kamen erst wieder bei einem Indexstand von weniger als 31 000 Yen zum Halt.

Und ich hatte mir schon ein paar Brocken Japanisch angeeignet, um die täglichen Großeinkäufer aus dem fernen Osten in Frankfurt an der Börse entsprechend begrüßen zu können, doch nun gab es in den Interviews der *Telebörse* nur noch bange Fragen nach dem Verhalten der japanischen Anleger. Würden sie sich zur Unterstützung ihrer eigenen Finanzmärkte aus Amerika und aus Europa, vor allem aus Deutschland zurückziehen? Das konnte in den USA die Bondmärkte zum Einsturz bringen, die Renditen also nach oben treiben, nicht nur bei den Amerikanern, sondern auch in Deutschland. Denn längst waren die internationalen Finanzmärkte so eng miteinander vernetzt, daß nationale Alleingänge auf den internationalen Kapitalmärkten, also dort, wo die Anleger und nicht die nationalen Notenbanken die Richtung bestimmen, kaum noch möglich waren.

Bis heute malt man immer wieder diese Gefahr eines japanischen Rückzugs an die Wand. Aber noch haben sich die japanischen Anleger kaum im nennenswerten Umfang von ihren internationalen Finanzengagements getrennt. Warum sollten sie auch beispielsweise ihre hochverzinslichen amerikanischen Bonds gegen japanische Papiere eintauschen? Bei den niedrigen Zinsen in Japan! Doch ganz ausschließen darf man diese Gefahr auch nicht.

Auf dem Frankfurter Aktienmarkt waren angesichts der starken Nachfrage ausländischer Anleger nur wenige Börsianer bereit, sich die eigene positive Grundstimmung durch längeres Nachdenken über mögliche Verkäufe japanischer Anleger verderben zu lassen. Nach wie vor lief der DAX wie auf Schienen in Richtung 2000. Von der erwarteten Nachfragewelle der neuen Bundesbürger nach Gütern des täglichen Bedarfs erhofften sich viele ausländische Analysten einen kräftigen Auftragsschub für die westdeutsche Industrie.

Kaum waren die ersten Ostdeutschen mit ihren Trabbis in den Westen getuckert, zogen VW-Aktien an, für mich mehr als logisch. Denn als erste Investition, so die Kalkulation einiger meiner Gesprächspartner, würden sich unsere wiedervereinten Brüder und Schwestern aus dem Osten ein westdeutsches Auto zulegen. Im Gefolge der VW-Aktien sprangen auch die Autoaktien Daimler und BMW an.

Wo mehr Autos unterwegs sind, braucht man bessere Straßen, neben den dringend erforderlichen Modernisierungsmaßnahmen im Wohnungsbau ein gutes Argument, auf deutsche Bauwerte zu setzen. Für die Bauwirtschaft in Deutschland fiel die Wiedervereinigung wie Manna vom Himmel. Schon in der alten Bundesrepublik hatte eine gestiegene Nachfrage nach Wohnungen und Gewerbebauten die Kapazitätsauslastung in Richtung 70 Prozent angehoben. Jetzt winkten zusätzliche Aufträge aus den neuen Bundesländern.

Im Telefonbereich konnten die westdeutschen Anbieter auf eine wahre Auftragsflut setzen, denn von 100 DDR-Bürgern verfügten nur elf über ein Telefon. Im Westen waren es immerhin 46 von 100. Über ein Drittel der Anlagen in der DDR waren älter als 20 Jahre. 12 Milliarden D-Mark, so die ersten vorsichtigen Schätzungen, werde die Modernisierung des Kommunikationswesens im Osten Deutschlands kosten. Derartige Rechnungen wurden an der Börse überwiegend von Händlern ausländischer Kreditinstitute für alle Branchen der deutschen Wirtschaft aufgemacht, ihre Kunden dachten offenbar weniger an die Belastungen als an die Chancen der deutschen Wiedervereinigung. Kein Wunder, daß so mancher Ausländer den DAX unmittelbar vor dem Beginn einer wunderbaren Rekordjagd wähnte.

Die Ernüchterung kam schlagartig und gänzlich unerwartet. Nicht die Finanznöte der Japaner und ihre Querelen mit den USA stießen die Börsianer zurück in die Realität, nicht die deutschen Zinsängste wegen der hohen Kosten der Wiedervereinigung, nein, der Angriff kam aus einer ganz anderen Ecke.

Monatelang hatte der irakische Diktator Saddam Hussein seine Nachbarn, die wohlhabenden Kuweitis, unverblümt aufgefordert, auf die vereinbarte Rückzahlung von 30 Milliarden US-Dollar zu verzichten. In dieser Höhe hatte Kuweit dem finanzschwachen Irak in seinen Auseinandersetzungen mit dem Iran unter die Arme gegriffen. Diese Schulden konnte und wollte Saddam Hussein angesichts seiner leeren Kassen nicht zurückzahlen. Und um dem ganzen die Krone aufzusetzen, beanspruchte der irakische Diktator zusätzlich einen Teil des kuweitischen Gebietes für sich. Natürlich ein Gebiet von entscheidender Bedeutung für die Rohölgewinnung. Daß sich die Kuweitis weigerten, auf die Forderungen ihres undankbaren Schuldners einzugehen, fand an der Börse ungeteiltes Verständnis, regte aber keinen von uns sonderlich auf. Selbst als Saddam Hussein am 1. August 1990 diese mehr als merkwürdigen Verhandlungen abbrach, zog der Rohölpreis nur leicht an, auf etwas mehr als 20 US-Dollar pro Barrel. Der DAX fiel ein wenig unter die Marke von 1900, aber das war es auch schon, eine leichte Unsicherheit, mehr nicht.

Doch unser Gleichmut war nur einen Tag später restlos verschwunden. Ich traute meinen Ohren nicht, als ich morgens im Deutschlandfunk die unglaubliche Eilmeldung hörte: Der Irak hat am 2. August 1990 Kuweit überfallen. Was Saddam Hussein bezweckte, war jedem sofort klar: Er wollte die Vormachtstellung am persischen Golf und gleichzeitig seine Kriegskasse mit den kuweitischen Schätzen auffüllen. Offenbar war dieser Diktator allen Ernstes der Meinung, die zivilisierte Welt werde diesem brutalen Raubüberfall tatenlos zusehen, aus Angst vor einer Gefährdung der weltweiten Ölversorgung. Denn die Ölvorräte aus der Golfregion waren von grundlegender Bedeutung für die Weltwirtschaft, zumal jene in der Nordsee allmählich zur

Neige gingen. Kuweit verfügte mit dem Irak über die drittgrößten Ölreserven der Welt. Sollten diese Quellen versiegen, aus welchen Gründen auch immer, so waren die europäischen und erst recht die asiatischen Industrienationen in ihrer Existenz bedroht.

Wie an diesem Donnerstag die Weltbörsen reagieren würden, konnten wir uns leicht ausmalen: Crash! Und genauso kam es. Wie häufig bei weltweiten Krisen flüchteten die Anleger in den nächsten sicheren Hafen, in den US-Dollar. Binnen weniger Minuten schoß die US-Währung, die einige Tage zuvor gegenüber der D-Mark noch geschwächelt hatte, um 4 Pfennig nach oben, auf 1,62. Selbst das Gold war plötzlich als Reserve wieder gefragt, und der Ölpreis sprang aus dem Stand um 15 Prozent auf 24 US-Dollar pro Barrel. Am deutschen Rentenmarkt meldeten die Händler Land unter. Kursverluste bis zu mehr als einem Prozentpunkt trieben die durchschnittliche Umlaufrendite um elf Stellen hoch auf 8,79 Prozent.

Bei diesem Katastrophenszenario überraschte mich die fast abgeklärte Ruhe einiger meiner Gesprächspartner. Natürlich verkauften sie ihre Bestände, aber alles verlief in ruhigen Bahnen, ohne Hektik. Günter Burgold von der BHF-Bank, einer der erfahrensten Händler auf dem Parkett, fand sogar noch die Zeit, mit mir über alte Börsianerweisheiten nachzudenken. Wie hochsensible Seismographen reagieren in aller Regel die Börsen auf Kriege, Unglücksfälle oder Katastrophen. In den ersten Schrecksekunden werden dann häufig selbst die Kurse hochwertiger Standardtitel über Gebühr heruntergeprügelt. Der clevere Anleger nutzt diese Übertreibungen zu Käufen, nach der Devise: Kaufen, wenn die Kanonen donnern!

War dieser 2. August solch eine günstige Gelegenheit? Immerhin war der DAX um mehr als ein Prozent auf 1869 Punkte abgestürzt. Eher noch nicht kaufen, war die überwiegende Meinung auf dem Parkett, denn von Panikverkäufen und extrem günstigen Kaufkursen war ja weit und breit nichts zu sehen. Und wo war denn der Kanonendonner? War der irakische Überfall auf Kuweit wirklich der Beginn eines offenen Krieges?

Saddam Hussein schien vor allem die europäische Seelenlage richtig eingeschätzt zu haben. Mit den Kuweitis, die bei einem jährlichen Pro-Kopf-Einkommen von 10 000 US-Dollar zu den reichsten Staaten dieser Welt zählten, mochten nur wenige wirkliches Mitleid und Solidarität empfinden. Außerdem konnte ein einziger Funke genügen, das Ölfaß »Persischer Golf« zur Explosion zu bringen. Lieber mit Saddam Hussein verhandeln, als ihn mit Waffengewalt bekämpfen. Dieses Motto fand besonders in Deutschland, bei den Sozialdemokraten und den Grünen, ein lebhaftes Echo. Die Franzosen, in alter Tradition dem Irak auch wirtschaftlich verbunden, versuchten ebenfalls, das Feuer am Golf ohne große Waffengeräusche auszutreten. Lediglich der amerikanische Präsident, George Bush, sprach von einer nackten Aggression, die man in den USA nicht hinnehmen werde. Selbst militärische Interventionen lägen im Bereich des Möglichen. Um diese entschiedene Haltung zu unterstreichen, verließ der amerikanische Flugzeugträger Independence den indischen Ozean in Richtung Golf.

An militärische Gegenaktionen der zivilisierten Welt mochten aber vor allem die Europäer nicht denken. Handelssanktionen gegen den Irak wurden beschlossen, das irakische Vermögen im Ausland wurde blockiert. Das war es auch schon an Reaktionen. Geschickt machte sich Saddam Hussein diese zögerliche Haltung im Lager seiner Gegner zunutze. Als gewiefter Taktiker hielt er sofort den westlichen Bedenkenträgern einen Happen hin: Er werde sich innerhalb von 24 Stunden wieder aus Kuweit zurückziehen.

Bei uns an der Börse tauchte dieses Gerücht zum ersten Mal bereits am 3. August auf. Die Erleichterung war überall zu spüren. Sollte sich der irakische Diktator zurückziehen, so waren die Öllieferungen nicht in Gefahr, gab es keine inflationären Tendenzen wegen der steigenden Energiekosten, brauchten die Kuweitis nicht ihre gewichtigen Anteile an der deutschen Industrie und der Finanzwirtschaft zu Geld zu machen.

Diese Überlegung hing wie ein Damoklesschwert über der deutschen Aktienbörse. Voller Sorge hatten mich meine Interviewpartner in der Telebörse auf das Kuweit Investment Office (KIO) hingewiesen. Über diese Organisation hatten sich die wohlhabenden Kuweitis mit ihren Ölmilliarden in ganz Europa, auch in zahlreichen deutschen Unternehmen eingekauft. Nur erste Adressen standen auf der Liste. Mit 14 Prozent war das KIO an Daimler beteiligt, mit 15 Prozent an Hoechst, zu 20 Prozent gehörte ihnen die Metallgesellschaft. Auch vom traditionsreichen Frankfurter Bankhaus Georg Hauck und Sohn lagen Anteile bei den Kuweitis.

Waren die Kuweitis gezwungen, aus Geldnöten ihre Anteile an deutschen Aktiengesellschaften zu versilbern, so würde es an der Börse zu einem fürchterlichen Kursdesaster kommen. Das Gerücht über den bevorstehenden Rückzug der Irakis verhieß den Börsianern aber die baldige Rückkehr in die Normalität und wurde deshalb ohne Arg akzeptiert, obwohl es ursprünglich angeblich aus einer nicht genau definierten englischen Quelle stammte.

Langjährige Erfahrungen mit Gerüchten aus der englischen Küche haben die deutschen Börsianer gelehrt, in solchen Fällen besonders vorsichtig zu sein und immer erst nach dem Nutznießer eines solchen Gerüchtes und seinen Motiven zu fragen, bevor man entsprechend handelt. Diesmal aber waren wir alle wild entschlossen, an ein schnelles Ende des Konfliktes zu glauben, und nahmen deshalb die Hoffnung für die Realität.

Als sich nur einen Tag später alles als großer Bluff herausstellte, war die Enttäuschung um so größer. Offensichtlich hatte der irakische Diktator uns eine erste Kostprobe seiner Verschlagenheit serviert, um die Zögerlichen im Lager der UNO in ihrer Meinung zu bestätigen, man könne den Golf-Konflikt durch Verhandlungen auf friedlichem Wege beilegen. Nach dem räuberischen Überfall auf das schutzlose Kuweit war diese Einschätzung mehr als zynisch, fiel aber gerade in Deutschland auf fruchtbaren Boden, wie sich schnell herausstellen sollte.

Der offene Widerstand in der demokratischen Welt gegen die amerikanischen Pläne, durch eine sofortige militärische Aktion dem Aggressor die Beute wieder zu entreißen, um möglichen Nachahmern die Bereitschaft der zivilisierten Welt zu demonstrieren, die Menschenrechte mit allen Mitteln zu verteidigen, dieses Zaudern, diese Unentschlossenheit im Lager seiner Gegner mag Saddam Hussein in dem Glauben bestärkt haben, mit seiner Beute ungeschoren davonzukommen. Von Anfang an hielt sich auch das Gerücht, er sei womöglich in dieser Einschätzung sogar von amerikanischen Stellen bestärkt worden.

Statt der erwarteten Entwarnung aber machten neue Tatarenmeldungen aus der Golfregion die Runde. Der Irak habe seine Elitetruppen an der saudischen Grenze zusammengezogen. Was das bedeuten konnte, war jedem Börsianer sofort klar: Diese angeblich hervorragend ausgerüsteten Soldaten würden das saudische Könighaus ebenso vertreiben wie die kuweitische Regierung, und außerdem konnte Saddam Hussein innerhalb weniger Tage den westlichen Industrienationen den Ölhahn zudrehen.

Den Mut, jetzt schon auf ein Ende der Krise zu setzen und die Kursverluste zum billigen Einstieg zu nutzen, diesen Mut hatte keiner, zumal uns Deutschen noch ein anderes Problem auf der Seele lag: die Folgelasten der Wiedervereinigung. Vor wenigen Wochen hatte die Bundesregierung unter Kanzler Helmut Kohl mit der neuen DDR-Regierung ein einheitliches Währungsgebiet für alle Deutschen in West und Ost vereinbart. Doch statt die unmittelbar bevorstehende Wiedervereinigung der beiden deutschen Staaten als historisches Ereignis und als Verdienst des Kanzlers mit ganzem Herzen zu akzeptieren, diskutierte die westdeutsche Öffentlichkeit immer noch die möglichen Kosten der Wiedervereinigung, den zu erwartenden Konsumstoß, der vom Osten Deutschlands ausgehen würde, die Inflation, die daraus entstehen konnte.

Der Wahlkampf im Vorfeld der ersten gesamtdeutschen Bundestagswahl Anfang Dezember verschüttete jede Begeisterung über die erreichte, lang ersehnte deutsche Einheit. Aus dem sozialdemokratischen Lager um den Kanzlerkandidaten Lafontaine drangen ständig neue Zahlenspielereien über einen milliardenschweren Finanzbedarf für den Osten

Deutschlands an die Öffentlichkeit und damit auch in die Büros der Börsianer und der institutionellen Anleger, der Investmentfonds oder Versicherungsgesellschaften. Der Bundesbankpräsident, Karl Otto Pöhl, kritisierte den günstigen Umtauschkurs der eher wertlosen DDR-Mark in die stabile D-Mark. Die Dresdner Bank sagte für das laufende Jahr und für 1991 einen drastischen Rückgang der Gewinne voraus. Wegen der teuren Anschubfinanzierung im Osten werde sich der Bund stärker verschulden müssen, würden die Zinsen in Deutschland deutlich steigen. Die chemische Industrie werde zudem durch die steigenden Rohölpreise belastet, klagte Professor Wolfgang Hilger, Vorstandschef beim deutschen Chemiegiganten Hoechst.

Während sich US-Präsident Bush vergeblich um eine deutliche Antwort der UNO auf die Aggression der Irakis bemühte, diskutierten die Deutschen in einer peinlichen Nabelschau die Auswirkungen der Wiedervereinigung auf die Preise und Zinsen. Der Golfkonflikt schien in Deutschland höchstens wegen der explodierenden Energiekosten eine Rolle zu spielen. Auf keinen Fall aber konnte er als Grund herhalten, günstig in den deutschen Aktienmarkt einzusteigen. Die offensichtliche Ohnmacht der Amerikaner gegenüber Saddam Hussein erinnerte einige deutsche Kommentatoren an das Jahr 1980, als Präsident Carter vom iranischen Ayatollah-Regime an der Nase durch den Ring geführt worden war.

An der Börse wurden wir täglich aufs neue in ein Wechselbad der Gefühle gestürzt. Das öffentliche Wahlkampfgezeter um die Kosten der deutschen Wiedervereinigung, die Furcht vor steigenden Preisen und steigenden Zinsen, die Erwartung sinkender Gewinne in der deutschen Wirtschaft, dazu die Meldungen und Gerüchte aus der Golfregion: wahrlich kein Grund, deutsche Aktien zu kaufen. »Kaufen, wenn die Kanonen donnern« wurde als untaugliche Börsenmär abgetan.

Meine ständigen Telefongespräche mit Analysten und Vertretern institutioneller Anleger im Ausland ließen mich für die Zukunft Böses ahnen. Leichtes Kopfschütteln auf amerikanischer Seite über den provinziellen Kleinmut der Deutschen, das war noch die freundlichste Art der Kritik. Mancher drückte sich schon etwas deftiger aus. »Ihr Deutschen seid Weltmeister im Jammern«, hieß es, »statt Eure Interessen an der Seite der Verbündeten im Golf tatkräftig zu vertreten, schlagt Ihr Verhandlungen mit dem Diktator vor, statt über den offensichtlichen Zusammenbruch des kommunistischen Systems und die unverhoffte Wiedervereinigung zu jubeln, beklagt Ihr die möglichen Milliardenzahlungen an ostdeutsche Rentner.«

In der Tat provozierte das deutsche Wahlkampfgetöse um die deutsche Einheit bei den ausländischen Anlegern mehr als nur diplomatisches Räuspern. Mit dem Hinweis auf deutsches Verfassungsrecht wurden Einsätze deutscher Soldaten in der Golfregion abgelehnt: Man müsse hierfür erst einmal die Gesetze ändern, hieß es aus Bonn. Außerdem möge man doch zunächst die gemeinsam beschlossenen Handelssanktionen gegen den Irak wirken lassen. Vielleicht werde sich Saddam Hussein von dem gegen ihn verhängten Embargo und von seinen blockierten Auslandskonten beeindrucken lassen. Hinweise auf die durchlässigen Grenzen Jordaniens und der Türkei irritierten kaum. Helmut Kohl und Finanzminister Waigel schienen die Verstimmung im amerikanischen Lager zu spüren und versuchten, durch offene Solidaritätsadressen und, was mehr zählte, durch eine großzügige Beteiligung an den Kosten der Aktionen gegen den Irak, die Wogen zu glätten. Aber für jeden Börsianer war klar: Die Zurückhaltung der Deutschen würde uns noch teuer zu stehen kommen.

In diesen Tagen begann auf dem Parkett der Siegeszug eines Gerätes, das heute zum alltägliche Bild an der Börse gehört: das Handy. Als die ersten Händler und Makler mit kleinen tragbaren Telefongeräten im Börsensaal auftauchten, gab es leichte Proteste, weil nicht genügend Frequenzen geschaltet werden konnten, um jedem Börsianer ein tragbares Telefon zu ermöglichen. Inzwischen sind diese technischen Probleme längst gelöst. In den ersten Tagen des Golfkonfliktes aber ballten sich die Börsianer um die wenigen glücklichen Besitzer dieser mobilen Telefone. Zwar liefen die Meldungen, wie gewohnt, über die Bildschirme der Nachrichtenagentur Reuters, aber das Salz in der Suppe waren natürlich die Gerüchte, die per Telefon über die Außenstellen aus den USA oder auch aus London an die Börse transportiert wurden.

Doch wußten wir alle auf dem Parkett genau, wie gefährlich es war, entsprechend dieser Informationen Aktien zu kaufen oder zu verkaufen. Später, lange nach diesen aufregenden Tagen der Golfkrise, begriff ich allmählich, warum nicht wenige Börsianer im enggestrickten internationalen Kommunikationsnetz einen entscheidenden Grund für die Irritationen und Ängste sehen, die auf kurze Sicht die Finanzmärkte erschüttern können. Die Informationsflut, die Stunde um Stunde rund um den Globus geschickt wird, verführt allzu häufig den Adressaten zu Fehlschlüssen. Wenn man auch nur den Versuch machte, über den Wahrheitsgehalt oder die logische Konsequenz nachzudenken, könnte man schon die entscheidenden Minuten verloren haben. Also heißt es, erst handeln, dann überlegen.

Die negativen Folgen derartiger Aktionen liegen auf der Hand. Nichts hilft, wenn die Schar der internationalen Spekulanten wie auf ein Kommando in die falsche Richtung läuft. Bevor man die Stampede aufhalten kann, ist der Schaden bereits angerichtet. Wer dann nicht mit der Masse läuft, kann zwar im nachhinein stolz feststellen, er habe sich nicht anstecken lassen von der allgemeinen Hysterie, aber was hilft es ihm, wenn die Kurse zu Unrecht gefallen sind und er nicht verkauft hat. Die Kursverluste treffen ihn um so heftiger. An der Börse ist es kurzfristig nicht wichtig, recht zu haben, sondern recht zu bekommen.

Wenn ich pensionierte Börsianer zufällig auf der Frankfurter Freßgasse oder im Café an der alten Oper treffe und sie frage, warum sie sich so selten an der Börse sehen lassen, höre ich immer wieder das Argument, man wolle sich nicht von den Informationen auf dem Parkett zu hektischem Aktionismus und zu einer Aufgabe seiner eigenen langfristigen Anlagestrategie verleiten lassen – ein deutlicher Hinweis auf die unbedingte Sorgfalt, die wir Journalisten uns bei unserer täglichen Börsenberichterstattung auferlegen müssen. Aber darf man Gerüchte, die die Kurse an der Börse bewegen, verschweigen, nur weil man diese Informationen als unsinnig einordnet? Wie will man dann als Börsenreporter den entsprechenden Kursverlauf erklären? Das ist ein Konflikt, in den aber nicht nur wir Journalisten verstrickt sind. Auch Politiker, Unternehmer, Gewerkschaftler oder Wissenschaftler müssen sich dieser Verantwortung bewußt sein. Ein unbedachtes Wort, leichtfertig ausgesprochen, kann an den internationalen Finanzmärkten eine ungeheure Wirkung haben. Der unselige Satz des amerikanischen Finanzministers James Baker im Oktober 1987, er werde den Deutschen den Dollar vor die Füße werfen, hat immerhin den berüchtigten Oktober-Crash 1987 ausgelöst.

Nachgeordnete Gedanken aus heutiger Sicht, die im hektischen August 1990 keine Rolle spielten. Zu spannend war damals, was aus der internationalen Gerüchteküche zu hören war. Am 8. August schien die Frankfurter Börse bei Handelsbeginn wie betäubt. Jeder versuchte, irgendwo auf dem Parkett neue Meldungen vom Golf aufzuschnappen. »Was sagen die Jungs in London, warum schießt der Ölpreis auf 27 US-Dollar pro Barrel nach oben, warum ist die Tokioter Börse um fast 1000 Punkte auf ein neues Jahrestief von 27653 Yen abgestürzt?« »Steht was auf dem Reuters?« Nein, auf den Bildschirmen der Nachrichtenagentur Reuters waren keine Antworten auf diese unerklärlichen Bewegungen zu finden. Die Kursverluste in Japan hätte ich mir noch mit den hohen Ölpreisen erklären können, denn die Japaner waren bei ihren Ölimporten zu 75 Prozent auf die Öllieferungen aus der Golfregion angewiesen. Aber warum gerade jetzt und warum so ungewöhnlich heftig? Plötzlich rasten die vorher so ruhigen Börsianer los, wie von der Tarantel gestochen, zu den Kursmaklern hinter ihren Holztheken. »5000 Bayer an Dich, 10000 Siemens an Dich.« An Dich, an Dich, immer nur an Dich. Jeder wollte, so schnell wie möglich, seine Aktienbestände an den Mann bringen, seine Verkaufsorders ausführen. Nur raus aus den Aktien!

Natürlich gibt es bei jedem Verkauf auch die Gegenseite, also den Käufer, aber in diesem Getöse auf dem Parkett waren die Verkaufsangebote eindeutig in der Überzahl, zumindest schrien die Verkäufer lauter. Auf meinem Monitor neben der Kamera, oben auf der Galerie, konnte ich beobachten, wie der DAX ungebremst in den Keller ging: 1740, 1735, 1725, 1720. Es schien kein Halten zu geben.

Heute würden derartige Bewegungen nicht einmal ein müdes Lächeln provozieren, beim heutigen DAX-Stand sind Kurssprünge von 100 Punkten fast an der Tagesordnung. Aber in jenen Augusttagen des Jahres 1990 nahm mir dieser Absturz fast den Atem. Und das alles ohne sichtbaren Grund! In einer kurzen Pause zwischen meinen Reportagen rannte ich die große Treppe hinunter in den Börsensaal. Irgendeiner mußte mir doch die Erklärung für diese offensichtliche Panik geben können. Aber verständlicherweise mochte sich keiner mit mir auf ein längeres Gespräch einlassen. Keine Zeit! Aus den Zurufen und Wortfetzen konnte ich mir aber ein ungefähres Bild zusammensetzen: Die Irakis hätten die Saudis überfallen, und die Amerikaner hätten Bagdad bombardiert. Woher man das wußte? Dumme Frage! Von einem Kollegen natürlich. Von welchem? Vergessen! Irgendeiner der Börsianer hatte per Telefon aus London diese Neuigkeiten erfahren, daraufhin seine Aktienbestände lauthals zum Verkauf angeboten und die Erklärung für seine plötzlichen Aktienverkäufe dem Nebenmann weitergegeben. Wenn dann, über vier, fünf Stationen, das Gerücht zum Urheber zurückfand, sah er darin nur eine zusätzliche Bestätigung seines Telefongespräches mit London – verrückt, aber wirksam.

Am nächsten Tag kam es zu einer leichten Erholung an

der Frankfurter Börse, die Kurse stiegen wieder, denn die Gerüchte hatten sich in der Zwischenzeit als falsch herausgestellt. Der Urheber der Falschmeldungen war natürlich nicht mehr auszumachen.

In den folgenden Wochen erwies sich Saddam Hussein als virtuoser Spieler, der es meisterhaft verstand, seine Gegner durch einen ständigen Wechsel zwischen Kriegsgerassel und Schalmeienklängen zu lähmen. Ausländische Familien wurden mit ihren Kindern im Irak als Geiseln gefangen genommen, sie sollten als Schutz vor amerikanischen Bombenangriffen benutzt werden, die westlichen Botschafter sollten spätestens bis zum 24. August ihre Vertretungen in Kuweit räumen. Prompt rutschte der DAX auf 1549, stieg der Ölpreis auf 31 US-Dollar pro Barrel. Als das Ultimatum für die Räumung der Botschaften verstrich, ohne die geringste Reaktion von seiten der westlichen Botschaften und des Irak, fiel der Ölpreis wieder auf 28 US-Dollar, stieg der DAX um fast 100 Punkte auf 1654,80.

Ganz langsam gewöhnten sich die deutsche Öffentlichkeit und die Börse an dieses orientalische Wortgeklingel aus irakischen Quellen. Man konzentrierte sich wieder auf deutsch-deutsche Finanzprobleme und sorgte sich über den Anstieg der Verbraucherpreise im August von 2,5 Prozent auf 2,9 Prozent.

Nicht einmal die bedrohte Ölversorgung vermochte uns sonderlich aufzuregen, denn kluge Köpfe hatten festgestellt, daß wir erstens über Ölreserven für 200 Tage verfügten und zweitens unsere Abhängigkeit vom Opec-Öl dank des Nordsee-Öls eh abgenommen hatte. Warum sollten wir uns also groß aufregen? Und drittens hatte sich unsere Wirtschaftskonjunktur dank des technischen Fortschritts aus der Abhängigkeit von der Energie etwas befreit. Die Börsianer auf dem Parkett demonstrierten einen erstaunlichen Gleichmut. Nichts schien sie irritieren zu können. Selbst, als am 14. September die Eilmeldung über die Bildschirme der Agenturen lief, Saddam Hussein habe die französische Botschaft in Kuweit besetzt, zuckte der DAX nur kurz zusammen und fiel wieder zurück in die Gleichgültigkeit.

Wir in Deutschland hatten schließlich andere Sorgen. Während die Welt entsetzt auf einen Anstieg des Ölpreises auf fast 34 US-Dollar pro Barrel starrte und die Weltbank eine mögliche Marke von 65 US-Dollar an die Wand malte, diskutierten die Deutschen lustvoll die Forderung der SPD, die Besserverdienenden mit einem Steuerzuschlag von 9 Prozent zu belegen. Kurt Biedenkopf von der CDU forderte eine Erhöhung der Mehrwertsteuer, um den Aufbau im Osten finanzieren zu können. Das waren unsere Themen, und diese Diskussionen waren es, die den DAX in den Keller trieben. Die Konsumtitel, wie Karstadt, gingen über in den freien Fall, der DAX fiel auf 1416, die durchschnittliche Umlaufrendite stieg auf 9,17 Prozent.

Zwar war Deutschland durch die Wiedervereinigung der beiden deutschen Staaten auch aus politischer und nicht nur aus wirtschaftlicher Sicht berechtigt, ja sogar verpflichtet, eine gestiegene Verantwortung in dieser Welt zu übernehmen, aber die Begeisterung über die neue Rollenverteilung auf der Weltbühne hielt sich bei uns in Grenzen. Sicher, ärmere Länder, wie etwa Jordanien oder die Türkei als direkte Nachbarn, trugen wegen des Handelsembargos gegen den Irak ungleich höhere Lasten, aber das interessierte uns weniger. Pflichtgemäße Solidarität mit den unmittelbaren Opfern des Irak wurde geräuschlos per Überweisung über die Brüsseler EG praktiziert. Vielleicht zu leise, wie wir an der Börse feststellten.

Nicht ganz falsch, wie sich später herausstellen sollte, denn als es nach der Beendigung des Golfkonfliktes galt, Kuweit für Milliarden von US-Dollar wieder aufzubauen, blieb von diesem Dollarregen für die deutsche Industrie nur wenig übrig. Den Löwenanteil sicherten sich amerikanische Firmen, zu Recht, wie Mitarbeiter amerikanischer Banken mir versicherten. Schließlich hätten die USA unter großen finanziellen Schwierigkeiten trotz eines steigenden Haushaltsdefizits die Reservisten einberufen und in Richtung Golf in Marsch gesetzt. Daß der tatsächliche Auftragseingang aus der Golfregion schließlich geringer ausfiel als erwartet, daß die Bundesregierung vielleicht mehr an Kosten übernommen hat, als gerechtfertigt gewesen wäre, das wurde später, viel später, nur am Rande kurz diskutiert. Für die Börse war das dann schon längst kein Thema mehr.

Doch im Herbst 1990 holte uns die Realität, die sich außerhalb unserer deutsch-deutschen Grenzen abspielte, immer wieder ein. Um die Zügel ein wenig anzuziehen, drohte Saddam Hussein Ende September mit der Zerstörung der kuweitischen Ölfelder und Förderanlagen. Das waren auch für deutsche Ohren neue, alarmierende Töne. Sollte es etwa doch einen »richtigen« Krieg in der Golfregion geben, ließ sich der irakische Diktator durch das Handelsembargo nicht aufhalten in seinem Amoklauf?

Der Ölpreis zog an auf über 40 US-Dollar pro Barrel und versetzte wieder einmal die Frankfurter Börse in Angst und Schrecken. Inzwischen war der DAX in ungeahnten Tiefen bei 1320 gelandet, der Nikkei-Index ebenfalls weiter auf Talfahrt, die amerikanische Regierung im heftigen Wahlkampfgeplänkel mit der demokratischen Opposition um das Haushaltsdefizit und der US-Dollar im Tief bei 1,52 D-Mark. Auf dem Parkett karrten die Pessimisten ihre Argumente zu einem riesigen Haufen zusammen, hinter dem auch die letzten Optimisten verschwanden.

Plötzlich, Mitte Oktober, die Wende! Wirklich? Ja, Saddam Hussein sei bereit, Öl für 21 US-Dollar pro Barrel zu verkaufen, Bezahlung erst nach Ende der Golfkrise, so die Meldungen aus irakischen Quellen. Endlich würde der irakische Diktator doch einlenken, hieß es an der Börse. Prompt geriet der Rohölpreis ins Rutschen, gefolgt vom Goldpreis. Die Golfkrise wurde von einigen Händlern und Maklern bereits als beendet angesehen. Einige streiften blitzschnell ihr Bärenfell ab, trabten als Bullen über das Börsenparkett, schoben den DAX nach oben ... und landeten in einer riesigen Bullenfalle.

Was war geschehen? Saddam Hussein hatte offenbar mit seinem Katz'-und-Maus-Spiel die ganze Welt zum Narren gehalten. Saddam habe geträumt, so zitierte die Frankfurter Börsenzeitung die Erzählungen aus dem Orient, der Prophet Mohammed sei ihm erschienen und habe ihm nahegelegt, sich aus Kuweit zurückzuziehen. »Deine Raketen, oh Saddam, zielen in die falsche Richtung.« Selbst den internationalen Spekulanten an den Warenterminmärkten, denen sonst keine noch so skurrile Geschichte für hektische Kursbewegungen zu schade ist, selbst diese mochten dieser Traumdeuterei nicht folgen. Der Preis für Rohöl zog schon am nächsten Tag wieder an, auf mehr als 31 US-Dollar pro Barrel. Und als neue Gerüchte die Runde machten, der amerikanische Präsident Bush habe Saddam ein neues Ultimatum für den Rückzug aus Kuweit gesetzt und gleichzeitig in Londoner Krankenhäusern für Mitte November Betten reservieren lassen, ahnten wir alle, daß sich der Golfkonflikt seiner entscheidenden Phase näherte.

Meldungen und Gerüchte überschlugen sich. US-Verteidigungsminister Cheney mache sich auf den Weg nach Saudi-Arabien, um die amerikanischen Truppen zu besuchen, Saddam Hussein lasse seine gefürchteten Spezialeinheiten den Häuserkampf in Kuweit üben. Also, so unsere Meinung auf dem Börsenparkett, werde in den nächsten Tagen geschossen. Statt dessen aber erklärten die Amerikaner, sie würden weitere 100 000 Mann an den Golf schicken, das aber bedeutete, so unsere korrigierte Analyse, der Konflikt werde noch lange schwelen.

In der Zwischenzeit hatten sich die meisten Börsianer in Frankfurt schon längst vom ökonomischen Analysten zum militärischen Strategen gemausert, die ständigen Presseberichte in den Zeitungen und in den Massenmedien taten ein übriges. Der Golfkonflikt wurde allmählich zum Dauerthema und damit langsam, aber sicher uninteressant für die Börse. Irgendwie werde man sich schon mit dem irakischen Diktator arrangieren, hieß es, von den überfallenen Kuweitis war kaum noch die Rede. Die Ankündigung Saddam Husseins, ausländische Geiseln, die er zum Schutz gegen amerikanische Angriffe im Irak festhielt, würden zu Weihnachten freigelassen, deuteten nun wieder auf eine »friedliche« Lösung des Konfliktes hin und wurden auch so in der Presse kommentiert. Sollte allerdings bis kurz vor dem Ablauf des Ultimatums im Januar nächsten Jahres immer noch keine gewaltfreie Regelung zwischen der UNO und dem Irak in Sicht sein, würde das Zittern wieder einsetzen. Bis dahin aber hatten die Finanzmärkte noch eine Schonfrist. Vielleicht würde ja alles wieder ins Lot kommen.

Der Ölpreis sank, und bei meinen Interviewpartnern in der *Telebörse* mehrten sich die Hoffnungen auf sinkende Zinsen in Deutschland und einen steigenden US-Dollar. Kein Wunder, daß wir in Frankfurt zu einer Jahresendrallye starteten. Vor allem die Erwartungen, der US-Dollar werde sich bald aus seiner Krise befreien können, trieben die Kurse nach oben, denn bei einem Preis von 1,4705 D-Mark für den US-Dollar war die exportorientierte deutsche Industrie schwer ins Schleudern geraten. Die Schwäche der amerikanischen Konjunktur und die straffe Zinspolitik der deutschen Bundesbank hatten, gefolgt von einem schwachen US-Dollar, den deutschen Aktien wahrscheinlich mehr Schaden zugefügt als das permanente Gerede über die Golfregion. Nur hatten wir diese fundamentalen Erkenntnisse, die nach meiner Erfahrung am meisten aussagen über die langfristige Richtung der Börse, angesichts der endlosen Golfkrise in den Hintergrund gedrängt. Die ersten Anzeichen einer Verbesserung dieser wichtigen ökonomischen Rahmendaten und die Gewöhnung an das irakische Katz'-und-Maus-Spiel stellten gegen Ende des Jahres die alte Kleiderordnung wieder her.

Doch die ganze Freude auf eine Jahresendrallye bei einem allmählichem Dahinsiechen des Golfkonflikts war verfrüht. Hartnäckig bestand der amerikanische Präsident auf einem Rückzug der Irakis aus dem besetzten Kuweit. Wenn nicht anders möglich, müsse der UNO-Sicherheitsrat ein militärisches Eingreifen gegen Saddam Hussein genehmigen. In

Deutschland dagegen mehrten sich die Stimmen, die immer noch einen Versuch wagen wollten, Saddam Hussein durch weitere Verhandlungen zum Rückzug zu bewegen. Im Sicherheitsrat setzten sich, wie von den meisten Börsianern erwartet, die Amerikaner durch. Als endgültige Frist für den Rückzug wurde der 15. Januar 1991 festgesetzt.

Die verbleibenden Wochen nutzte Saddam Hussein in gewohnter Manier. Wie beim Hochseeangeln versuchte er, durch wechselndes Anziehen und Lockern der Fangleine seine Gegner zu ermüden. Und die internationalen Finanzmärkte gingen auf sein Spiel ein. Auf die Meldung, der Irak werde sämtliche Geiseln freigeben, feierte die Börse in Frankfurt die sogenannte »Geiselhausse«. Der DAX sprang um 30 Punkte nach oben auf 1504, der Ölpreis fiel um 3 US-Dollar auf 26,40 US-Dollar pro Barrel. Da an der Börse in der Regel die Zukunft gehandelt wird – für das Vergangene gibt der Börsianer nichts –, diskutierten wir in der *Telebörse* mit Ölexperten die Marktsituation nach einer friedlichen Beendigung der Golfkrise, als ob Saddam Husseins Bereitschaft, die Geiseln freizulassen, bereits den Rückzug aus Kuweit bedeutete. Zweifellos werde es nach dem friedlichen Ende des Konfliktes, wenn auch wieder irakisches Öl gekauft werden könne, eine Ölschwemme mit der Folge drastischer Preissenkungen auf dem Weltmarkt geben. Bei diesen Planspielereien verloren wir an der Börse gelegentlich die Realität aus den Augen, weil wir im Grunde unseres Herzens unbedingt an eine kräftige Erholung der Kurse glauben wollten.

Diese Erfahrung habe ich während meiner Zeit als Börsenbeobachter und -kommentator auf dem Parkett immer wieder gemacht: Ist die Börse freundlich gestimmt, saugt sie aus der kleinsten Blüte ihren Honig und ignoriert konsequent alle negativen Informationen, die dieses schöne Bild zerstören könnten. Sobald aber diese Hochstimmung in ihr Gegenteil umschlägt, sei es, daß die gestiegenen Kurse zu Gewinnmitnahmen reizen oder aufgrund politischer Ereignisse, werden die im Hinterkopf gespeicherten Negativmeldungen hervorgekramt und als Gründe für Verkäufe benutzt. In derartigen Situationen sollte man als Anleger in aller Ruhe prüfen, welche Richtung die höhere Plausibilität besitzt, und entsprechend seiner eigenen Meinung handeln – auch wenn man dann gegen den Strom schwimmt.

Zugegeben, zur Jahreswende 1990/91 war dies für die deutschen Anleger keine einfache Aufgabe. Das Militärszenario am Golf wurde in den Medien in den grellsten Farben gemalt: Bei einem Angriff würden die amerikanischen Truppen und ihre Verbündeten auf eine perfekt ausgebildete und ausgerüstete irakische Armee stoßen, zudem sei Saddam Hussein im Besitz furchtbarer Waffen, die er bei einem Angriff auch einsetzen werde. Ein Militärschlag gegen den Irak hätte folglich entsetzliche Folgen für die Amerikaner selbst, aber auch für andere, benachbarte Staaten, wie zum Beispiel Israel. Tatsächliche und selbsternannte Nahost-, Militär- und Friedensexperten wurden per Bildschirm zu Stammgästen in unseren Wohnzimmern und fütterten uns mit ihren Analysen und Visionen. Mehr als 100 000 Tote werde es geben, die Welt werde wegen zerstörter Ölfelder in eine Katastrophe stürzen, wirtschaftlich und klimatisch, die Amerikaner würden alle Verbündeten wegen der immensen Kriegskosten unerbittlich zur Kasse bitten. Und das alles nur, um eine billige Ölversorgung der industrialisierten westlichen Welt zu sichern? Kein Krieg ums Öl, das war der vorherrschende Tenor in der täglichen Berichterstattung. Es müsse unbedingt weiter verhandelt werden.

Das große Gesundbeten begann. Was habe Saddam Hussein denn Böses getan? Er habe doch nur das gemacht, was die Europäer ein, zwei Jahrhunderte zuvor ebenfalls praktiziert hätten! Die überfallenen und ausgeplünderten Kuweitis hatten offensichtlich in der Öffentlichkeit keinen besonders hohen Stellenwert.

In Deutschland wurde dieses Gebräu noch angereichert um Zutaten aus dem Bundestagswahlkampf. Während die Regierungskoalition um Kanzler Kohl den epochalen Erfolg der Wiedervereinigung feierte, stieß die Opposition um Oskar Lafontaine das Wählervolk im Westen Deutschlands immer wieder mit der Nase auf die ebenso geschichtsträchtigen Kosten der Wiedervereinigung. Streiks um höhere Löhne bei der Reichsbahn der DDR und um einen Kündigungsschutz nach der Übernahme durch die Bundesbahn taten ein übriges.

Selbst als Helmut Kohl aus der ersten Wahl zu einem gesamtdeutschen Bundestag als Sieger hervorging, gab es an der Börse keine Kohl-Hausse, die Ahnungen über die Finanzlasten der Wiedervereinigung und die Folgen für Löhne und Preise lagen wie eine Zentnerlast auf den Seelen der deutschen Anleger. Mit Sicherheit werde sich die Bundesbank mit höheren Zinsen gegen die Inflationsgefahr stemmen, befürchteten die Händler und Makler auf dem Parkett. Nur wenige verwiesen Anfang Dezember auf den offenkundigen Willen der Wahlsieger, durch eine stringente Sparpolitik im Westen Deutschlands die zusätzlichen Finanzlasten der Wiedervereinigung teilweise auszugleichen, kaum jemand erwähnte die vollen Auftragsbücher, die der

Aufbau der maroden neuen Bundesländer der westdeutschen Wirtschaft bescheren werde, und wenn, dann nur, um auf den inflationären Schub aufmerksam zu machen, der daraus entstehen würde.

Angst und Bangen der Deutschen prägten zur Jahreswende also das Bild, das sich die erstaunten Ausländer von einem Deutschland machten, das gerade dabei war, in eine neue, wiedervereinigte Zukunft aufzubrechen. »Die Deutschen sind Weltmeister im Jammern«, diesen altbekannten Satz hörte ich Ende 1990 immer wieder. Mit verärgertem Unterton, denn in den USA, in Japan und bei unseren europäischen Nachbarn hätte es durchaus gewichtigere Gründe gegeben, über die wirtschaftliche Situation zu lamentieren. Kein Wunder, daß nicht nur die ausländischen Anleger, sondern auch die großen inländischen Anleger, die Fonds oder Versicherungen, den deutschen Aktienmarkt mit Argwohn beobachteten.

Als ob die deutsche Börse unter diesen Verstimmungen nicht schon genug zu leiden gehabt hätte, meldete sich Ende Dezember ein alter, fast vergessener Störenfried wieder zurück, die Sowjetunion.

Der Rücktritt des sowjetischen Außenministers Eduard Schewardnadse tauchte plötzlich einen Politiker in ein grelles Licht, den nicht nur wir in Deutschland als den Übervater der Wiedervereinigung feierten und verehrten: Michail Gorbatschow. Hatte er doch mit seiner Perestroika, mit der Demokratisierung und Öffnung der Sowjetunion die Voraussetzungen geschaffen für den Zusammenbruch der kommunistischen DDR, für das Ende des atomaren Wettrüstens und für das Ende des Kalten Krieges.

Diese Begeisterung, die die Lichtgestalt Gorbatschow im Ausland auslöste, fand in der Sowjetunion selbst nur einen geringen Widerhall. Daß jetzt aber ausgerechnet sein Außenminister das Handtuch warf, gab auch den westlichen Beobachtern zu denken. Erste Risse tauchten auf in diesem strahlenden Bild, das wir uns von Gorbatschow gemacht hatten.

Drohte da im Osten neues Ungemach? Vorsichtshalber zogen sich die Anleger von der deutschen Börse zurück, der DAX stürzte am 20. Dezember um fast 50 Punkte auf 1409 ab (vgl. Abbildung 1).

Das alte Jahr verabschiedete sich mit düsteren Vorahnungen. Die Wiedervereinigungseuphorie, die den DAX mit japanischer und amerikanischer Hilfe zwölf Monate zuvor in ungeahnte Rekordhöhen bis auf einen Stand von 2000 getragen hatte, war längst kleinmütigen Zweifeln gewichen. Der Ablauf des Ultimatums für einen Rückzug der Irakis aus Kuweit am 15. Januar, dazu neue Unsicherheiten in der Sowjetunion, das alles zusammen war zuviel für deutsche Gemüter. Hinweise aus Amerika auf mögliche Zinssenkungen und steigende Kurse an den US-Bondmärkten mit entsprechenden positiven Signalwirkungen für die deutschen Renten- und Aktienmärkte oder relativ niedrige Ölpreise bei 25 US-Dollar pro Barrel, nichts vermochte uns für das kommende Jahr optimistisch zu stimmen.

Deswegen überraschte es auch niemanden, daß der DAX so ins neue Jahr startete, wie er sich vom alten verabschiedet hatte, das heißt, mit sinkenden Kursen. Kurze Zuversicht flackerte auf, als eine französische Nachrichtenagentur ein amerikanisches Angebot an den Irak zu Gesprächen in der Schweiz meldete. Offensichtlich hatte die japanische Regie-

Abbildung 1: **Deutscher Aktienindex (DAX), Entwicklung vom 1. 1. 1990 bis zum 31. 12. 1990**

Hoch: 1968,55 (30. 3. 1990), Tief: 1334,89 (28. 9. 1990), Schluß: 1398,23 (31. 12. 1990)

Quelle: DATASTREAM

rung einen letzten Versuch unternommen, die USA und den Irak an einen Tisch zu bringen. Verständlich, daß gerade die Japaner einem Ablauf des Ultimatums am 15. Januar mit Sorgen entgegensahen, waren sie doch als rohstoffarmes Land auf die Rohöllieferungen aus der Golfregion wie kein anderes Land angewiesen.

Als es am 9. Januar in Genf zu einem Treffen der beiden Außenminister kam, wußten wir alle im Börsensaal: Jetzt würde sich der Daumen senken oder heben, Krieg oder Frieden. Da war sie wieder, die alte Nervosität.

Kurz vor Schluß der Börsensitzung plötzlich ein lautes Geschrei auf dem Parkett, steigende Kurse bei den Aktien, der Ölpreis fällt, alles ohne ersichtlichen Grund. Zumindest kann ich auf meinem Bildschirm keinen Hinweis auf irgendein wichtiges Ereignis finden. Auch die Kollegen in der Redaktion können mir nicht mit Informationen helfen, die den unerwarteten Kursanstieg erklären. Erst als mir ein atemloser Händler im Vorüberlaufen zuruft, daß die Verhandlungen in Genf unterbrochen worden seien, kann ich leidlich die Überlegungen auf dem Parkett nachvollziehen: Wer Verhandlungen zu internen Konsultationen unterbricht, zeigt seine ernsthafte Absicht, zu einem positiven Ergebnis zu gelangen. Also beide Kontrahenten, die Amerikaner und die Irakis, bewegen sich aufeinander zu. Das kann nur heißen: keine militärischen Auseinandersetzungen nach Ablauf des Ultimatums. Die optimistischen Erwartungen der Börsianer schienen sich doch noch zu erfüllen.

Leider ist die Hausse so schnell vorbei, wie sie entstanden ist. In Genf haben die Parteien nur wegen des Mittagessens die Verhandlungen unterbrochen. Von einer Annäherung beider Delegationen kann also keine Rede sein. Aber noch sitzt man zusammen, noch gibt es keine offiziellen Erklärungen, noch gibt es Hoffnungen. Der nächste Tag muß die Entscheidung bringen. Während der deutschen Börsenzeit gibt es keine Verlautbarungen aus Genf, nichts sickert durch. Dann, gegen Abend, um 14 Uhr New Yorker Zeit, also noch während der Börsensitzung an der amerikanischen Ostküste, ist es soweit. Die Spannung steigt, über die Ticker läuft die Meldung, die stundenlangen Gespräche seien beendet. Ein gutes Vorzeichen, schließt daraus die Wall Street. Ein langes Gespräch deutet auf die ernsthafte Absicht hin, einen Kompromiß zu erreichen.

Später erfuhr die Öffentlichkeit den wahren Grund der langen Gespräche: Man hatte lediglich Schwierigkeiten gehabt, den Text ins Arabische zu übersetzen.

Als der US-Außenminister, James A. Baker, vor die Presse trat, begann er seine Erklärung mit dem Wort »regrettably«. Allein dieses erste Wort veranlaßte die gespannt zuhörenden Börsianer, sofort zu verkaufen. Ohne den Inhalt der Erklärung abzuwarten, schickten sie den Dow Jones in den Keller. Binnen weniger Augenblicke stürzte er um 54 Punkte ab.

Auch in Frankfurt gab es jetzt keinen mehr, der an einer militärischen Lösung des Konfliktes zweifelte, zumal Saddam Hussein nochmals einen bedingungslosen Abzug aus dem eroberten Kuweit strikt ablehnte. An den Mauern in Frankfurt mehrten sich die Schmierereien, die die USA als Kriegstreiber verurteilten, und in einigen Zeitungen sprach man vom drohenden Golfkrieg nach Ablauf des Ultimatums, als ob der irakische Überfall auf Kuweit nie stattgefunden hätte.

Losgelöst von dieser ideologisch belasteten Diskussion, traf ich an der Börse auf eine steigende Zahl von Analysten, die sich von der allgemeinen Stimmung im Lande nicht mehr sonderlich beeindruckt zeigten. Offensichtlich trug der DAX inzwischen Schwielen auf seiner Seele, denn in den letzten Wochen hatte er sich erstaunlich immun gezeigt gegen die Lockungen und Drohungen des Saddam Hussein, und selbst militärische Aktionen der Sowjetarmee in Litauen hatten ihn nicht mehr unter seinen Tiefststand von 1320 Punkten gedrückt, auf den er am 28. September 1990 gefallen war. All die Ängste und die Furcht vor einer militärischen Eskalation in der Golfregion waren offenbar in den Kursen enthalten. Dagegen hatten die Anleger die Chancen, die sich der deutschen Konjunktur im Osten Deutschlands boten, noch nicht gebührend gewürdigt. Ein entsprechender Nachholbedarf war also nicht zu übersehen.

An normalen Börsentagen hätten sich in dieser Situation wahrscheinlich die ersten ausländischen Anleger in Deutschland auf Schnäppchenjagd begeben und damit den zaudernden Deutschen das Signal für den Einstieg gegeben. Aber diesmal ließen sich auch die amerikanischen Kunden auf dem Börsenparkett nicht sehen. Kein Schiff aus Amerika wollte anlegen. Mit diesem Bild beschreiben die Börsianer die Kaufaufträge, die gegen 12.45 bis 13 Uhr direkt aus den USA mit dem täglichen Beginn der dortigen Finanzgeschäfte bei uns in Frankfurt eintreffen. Gründe für diese Zurückhaltung waren natürlich die bekannten politischen Unruheherde am Golf und in der Sowjetunion. Doch selbst die risikofreudigen Anleger, die jede bevorstehende Trendwende rechtzeitig wittern und zum Einstieg nutzen, ließen diesmal auf sich warten. In den Gesprächen mit Anlageberatern großer institutioneller Kunden aus dem Ausland wurde ich in diesen ersten Januartagen immer wieder auf die Demonstrationen in Deutschland angesprochen. Zu Tausenden zogen damals Lehrer und ihre Schüler auf die Straße und bezichtigten die Amerikaner der Kriegstreiberei. Auf zahllosen weißen Tüchern in den Fenstern forderten Demonstranten »Kein Krieg am Golf«, »Kein Krieg ums Öl«.

Im August 1990, als der irakische Diktator Saddam Hussein diesen Krieg durch den Überfall auf Kuweit begonnen hatte, hatte es nur wenige zaghafte Aktionen gegeben. In dem Augenblick aber, in dem sich die demokratisch geführten westlichen Länder anschickten, dem irakischen Diktator seine Beute wieder zu entreißen, schon um Nachahmer abzuschrecken, entdeckten Tausende von Deutschen ihre Abneigung gegen den Krieg und einige auch wohl gegenüber den Amerikanern. Das Verständnis der Börsianer für diese »Bettuch-Pazifisten«, wie sie auf dem Parkett genannt wurden, hielt sich in engen Grenzen. Sie wären halt mit ihrem Einsatz gegen den Krieg in Nahost glaubwürdiger gewesen, wenn sie genauso lautstark und gut organisiert gegen den Überfall der Irakis protestiert hätten.

Am 15. Januar, dem Stichtag, den die UNO für den bedingungslosen Abzug der irakischen Truppen aus Kuweit gesetzt hatte, herrschte an der Börse in Frankfurt gespannte Ruhe. Zwar rutschte der DAX für ein paar Minuten unter die alte Tiefstmarke von 1320, aber zum Börsenschluß setzten die ersten Rückkäufe ein und hoben ihn wieder über diese Hürde. In den Büros der Banken und bei uns in der Redaktion wurden alle möglichen Entwicklungen durchgespielt. Bei Ablauf des Ultimatums ohne den Rückzug der

Irakis, mit dem im Grunde keiner mehr rechnete, konnte es mit dem Beginn militärischer Aktionen zu einem starken Kursrutsch kommen. Als Voraussetzung dafür galten negative Meldungen aus der Golfregion, die auch als Gerücht schon einen furchtbaren Crash auslösen konnten. Bei jedem Gerücht war also höchste Vorsicht geboten.

Kollegen aus New York berichteten von ungewöhnlichen Schutzvorkehrungen vor dem Börsengebäude in der Wall Street. Aus Angst vor Terroristen habe man Barrikaden aufgebaut, an der New Yorker Rohstoffbörse habe man die Besuchergalerie geschlossen.

Die Crash-Erfahrungen der Jahre 1987/89 wurden diskutiert. Wie tief würde der DAX unter die Unterstützungslinie von 1320 fallen können? Was würden in einem solchen Fall die Fonds und Banken machen, würden sie, wie 1987, verkaufen oder, wie 1989, die Hand aufhalten und kaufen? Würde es überhaupt einen Crash geben? Ein Crash kommt schließlich unerwartet und nicht mit einer wochenlangen Vorankündigung. Und was wäre, wenn mit dem Gegenschlag der Amerikaner eine Kaufwelle einsetzte, getreu dem Motto: Kaufen, wenn die Kanonen donnern? Die Meinungen liefen bei uns ziemlich kontrovers gegeneinander, wie wahrscheinlich auch in den Büros der Börsianer.

Der Tag des Ultimatums verstrich, ohne daß etwas geschah. Saddam Hussein blieb, wie angekündigt, mit seinen Besatzungstruppen in Kuweit. Ebenfalls keine Bewegung bei den alliierten Truppen unter Führung der Amerikaner. Auch am Tag danach gab es keine aufregenden Meldungen aus der Golfregion. Die Börse schien wie gelähmt. Irgendwann in den nächsten Stunden mußte es passieren, das glaubten wir alle zu wissen. Nur was, das wußte keiner.

In den frühen Morgenstunden des 17. Januar dann die ersten Meldungen aus dem Radio über den Beginn der Aktion »Wüstensturm«: Die alliierten Streitkräfte greifen die irakischen Truppen an. Von einer Gegenwehr der gefürchteten Elitesoldaten des irakischen Diktators wird nichts berichtet. Die Angriffe der alliierten Truppen laufen offenbar reibungslos. Amerikanische Flugzeuge bombardieren wichtige strategische Ziele in Bagdad. Auch hier keine Nachrichten über eine irakische Gegenwehr.

Die internationalen Devisenmärkte reagieren auf den Beginn der militärischen Aktion zunächst aufgeregt mit einem bis auf 1,55 D-Mark steigenden US-Dollar. Diesen Pawlowschen Reflex kann man immer wieder an den internationalen Finanzmärkten beobachten: Entsteht irgendwo in dieser Welt ein Krisenherd, steigt der US-Dollar, weil er weltweit als »sicherer Hafen« gilt. Die Flucht in den US-Dollar ebbt aber schlagartig ab, wenn sich die Krise tatsächlich oder vermeintlich auflöst. Einen dauerhaften Trend für einen steigenden US-Dollar darf man aus einer derartigen kurzfristigen Bewegung nicht ableiten.

Als sich die Aktion »Wüstensturm« offenbar ohne größere Probleme entwickelt, fällt er zwar prompt wieder zurück auf 1,52 D-Mark, doch dies kann die Finanzmärkte in ihrer Begeisterung nicht mehr stoppen, zumal auch der Preis für Rohöl blitzschnell von 30 auf 20 US-Dollar pro Barrel absackt. Meine ersten Telefongespräche am frühen Donnerstag bestätigen diesen Eindruck: Überall herrscht Haussestimmung. Deutsche Analysten, die wenige Tage zuvor noch wegen der steigenden Verschuldung in den öffentlichen Haushalten vor einer restriktiven Zinspolitik der Bundesbank gewarnt hatten, schwenken um ins andere Lager. Eine Erhöhung der Zinsen werde es auf der heutigen Sitzung des Zentralbankrates wohl kaum geben. Ein möglicher Lohnkostendruck durch die Wiedervereinigung, das angekündigte Sparprogramm der Bundesregierung und die dramatisch sinkenden Energiekosten weltweit könnten auf lange Sicht die Preissteigerungsraten auf ein erträgliches Maß zurückschrauben, so daß sich spätestens im Herbst das fundamentale Umfeld der deutschen Börse aufhellen müßte.

Im nachhinein erwies sich diese Prognose als zu optimistisch. Hohe Lohnsteigerungen und die wachsende Verschuldung des Staates veranlaßten Monate später die Bundesbank, schärfer und länger als erwartet die Zügel anzuziehen. Erst vier Jahre später sah sie sich in der Lage, diese restriktive Zinspolitik wieder aufzugeben.

Davon ahnten wir natürlich an jenem 17. Januar 1991 nichts. Wohl jeder Anleger hatte in den Morgenstunden die Nachrichten von dem erfolgreichen Beginn der Aktion »Wüstensturm« gehört und über seine Strategie nachgedacht. Und die meisten erinnerten sich jetzt offenbar auf einmal wieder an die alte Börsianerweisheit: »Kaufen, wenn die Kanonen donnern!« Monatelang hatte man aus Angst vor einem möglichen Inferno in der Golfregion und wegen wachsender Zweifel über die finanziellen Auswirkungen der Wiedervereinigung sein Pulver trocken gehalten und nichts getan. Jetzt erwiesen sich all diese Sorgen, zumindest die Furcht vor einem Flächenbrand in Nahost, als übertrieben. Die Konsequenz aus diesen Überlegungen konnte also nur heißen: Kaufen, kaufen!

Die Japaner, neun Stunden vor unserer Zeit, konnten als

erste reagieren. Und sie hatten bei ihrer Abhängigkeit vom arabischen Öl wahrlich Grund genug, erleichtert aufzuatmen. Der Nikkei-Index stieg um mehr als 4 Prozent. Schon Stunden vor Beginn der deutschen Börse wurden die Wertpapierhändler der Kreditinstitute und die Makler mit Kaufaufträgen überschüttet. Vom großen institutionellen bis zum Kleinanleger, jetzt wollten alle dabei sein. Die Autowerte, wie VW oder Daimler, zogen um 41 bzw. 45,50 D-Mark an, bei der Metallgesellschaft sprang der Kurs mit Doppelplusankündigung um 13 Prozent auf 428,50 D-Mark. Anlage- und Bauwerte, so die nachgereichten Überlegungen meiner Gesprächspartner in der späteren Sendung, würden besonders von einem Ende des Golfkonfliktes profitieren. Generell müßte es einen Auftrieb für die Weltwirtschaft geben, in Kuweit natürlich an erster Stelle. Ob allerdings ein großer Brocken dieser Aufträge an deutsche Firmen fallen würde, das wurde auf dem Parkett von dem einen oder anderen Händler bezweifelt, zu deutlich hatten sich die Deutschen in diesem Konflikt zurückgehalten. Alles Argumente, die mir wie alte Hüte erschienen, aber jetzt trafen sie auf eine freundliche Stimmung, jetzt lösten sie Käufe aus, die Käufe, auf die ich zuvor vergeblich gewartet hatte.

Noch am ersten Tag der Aktion »Wüstensturm« diskutierte der neue Bundestag unter dem wiedergewählten Bundeskanzler Helmut Kohl die Notwendigkeit des militärischen Gegenschlags unter der Führung der Amerikaner. Zu Recht lastete der Bundeskanzler Saddam Hussein die alleinige Verantwortung für diesen Krieg an. Aber vor allem aus der SPD kamen Stimmen, die diese Militäraktion bedauerten: Man habe der Diplomatie keine Chance gegeben, und wenn man nur lange genug gewartet hätte, wären die Handelssanktionen gegen den Irak vielleicht doch noch erfolgreich gewesen. Bündnis 90/Grüne und die PDS verurteilten strikt diesen Krieg mit den Worten, er sei ein Verbrechen gegen die Menschlichkeit.

Im August 1990, als Saddam Hussein mit seinen Truppen den Nachbarn Kuweit überfallen hatte, hatten wir uns an der Börse auf derartige Kommentare eingestellt. Jetzt stießen sie ins Leere. Mit dem Gegenschlag der alliierten Truppen ging dieser Krieg, offensichtlich schneller als erwartet, seinem Ende entgegen. Deswegen stieg der DAX um fast 8 Prozent auf 1 422 Punkte. Eine große deutsche Tageszeitung wunderte sich tags darauf über den Jubel an der Börse, angesichts fallender Bomben am Golf. Eine erstaunliche Verkennung, vielleicht auch Verdrehung der wirklichen Stimmung an der Börse. Das war keine euphorische Jubelhausse, das war keine schnöde Gleichgültigkeit oder Gedankenlosigkeit im Angesicht zahlloser getöteter Soldaten und Bombenopfer. Vielmehr zeigten sich die Börsianer und Anleger weltweit erleichtert über das bevorstehende Ende eines Krieges, der am 2. August 1990 begonnen hatte und nicht erst am 16. Januar 1991.

Von den Sorgen der letzten Monate befreit, startete der DAX Mitte Januar mit neuem Mut in das Jahr 1991 (vgl. Abbildung 2).

Abbildung 2: **Entwicklung des DAX, Januar 1991**

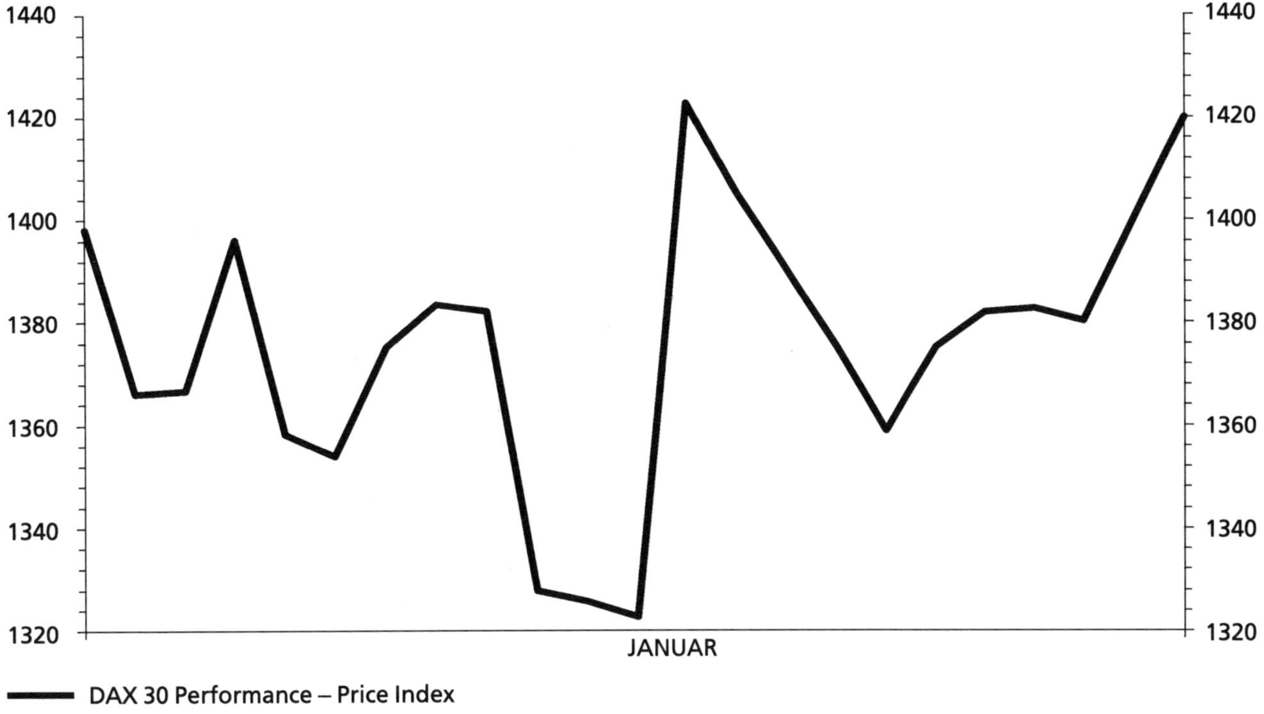

Hoch: 1422,67 (17. 1. 1991), Tief: 1322,68 (16. 1. 1991), Schluß: 1420,08 (31. 1. 1991)

Quelle: DATASTREAM

Kapitel 4

Politische Börsen haben kurze Beine

Der Gorbatschow-Putsch im Jahr 1991 als Eintagsfliege

Der unerwartet schnelle Erfolg der UN-Truppen im Golfkrieg löste auch an den Börsen in Amerika und London ein wahres Kursfeuerwerk aus. An der Wall Street katapultierte das überschäumende Selbstbewußtsein der Amerikaner die Aktienkurse in wenigen Wochen auf ein neues Rekordniveau. Die Großmacht der westlichen Welt hatte wieder einmal im entscheidenden Augenblick ihre Stärke und Entschlossenheit demonstriert. Vor allen anderen Nationen hatten die USA die finanziellen und moralischen Belastungen einer militärischen Auseinandersetzung mit dem Diktator Saddam Hussein geschultert und gewonnen. Warum sollte man jetzt nicht auch die Probleme der gegenwärtigen Rezession meistern können?

Neben diesem gestiegenen Selbstvertrauen der amerikanischen Bevölkerung stützten zusätzlich einige fundamentale Faktoren die Hoffnungen der Börsianer auf ein allmähliches Ende der Wirtschaftskrise. So konnte eine reibungslose Ölversorgung, trotz der zerstörten Ölfelder in der Golfregion, überall ermöglicht werden. Entgegen der düsteren Prognosen mancher Rohstoffexperten waren die Rohölpreise nicht explodiert und hatten somit auch keine inflationäre Preislawine losgetreten; die Gefahr steigender Zinsen war damit fürs erste gebannt. Und nachdem das ganze Ausmaß der irakischen Verwüstungen in Kuweit sichtbar geworden war, durfte man mit einem milliardenschweren Wiederaufbauprogramm in der Golfregion rechnen. Der Löwenanteil werde wohl an amerikanische Unternehmen gehen, so schätzten die Wall-Street-Analysten, denn schließlich hätten die Amerikaner auch die meisten materiellen Belastungen im Golfkonflikt auf sich genommen.

Die Entwicklung des Defizits in der amerikanischen Handelsbilanz gab den Börsenbullen neue Nahrung für ihren Optimismus. Im Frühsommer 1991 war es auf den niedrigsten Stand seit 1983 gesunken. Daß weniger steigende Exporte als vielmehr sinkende Importe für diese Entwicklung gesorgt hatten, die US-Wirtschaft mithin längst noch nicht aus dem Konjunkturtal heraus war, monierten nur meine deutschen Gesprächspartner in der Telebörse, an der Wall Street hingegen ging man großzügig darüber hinweg. Man hatte sich auf der anderen Seite des Atlantik die rosarote Brille aufgesetzt und glaubte fest an einen weiteren Aufschwung an der Börse.

Ähnlich sahen es unsere europäischen Nachbarn in Großbritannien. Auch sie setzten nach dem Golfkrieg auf ein baldiges Ende der Rezession. Fallende Inflationsraten und weiterhin sinkende Leitzinsen würden der britischen Wirtschaft mit mehr als 2 Millionen Arbeitslosen wieder auf die Beine helfen. An der Londoner Börse hatte man also allen Grund zum Jubeln. Die Kurse stiegen dank sinkender Zinsen auf ungeahnte Rekordhöhen, und ein Ende der treibenden Zinssenkungsphantasie war nicht in Sicht.

Normalerweise leidet auf den internationalen Devisenmärkten eine Währung unter sinkenden Zinsen im eigenen Land. Dieser Wertverlust der Währung verursacht auf längere Sicht über steigende Preise der importierten Waren und Dienstleistungen eine Gefährdung der Preisstabilität im Lande. Schon aus diesem Grund wird eine stabilitätsbewußte Notenbank nach einigen Zinssenkungen die Zügel wieder anziehen müssen, will sie eine weitere Abwertung der eigenen Währung und damit eine importierte Inflation vermeiden.

So weit die volkswirtschaftlichen Lehrbücher. Doch nicht immer läuft die Wirtschaft so, wie es sich die Wissenschaft vorstellt. Und im Frühsommer 1991 lief alles ganz anders. Trotz sinkender Zinsen in den USA und in Großbritannien schien nichts den Höhenflug des US-Dollars und des britischen Pfundes gegenüber der D-Mark stoppen zu können, selbst die Erwartung weiterer Zinssenkungen nicht. Eine ideale Situation für die amerikanische und die britische Notenbank; sie konnten die Zinsen weiter senken, ohne eine entsprechende Bestrafung durch internationale Devisenspekulanten befürchten zu müssen.

Warum wurde die reine Lehre der Wirtschaftswissenschaft außer Kraft gesetzt? Warum stiegen US-Dollar und Pfund gegenüber der D-Mark, trotz sinkender Zinsen in den USA und in Großbritannien? Die einfache Antwort: Es war nicht die Stärke von US-Dollar und Pfund, sondern die Schwäche der D-Mark.

In Frankfurt hatten wir das Ende des Golfkrieges längst nicht mit der gleichen anhaltenden Euphorie bejubelt wie die Börsianer in New York oder London. Der DAX bewegte sich nur zögernd vorwärts, als ob er mit angezogener Handbremse führe. Die deutschen Demonstrationen gegen den Golfkrieg, die Parolen gegen Amerika, das Zögern der Bundesregierung, als es galt, im Golfkonflikt eine eindeutige Position zu beziehen, die Milliardenbeträge, die wir an die Kriegskasse der Amerikaner für deren Kriegseinsatz überwiesen, das Defizit in der Leistungsbilanz, das daraus folgte: dies alles zusammengenommen mag ein Grund für unsere Zurückhaltung gewesen sein. Die entscheidenden Argumente für die gedämpfte Stimmung auf dem Parkett kamen allerdings aus anderen Ecken.

Den dicksten Stolperstein hatten wir uns nämlich selbst in den Weg gerollt. Tag für Tag diskutierten wir die finanziellen Folgen der Wiedervereinigung. Bei der Aufarbeitung der Lasten waren Politiker, Bundesbankmitglieder, Gewerkschaftsfunktionäre, Arbeitgeber und auch Journalisten so gründlich, daß die internationale Finanzwelt diese offensichtliche Schwäche der deutschen Wirtschaft nicht übersehen konnte. Mit klammheimlicher Freude verwiesen mich die Gesprächspartner ausländischer Institute immer wieder auf die innerdeutschen Diskussionen. Die schwächelnde D-Mark wurde zum Indiz für den drohenden Abstieg der deutschen Aktien in die Zweitklassigkeit.

Vergeblich versuchte ich in meinen Interviews die Analysten und Börsianer vom Parkett durch die verhältnismäßig guten Zahlen der deutschen Wirtschaft aufzumuntern. Im alten Bundesgebiet war die Wirtschaft 1990 real um mehr als 4 Prozent gewachsen, die Beschäftigung hatte ein Rekordniveau von 28,5 Millionen erreicht, die Preissteigerungsrate lag mit 2,7 Prozent deutlich unter den Schätzungen vieler Börsianer, die nach der Wiedervereinigung mit einer Explosion der Preise gerechnet hatten. Für mich war diese Entwicklung keine Überraschung, denn ich hatte vermutet, daß die deutschen Unternehmen angesichts der weltweiten Konjunkturschwäche außerhalb der deutschen Grenzen wohl kaum in der Lage sein würden, gegen den internationalen Wettbewerbsdruck ihre Preisvorstellungen durchzusetzen. Die ersten Anzeichen der Globalisierungsfolgen tauchten am Horizont auf. Doch meine optimistischen Argumente stießen ins Leere. Die guten Zahlen des vergangenen Jahres, so hielten meine Gesprächspartner dagegen, hätten keine Signalfunktion für 1991, denn für das »Gehabte« gebe der Börsianer nichts. Was interessiere, sei die Zukunft, und die sehe halt mehr als düster aus.

Tagtäglich wurden wir in der Sendung mit pessimistischen Perspektiven konfrontiert. Überall nur Crash-Propheten. Der DAX werde noch in diesem Jahr auf die Marke von 1600 zurückfallen, war die vorherrschende Meinung. Mein wiederholter Hinweis auf die alte Börsianerweisheit, daß die Mehrheit nie recht habe, nutzte sich ab, zumal ich selber meinen Glauben an einen guten Jahrgang 1991 allmählich verlor. Zu viele düstere Wolken zogen auf. Steuererhöhungen wegen der Finanzierung des Golfkrieges standen ins Haus – in Wirklichkeit doch nur für die Finanzierung der Wiedervereinigung, sagte die Börse –, drastische Sparprogramme der Bundesregierung waren hingegen kaum auszumachen. Um 10 Milliarden D-Mark wollte zwar Wirtschaftsminister Möllemann die Subventionen zurückschneiden, doch die Börse schenkte diesen vollmundigen Versprechungen nicht den geringsten Glauben. Zu Recht, wie sich nur wenig später herausstellen sollte. Lohnerhöhungen, die im Westen Deutschlands zu Einkommensverbesserungen von 7 Prozent führten, schwächten die Finanzkraft der Unternehmen und belasteten die kommenden Lohnverhandlungen im Osten.

Vor allem aber beunruhigten sie die Bundesbank in Frankfurt am Main. Kaum Sparansätze in den öffentlichen Haushalten, dazu Lohnsteigerungen, die vor allem im Osten weit ab von der gegenwärtigen Produktivität lagen, das alles waren schrille Alarmzeichen in den Ohren der Bundesbanker. Jedem auf dem Frankfurter Parkett war klar, daß die Bundesbank all ihre Folterinstrumente auspacken, also die Zinsschraube anziehen würde. Eine auf lange Sicht schwache D-Mark gegenüber dem US-Dollar und dem britischen Pfund würde den Jahrgang '91 zusätzlich verderben, denn über die steigenden Importpreise käme ein weiterer Inflationsschub. »Bestenfalls ein billiger Tafelwein«, war das einhellige Urteil.

Der plötzliche Rücktritt des Bundesbank-Chefs Karl Otto Pöhl paßte in dieses Szenario wie die Faust aufs Auge. Warum hatte er das Handtuch geworfen? Diese Frage beschäftigte uns an der Börse tagelang. War es ein Zerwürfnis mit dem Bundeskanzler wegen der Abwicklung und Finanzierung der Wiedervereinigung? Oder war es der Wechsel in einen neuen, lukrativeren Job? Oder schlicht und ergreifend nur der Wunsch nach endlich mehr Freizeit? Die internationale Finanzwelt witterte politische Gründe und setzte damit auf eine weitere Schwächung unserer Währung.

Konkrete Argumente, ob sie nun falsch oder richtig sind, nützen sich auf dem Parkett sehr schnell ab, sie verlieren, zumindest vorübergehend, ihre Wirkung auf die Kursentwicklung. Jeden Tag wird halt eine andere Sau durch die Börse gejagt.

Ein Anlageberater, der seinem Kunden rät, bestimmte Aktien zu kaufen, zu verkaufen oder zu halten, braucht dafür plausible Gründe. Natürlich ist es sehr schwierig, gegen seine eigene Grundstimmung objektiv nach Argumenten zu suchen, die dieser Richtung widersprechen. Verständlich also, daß ein Pessimist vor allem im Negativen fündig wird und ebenfalls vorhandene positive Hinweise geringer einschätzt.

Bei den umsatzabhängigen Händlern und Maklern auf dem Parkett kommt noch eine zweite Überlegung hinzu. Grundsätzlich handeln sie, ihrer Mentalität und ihrer Auftragslage folgend, sehr kurzfristig. Strategien, die über mehrere Tage hinaus unverändert bleiben, sind eher die Ausnahme. Daher fällt es ihnen in den Gesprächen mit mir immer wieder sehr schwer, zum Nichtstun zu raten. Argumente für den Kauf oder Verkauf lassen sich dagegen, entsprechend der allgemeinen Stimmungslage, leichter finden. Der Rat, ganz einfach zu warten, sein Geld im womöglich unattraktiven Geldmarkt zu parken, wird zudem vom Kunden häufig als Ratlosigkeit empfunden. Voreilige Gewinnmitnahmen oder verfrühte Käufe sind dann nicht selten die Folge.

Im Frühsommer 1991 aber gab es keinen derartigen Erklärungsnotstand. Auf ihrer ständigen Suche nach Hinweisen auf eine fallende Börse wurden die Börsianer und die Finanzanalysten in den Kreditinstituten an jeder Ecke fündig – nicht nur im deutschen Jammertal.

Wer voller Zuversicht in die Zukunft des wiedervereinten Deutschland schaute, verwies die zahllosen Zweifler und Pessimisten unter anderem auf die starke Bindung der ehemaligen DDR-Wirtschaft an den Ostblock: Schon die alte Bundesrepublik Deutschland war für die RGW-Länder der größte westliche Handelspartner gewesen. Noch 1989 hatte der gesamte Ostblock gut ein Drittel seiner Importe aus dem Westen Deutschlands bezogen. Nun, nach der Wiedervereinigung, müßte sich dieser Handel erheblich ausdehnen, denn schließlich hatte die damalige DDR noch 1989 mehr als 70 Prozent ihrer Exporte in den Osten Europas, vor allem in die Sowjetunion geliefert. Die intensiven Kontakte, die aus diesen Handelsbeziehungen zwischen ostdeutschen Unternehmen und Unternehmen in der UdSSR entstanden waren, konnten nun genutzt werden.
Acht Milliarden D-Mark hatte die Bundesrepublik der Sowjetunion zur Verfügung gestellt, die in den Bau von Wohnungen für die aus Deutschland abziehenden Soldaten investiert werden sollten. Das war doch schon eine vielversprechende Grundlage für eine intensive Handelsbeziehung zwischen den beiden Staaten. An der Börse wurden nicht nur die daraus entstehenden Gewinnchancen für die deutsche Bauindustrie in Kursgewinne umgemünzt, sondern auch und vor allem war es die politische Annäherung zwischen den beiden Staaten, vertreten durch Bundeskanzler Helmut Kohl und den sowjetischen Präsidenten Michail Gorbatschow, die uns zuversichtlich für den deutschen Aktienmarkt stimmte.

Diese Zuversicht resultierte aus der Urangst amerikanischer Anleger vor einem Überfall der Kommunisten auf die westliche Welt. Im Falle eines Krieges mit der Sowjetunion werde, so war die unterschwellige Meinung in Amerika, die Bundesrepublik als unmittelbarer Nachbar des kommunistischen Blocks das Glacis sein, auf dem die Kämpfe in der ersten Phase stattfinden würden. Wir in Deutschland waren in den Augen der amerikanischen Finanzwelt durch unsere geographische Lage regelrecht stigmatisiert. Warum also in einem Land investiert sein, das als erstes unter diesem Krieg würde leiden müssen, haben sich anscheinend manche amerikanische Anleger gefragt.

Selbst heute, nach der Auflösung der Sowjetunion, krankt die deutsche Börse noch an diesem Stigma. Nicht mehr wegen der Furcht vor militärischen Auseinandersetzungen, heute sind es vielmehr die engen wirtschaftlichen Verbindungen deutscher Banken zu Rußland. Wackelt die russische Wirtschaft, geraten die deutschen Kredite in Gefahr, rutschen die Kurse der Banken an der Börse. Daß in der Regel diese Risiken längst durch Wertberichtigungen berücksichtigt oder durch Staatsbürgschaften abgesichert worden sind, ist dann für die Börse in ihrer ersten Reaktion von untergeordneter Bedeutung.

Anfang der neunziger Jahre hofften wir in Frankfurt auf den Umkehrschluß aus der amerikanischen Kommunistenfurcht. Wenn die geographische Nähe zur Sowjetmacht für die deutschen Aktien einen Malus bedeutete, dann mußte in logischer Konsequenz von einer möglichen Bankrotterklärung des kommunistischen Planungssystems vor allem die benachbarte deutsche Industrie profitieren. Einmal, weil die militärische Bedrohung schwinden, zum anderen, weil sich ein gewaltiger Markt öffnen würde.

Die Hauptfigur in diesem Gedankenspiel stellte zweifellos der sowjetische Präsident Michail Gorbatschow dar. In der Sowjetunion selber war er mehr als nur umstritten. Offenbar hatte er mit seinem Umbau des sowjetischen Systems zu viele verdiente Helden mit ihren breiten Ordensspangen auf der Brust um ihre gesellschaftliche Macht und damit auch um ihre Pfründe gebracht. Dieser Verlust der persönlichen Macht und der offenbare Ausverkauf der maroden Sowjetunion hatten sie in eine wachsende Gegnerschaft zu Gorbatschow getrieben. Doch was bedeuteten schon die innenpolitischen Querelen angesichts der außenpolitischen Erfolge? Michail Gorbatschow, der Strahlemann für die westliche Welt, einer der Väter der deutschen Wiedervereinigung! Mit dieser kosmetischen Salbe wurden alle Signale aus der Sowjetunion überdeckt, die auf arge wirtschaftliche Probleme oder gar auf einen möglichen Bürgerkrieg hindeuteten.

Dabei war der Zusammenbruch der Sowjetunion auch von draußen eigentlich nicht zu übersehen. Der Rücktritt des sowjetischen Außenministers Schewardnadse war ein erstes Alarmsignal gewesen. Osteuropa-Spezialisten überschütteten uns Anfang 1991 in der Sendung mit katastrophalen Erkenntnissen und Einschätzungen. So würde das Bruttosozialprodukt in der Sowjetunion 1991 um 10 Prozent sinken, die Inflationsrate mit 50 Prozent in den gestreckten Galopp übergehen. Bis zu 40 Millionen Arbeitslose könnten die Folge sein. Mit der Bedienung seiner Auslandsschulden von über 50 Milliarden US-Dollar sei die Sowjetunion im Rückstand. Westdeutsche Banken würden für ihre Kredite umfangreiche Rückstellungen vornehmen müssen.

Dieses Horrorszenario ließ allmählich auch den letzten Optimisten auf dem Börsenparkett verstummen, der bis dahin an eine erfolgreiche Sanierung und Rettung ostdeutscher Unternehmen durch Aufträge aus der Sowjetunion geglaubt hatte. Offensichtlich brach der ganze Ostblock als Markt zusammen.

Um die ausländischen Kreditgeber nicht völlig zu verprellen, versprach Gorbatschow eine schrittweise Annäherung der Sowjetunion an das marktwirtschaftliche System, die zentrale Macht aber solle in Moskau bleiben. »Dazu ist es zu spät«, tönte der Internationale Währungsfonds (IWF) zurück und forderte einen plötzlichen Systemwechsel in einem einzigen Schritt. Gorbatschow müsse die Preise freigeben, Staatsbetriebe privatisieren, Wettbewerb mit ausländischen Unternehmen zulassen, die Inflation energisch bekämpfen und durch eine Währungsreform die Finanzsituation in der Sowjetunion stabilisieren.

Aus der Sicht der Börse wäre dies ein reines Selbstmordprogramm gewesen. Als Gorbatschows Ministerpräsident Pawlow den Versuch einer Währungsreform startete, indem er kurzerhand Rubelscheine einziehen und vernichten wollte, war das weltweite Kopfschütteln nicht zu übersehen. In Frankfurt begruben wir endgültig unsere Hoffnungen, über Joint-ventures deutscher Konzerne mit sowjetischen Unternehmen die Handelsbeziehungen zwischen den beiden Staaten zu intensivieren. Deutschland, für den Osten das Tor zum Westen, für den Westen die Schaltstelle für den Handel mit Osteuropa, diese Vision mußten wir, wahrscheinlich auf lange Zeit, zu den Akten legen.

Bundeskanzler Kohl startete noch einmal einen Versuch, die Hilfe der westlichen Welt auf dem Weltwirtschaftsgipfel in London zu aktivieren. Immerhin hatten die Deutschen Gorbatschow die Einheit zu verdanken, war der Einsatz der

UN-Truppen in der Golfregion erst durch Gorbatschows Stillhalten ermöglicht worden. Doch auf dem Weltwirtschaftsgipfel in London am 17. Juli 1991 gab es für den sowjetischen Gast nur protokollarische Ehren und die Zusicherung, bald als Mitglied in den Kreis der führenden Industrienationen aufgenommen zu werden. Bares hatte der Bittgang nach London nicht gebracht. Erst müsse die Sowjetunion ihre Hausarbeiten machen und ihre Wirtschaft in Ordnung bringen, wurde Gorbatschow kühl beschieden, dann könne er mit weiteren Milliardenhilfen rechnen.

Die Börsianer in Frankfurt hatten das Thema Sowjetunion schon vorher abgehakt. Der Osten Europas würde auf lange Zeit als Absatzmarkt und als Produktionsstandort bedeutungslos bleiben, selbst wenn jetzt Mercedes-Benz mit einem sowjetischen Konzern über eine gemeinsame Autobusproduktion verhandelte. Gründe für Kursgewinne bei den deutschen Aktien waren im Osten beim besten Willen nicht auszumachen, und die negativen Faktoren waren bereits in den Kursen enthalten. So glaubten wir wenigstens. Ein riesengroßer Irrtum, wie wir bald erfahren sollten.

Uns interessierte in diesen Tagen vor allem anderen das Urteil des Bundesverfassungsgerichtes, das den Gesetzgeber zwang, bei den Einkünften aus Kapitalvermögen für eine Besteuerungsgleichheit mit anderen Einkunftsarten zu sorgen. Das große Thema Kapitalflucht zur Vermeidung von Steuern auf Zinserträge begann, die Börse zu beunruhigen. Zu diesen Sorgen kamen Inflationsängste: Die Teuerungsrate in Hessen war im Juni auf 4,4 Prozent gestiegen, die Bundesbank würde wahrscheinlich die nächste Gelegenheit nutzen, mit ihrem Zinsknüppel zuzuschlagen, und die Kurse treffen. Der DAX geriet prompt ins Straucheln, hielt sich aber deutlich über der Marke von 1600.

Als es am 15. August dann tatsächlich soweit war und Diskont- und Lombardsatz erhöht wurden, stürzte der DAX aber nicht ab, im Gegenteil, er stieg sogar auf 1654.

Für die Börsianer ist das keine ungewöhnliche Entwicklung. Die Kurse geraten dann in Bewegung, wenn ein bestimmtes Ereignis erwartet wird, und trifft es dann schließlich ein, gibt es kaum noch eine Reaktion. So hatte die Furcht vor steigenden Zinsen schon Tage vor der Sitzung des Zentralbankrates die Kurse der Aktien unter Druck gesetzt, denn normalerweise sind steigende Zinsen von Vorteil für Anlagen auf dem Rentenmarkt, also in Anleihen, Pfandbriefen oder auch Obligationen. Umgekehrt sind sie dadurch von Nachteil für die Aktienanlage, schon weil der Rentenmarkt attraktiver geworden ist.

Als dann am Donnerstag, dem 15. August 1991, die Bundesbank nach der Routinesitzung des Zentralbankrates die Zinserhöhungen bekanntgab, waren die negativen Reaktionen bereits in den Kursen enthalten. Warum sollte es also deswegen noch weiter in den Keller gehen. Außerdem war auf absehbare Zeit nicht mit einem weiteren Zinsschritt zu rechnen. Auf Wochen würde man Ruhe haben vor der Bundesbank. Das wiederum veranlaßte den einen oder anderen Anleger zu Aktienkäufen.

Es folgte ein ruhiger Freitag, und alle freuten wir uns auf ein sommerliches Wochenende. Einige Börsianer hatten sich in den Urlaub verabschiedet, und mit ihnen hatten auch offensichtlich viele Anleger ihre Bücher zugeklappt.

Abgesehen von außergewöhnlichen Krisenjahren, wie das vergangene eines gewesen war, fällt die Börse in den Sommermonaten Juli und August in eine friedliche Lethargie. Die institutionellen Anleger, wie zum Beispiel die Fonds, haben ihren Kunden die Halbjahresbilanzen vorgelegt, die Zeit der Hauptversammlungen ist ebenfalls vorbei, Aufregendes ist kaum zu erwarten. Folglich verkauft mancher einen Teil seiner Bestände, parkt sein Geld am Terminmarkt und wartet bis zum Herbst, wenn die ersten Schätzungen für das kommende Jahr konkreter werden, mit den neuen Käufen. Diesen Rhythmus kann man im Grunde jedes Jahr beobachten – vorausgesetzt, es passiert nichts.

Im August 1990 hatte Saddam Hussein die Kuweitis überfallen, ... und ein Jahr später am Montag, dem 19. August 1991, flogen uns die Kurse um die Ohren. Wieder war es das gute alte Dampfradio, das in den frühen Morgenstunden die Meldung vom Sturz Gorbatschows brachte. Laut einer Tass-Nachricht aus Moskau habe ein Notstandskomitee die Macht in der Sowjetunion übernommen. Gorbatschow sei auf der Krim verhaftet worden. Von Truppenbewegungen in Moskau war die Rede, von Panzerfahrzeugen und von Boris Jelzin. Der Präsident der Teilrepublik Rußland habe von einem rechtsgerichteten Staatsstreich gesprochen und die Bevölkerung zum Widerstand und zum Generalstreik aufgerufen.

Die Börsen in Tokio und Sydney konnten noch während ihrer Börsensitzungen auf diese Nachricht reagieren, die Kurse dort brachen ein.

In Deutschland hatten die Anleger bis zum Börsenbeginn noch genügend Zeit zur Vorbereitung. Das galt auch für die Mannschaft der *Telebörse*. Per Rundruf wurden alle Redakteure und Techniker vom bevorstehenden Großkampftag an der Frankfurter Börse unterrichtet. Ohne größere Aufregung, wir hatten uns ja inzwischen eine gewisse Routine für Crash-Tage angeeignet, begannen wir gegen 7 Uhr mit den Recherchen. Die ersten Telefongespräche bestätigten, was wir erwartet hatten: Aus allen Richtungen landeten Verkaufsorders bei den Kreditinstituten. Kleinanleger, große Anleger, Publikumsfonds und Spezialfonds, Inland und Ausland, alle hatten nur ein Ziel: Raus aus deutschen Aktien, und zwar zum ersten Kurs. Kauflimits, die noch Tage zuvor gesetzt worden waren, wurden aufgehoben, Verkaufslimits ebenfalls gestrichen.

Zu Beginn der Börsensitzung bieten die Anzeigetafeln in der Börse ein eindrucksvolles Bild: Die Kurstafeln sind übersät mit Minus- und Doppelminus-Ankündigungen. Kein großer DAX-Wert bleibt von der Ankündigung eines deutlichen Kursverlustes verschont. Erst 20 Minuten nach Börsenbeginn haben die Kursmakler genügend Kurse ermittelt, um einen Indexstand errechnen zu können.

Vor allem die Banken stehen ganz oben auf den Verkaufslisten. Die Commerzbank rauscht um mehr als 12 Prozent in den Keller, die Dresdner Bank verliert auf einen Schlag 38,50 D-Mark und kostet nur noch 324 D-Mark. Der Kurs der Deutschen Bank findet erst bei knapp 600 D-Mark einen Halt, 64 D-Mark weniger als am Freitag zuvor. Dabei habe die Deutsche Bank ihre Kredite an die Sowjetunion bis zu 70 Prozent wertberichtigt, hören wir aus der Zentrale. Der Kursverlust sei völlig übertrieben. Im Maschinenbau trifft es die MAN-Aktie besonders schlimm, sie beginnt mit einem dreifachen Minus, der Kursverlust am Ende des Börsentages wird fast 50 D-Mark betragen, die Aktie hat nur noch einen Wert von 322 D-Mark.

Finanzanalysten, die sich auf deutsche Bauwerte spezialisiert haben, sehen große Gefahren für deutsche Baukonzerne, wie beispielsweise Holzmann. Die deutsche Bauwirtschaft hatte sich aus dem Acht-Milliarden-Mark-Kuchen, den die Bundesregierung für den sowjetischen Wohnungsbau spendiert hatte, einen Anteil von mindestens 20 Prozent erhofft. 36 000 Wohnungen sollten für die aus Deutschland heimkehrenden Sowjetsoldaten gebaut werden. Diese Aufträge werde man sehr wahrscheinlich erst einmal auf Eis legen, so die Einschätzungen der Experten vor unseren Mikrophonen.

In Bonn sorgt sich Bundeskanzler Helmut Kohl um die Sicherheit seines Freundes Gorbatschow. Von Sanktionen gegen die neuen Machthaber in der Sowjetunion hält die Bundesregierung gar nichts, noch sei die Nachrichtenlage zu unübersichtlich. Nur zeige sich jetzt, wie wichtig es gewesen sei, gegen alle Kritik aus Deutschland die Verwirklichung der deutschen Einheit voranzutreiben.

Am Ende dieses denkwürdigen Börsentages wurden die Scherben zusammengefegt, wurde Bilanz gemacht. Wieder einmal hatte es die deutsche Börse im Vergleich zu den anderen großen Börsenplätzen in Europa besonders stark erwischt. Vor allem Japaner sollen schwer »geschüttet«, das heißt, verkauft haben, wegen der engen wirtschaftlichen Beziehungen der deutschen Wirtschaft zur Sowjetunion und aus Sorge um die Sicherheit in Deutschland. Da war es wieder, das alte Argument vom Frontstaat Deutschland: Immer noch standen 300 000 sowjetische Soldaten auf deutschem Boden. Würden sie wirklich, wie vereinbart, abrükken? Würde es finanzielle Nachforderungen von seiten der neuen Herren im Kreml geben?

Bei aller Unsicherheit über die Lage in Moskau und über die Zukunft der deutsch-sowjetischen Beziehungen, eines hatte der Börsentag in Frankfurt gezeigt: Die Verkäufe am Aktienmarkt hatten bereits während der Sitzung nachgelassen, offenbar hatten die Verkäufer nach der ersten Welle ihr Pulver verschossen. In seinem Ausmaß sei der Kurssturz völlig übertrieben gewesen, hieß es. Fundamentale Gründe seien nicht im Spiel gewesen, da die möglichen Einbußen im deutsch-sowjetischen Handel schon vorher in den Kursen gesteckt hätten.

Ausschließlich politische Gründe hatten also zu dem Crash geführt. Politische Argumente aber verlieren in der Regel schnell an Wirkung, wie die Erfahrungen der alten Börsianer zeigen: »Politische Börsen haben kurze Beine.«

Auch am Rentenmarkt sah es nach genauem Hinsehen gar nicht so schlecht aus. Zwar war die Notierung für den Bund-Future am Londoner Terminmarkt Liffe um 80 Punkte auf einen Tagestiefststand von 83,59 Prozent abgestürzt, am Kassamarkt im Frankfurter Rentensaal aber war die Stimmung eher zuversichtlich. Sollte die Krise andauern, so hörte ich, werde es vielleicht eine Flucht aus den Aktien in die festverzinslichen Rentenpapiere geben. Der Rentenmarkt könne so von der Krise sogar profitieren, spekulierte einen Tag später die Börsenzeitung.

Die Nachrichtenlage aus Moskau blieb unklar. Offenbar hatte der KGB zusammen mit Teilen der Roten Armee gegen die Pläne Gorbatschows geputscht, die Sowjetunion auf einem sanften Weg allmählich aus der Planwirtschaft in Richtung Marktwirtschaft zu bewegen. Doch seit seinem Amtsantritt als Generalsekretär der KPdSU im Frühjahr 1985 hatte Gorbatschow vergeblich versucht, die Wirtschaftskatastrophe in der Sowjetunion abzuwenden. Dies hatte ihn um den Beifall seiner eigenen Landsleute gebracht. Zweifel waren also angebracht, ob Boris Jelzin mit seinem Aufruf zum Widerstand gegen die Putschisten auf ein ausreichendes Echo stoßen würde. Andererseits hatten diese Putschisten um den selbsternannten neuen Staatspräsidenten Janagew ebenfalls kein Konzept gegen die wirtschaftliche Krise.

Gegen Abend lasen wir auf unserem Bildschirm in der Redaktion reichlich diffuse Aussagen Jaganews, die man als erste Anzeichen des Rückzugs deuten konnte. Gorbatschow werde vielleicht ins Amt zurückkehren, hieß es, es werde eine Zusammenarbeit mit Gorbatschow angestrebt.

An der New Yorker Börse nahmen diese Nachrichten sehr schnell jede Panik aus dem Markt. Zu Beginn hatte die Wall Street nach einem Kurseinbruch um 50 Punkte den Handel noch kurz unterbrochen, danach aber war Gelassenheit angesagt, der Dow Jones Industrial-Index hatte am Ende gerade 'mal 70 Punkte verloren. Für uns in Deutschland war das ein gutes Vorzeichen für die nächste Börsensitzung, den zweiten Tag des Putsches.

Von Beginn an häufen sich die Kauforders gerade der Kleinanleger. Wahrscheinlich erinnern sie sich an die kurzen Beine der politischen Börsen. Gleichwohl ist die Nervosität immer noch sehr groß. Gegen 12.30 Uhr steigt der Lärmpegel unten auf dem Parkett schlagartig an. Keiner vermag zu sagen, woher das Gerücht gekommen ist, aber plötzlich weiß jeder, daß Gorbatschow schon auf dem Weg zurück in den Kreml ist. Auf einen Schlag legt der DAX gewaltige 10 Punkte zu, bei der heutigen Volatilität und auf einem Niveau von 4500 Punkten eher eine Winzigkeit. Am Rentenmarkt gewinnen die Anleihen 65 Pfennig. Doch genauso schnell, wie das Gerücht aufgetaucht ist, ist fünf Minuten später das Dementi auf den Bildschirmen zu lesen, und alle Freude fällt in sich zusammen. Es bleibt aber bis zum Schluß des Handels ein Plus von knapp 30 Punkten.

Der nächste Tag muß die Entscheidung bringen. Schon in den frühen Morgenstunden, vor Beginn der Börsensitzung, gibt es Meldungen über Panzerbewegungen in Moskau, Boris Jelzin habe die Bürger Moskaus auf die Straßen gebracht, melden die Agenturen, es gebe Machtkämpfe innerhalb der Armee, die Putschisten seien verwirrt, ohne Konzept.

Mit diesem Wissen im Hinterkopf beginnen die Börsianer die Sitzung bei steigenden Kursen. Immer wieder drängen sich die Händler und Makler vor den Bildschirmen in den Büros der Kreditinstitute an den Seiten des Börsenparketts. Nach jeder neuen Meldung rennen alle los in Richtung Maklerschranken, um entsprechende Aufträge zu plazieren. Gibt es vage Hinweise auf einen Erfolg der Proteste aus der Bevölkerung, schreit die Mehrheit der Börsianer »Von Dir«, wollen die meisten also kaufen; kommt eine vorsichtige Distanzierung oder gar ein Dementi, machen alle auf dem Absatz kehrt. »An Dich« ist dann nur noch zu hören.

Aber dieses Verkaufsgeschrei hat bei weitem nicht dieselbe Dynamik und Lautstärke wie die Rufe der Gegenseite. Offenbar haben die Händler und Makler mehr Kaufwünsche als Verkaufsaufträge in ihren Büchern. Wenige Minuten vor Schluß der Börsensitzung platzt der Knoten.

»Die Putschisten mit Gennadi Janagew auf dem Weg zum Flughafen«, steht als Schlagzeile auf dem Bildschirm. Das ist es, das ist das langersehnte Signal, das auf die Aufgabe der Putschisten hindeutet. Wer auf dem Weg zum Flughafen ist, der befindet sich auf der Flucht! Etwas anderes kann das gar nicht bedeuten. Jetzt gibt es nur noch eines: Kaufen! Der DAX-Index springt nach oben auf 1574 Punkte, am Rentenmarkt fallen die Renditen um fünf Stellen, der Bund-Future steigt um 50 Punkte, die D-Mark erholt sich gegenüber dem US-Dollar um fast 6 Pfennig. Der US-Dollar kostet jetzt nur noch 1,75 Mark.

Am Tag darauf kam dann die Bestätigung, Michail Gorbatschow kehrte nach Moskau zurück, dank der Tatkraft des Boris Jelzin, der den Putschisten die Stirn geboten und sie zur Aufgabe gezwungen hatte. Der deutsche Aktienindex DAX schloß bei 1630 und hatte damit seinen vor dem Putsch geltenden Stand wieder erreicht.

Der bewaffnete Aufstand gegen Gorbatschow hatte die Weltbörsen nur für einen Tag in Unruhe versetzen können. Die Normalität hatte uns wieder, mit all ihren großen Sorgen und kleinen Hoffnungen. Politische Börsen haben in der Tat kurze Beine. Den DAX hatte die große Weltpolitik im August 1991 nur für wenige Tage aus dem Tritt gebracht (vgl. Abbildung 3).

Abbildung 3: **Entwicklung des DAX, August 1991**

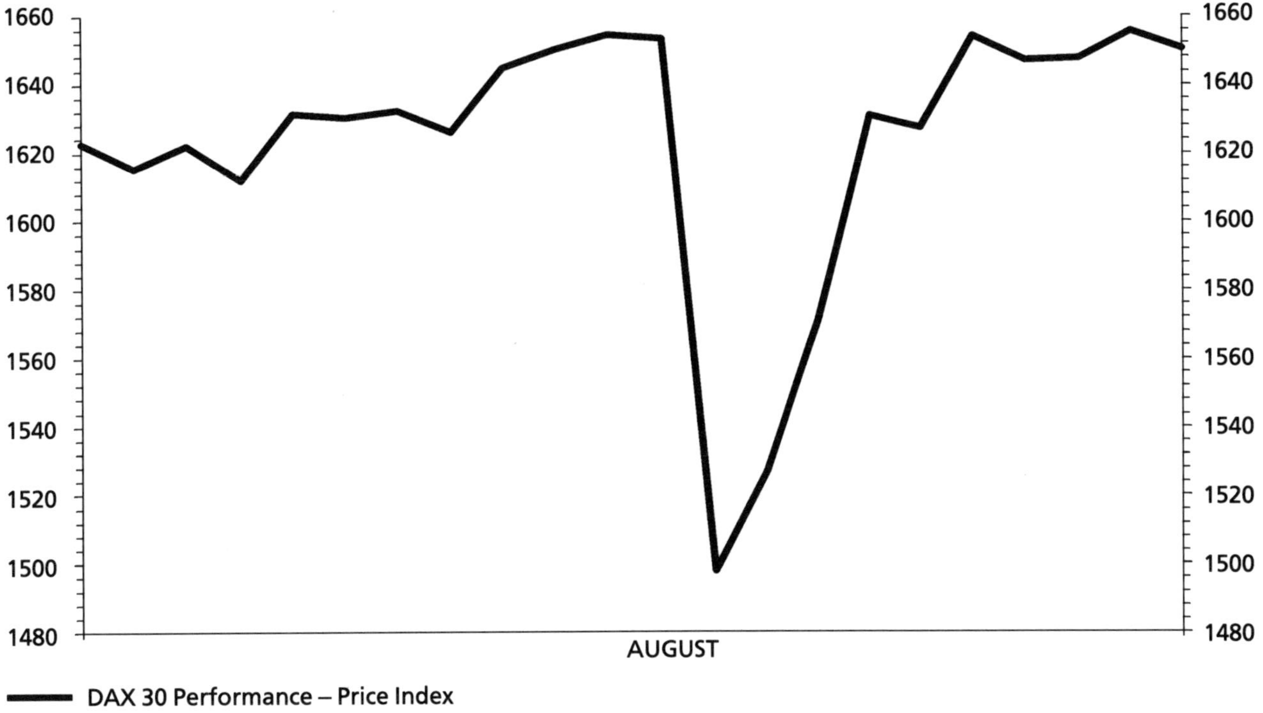

Hoch: 1655,50 (29. 8. 1991), Tief: 1497,93 (19. 8. 1991), Schluß: 1650,50 (30. 8. 1991)

Quelle: DATASTREAM

Kapitel 5

Die Börse ist keine Einbahnstraße

Das Sommergewitter 1998

Am 2. Oktober 1998, einem Freitag, geschah das, was wir insgeheim schon seit langem erwartet hatten. »Auf keinen Fall kaufen« war im Sommer die allgemeine Devise der Profis gewesen. Und wer nur in kurzfristigen Zeiträumen dachte – die meisten Börsianer denken so und handeln dementsprechend –, der hatte seine Aktienbestände drastisch abgebaut, hatte Kasse gemacht. »Erst wieder kaufen, wenn die Kleinanleger in Panik geraten und auf Teufel komm' raus ihre Aktien verschleudern«, rieten sie mir, dann müsse man die Hand aufhalten und und wieder einsteigen. Bis zu diesem Tag aber dürfe es nur eine Strategie geben: »Cash ist fesch«.

Die Geduld der Schnäppchenjäger aber sollte auf eine harte Probe gestellt werden. Zwar gaben die Kurse der deutschen Aktien, die schon seit Juli kontinuierlich nach unten gerutscht waren, weiter nach, aber den regelrechten Ausverkauf der Kleinanleger hatte es bislang noch nicht gegeben. Sicher, die potentiellen Käufer blieben trotz der sinkenden Kurse nahezu unbeweglich auf ihren liquiden

Mitteln sitzen und rührten keinen Finger, aber genauso wenig hörte man auf dem Parkett von Verkaufsabsichten der privaten Kundschaft. Nur wenig Material kam von deutschen Spezialfonds, von amerikanischen und englischen Großanlegern oder auch von der deutschen Terminbörse, doch diese Stückzahlen reichten bei dem offenkundigen Käuferstreik aus, die Börse Schritt für Schritt in Richtung Abgrund zu drängen. »Wir haben jetzt den von mir seit langem vorhergesagten Salami-Crash«, verkündete der pensionierte Crash-Guru Roland Leuschel gelassen in n-tv und fuhr zurück auf seinen portugiesischen Ruhesitz.

Innerhalb eines knappen Vierteljahres hatte der DAX, der Index der dreißig wichtigsten Werte auf dem deutschen Aktienmarkt, von seinem Höchststand Ende Juli bei 6200 nahezu 30 Prozent eingebüßt, hatten sich die Börsenpropheten zur Rechten und zur Linken auf eine langjährige Baisse eingestimmt, aber von einer Panik bei den Kleinanlegern war nichts zu spüren. Unberührt von den Kursverlusten im DAX verkraftete die Deutsche Telekom-Aktie, der erklärte Favorit der deutschen Kleinanleger, jeden Kurseinbruch und hielt sich erstaunlich zäh in der Nähe ihrer Höchstkurse.

Der alte Schwung, der die Aktie im ersten Halbjahr 1998 von rund 31 auf über 50 D-Mark katapultiert hatte, war dahin; aber die Sorge um ängstliche Kleinanleger, die sich bei dem geringsten Einbruch entmutigen lassen, verkaufen und damit den Kursrutsch verstärken, diese Sorge erwies sich als unbegründet. Im Gegenteil, in aller Ruhe und Gelassenheit nutzten offensichtlich die deutschen Kleinanleger die fallenden Kurse, um ihren Bestand an T-Aktien in kleinen Schritten aufzustocken. Doch ohne die erwartete Ausverkaufsstimmung konnte es auch keine Ausverkaufspreise geben, und ohne einen jähen Kurssturz sahen die Profis keine Möglichkeit, mit ihren steigenden Liquiditätsreserven auf dem Parkett abzuräumen.

Am 2. Oktober 1998 aber war es dann offenbar doch so weit. Schon unmittelbar nach Beginn der Präsenzbörse gegen 8.30 Uhr konnte man die Angst auf dem Parkett förmlich riechen. Meine telefonischen Rundrufe bei einigen großen Maklern hatten zu meiner Überraschung keine Hinweise auf einen Verkaufsdruck von seiten der Kleinanleger gebracht. Der werde aber wohl noch im Laufe der nächsten Stunden kommen, hieß es immer wieder, spätestens zu den Kassa-Kursen, also ab 12 Uhr, wenn die Kleinaufträge abgearbeitet würden, müsse man sich auf das Schlimmste gefaßt machen.

Kurz vor 9 Uhr sieht das Umfeld der Börse dann tatsächlich erschreckend aus. Wie aus einer tiefschwarzen Gewitterfront zucken unaufhörlich die Blitze über die Bildschirme der Agenturen: Der US-Dollar stürzt auf unter 1,63 D-Mark. Die Daimler-Aktie säuft ab. Wie von einem Torpedo getroffen, geht das Flaggschiff der deutschen Börse unter. Die Kommentare meiner Gesprächspartner sind von einer Kriegsberichterstattung nicht mehr zu unterscheiden.

»Warum fallen die Daimler in diesem Tempo?«, fragen sich alle ratlos, »in wenigen Minuten von 124 auf 114 Mark! Der schwache US-Dollar allein kann es doch nicht sein, denn nach der Fusion der deutschen Daimler-AG mit der amerikanischen Chrysler wird DaimlerChrysler weniger als bisher vom Verhältnis US-Dollar zu D-Mark abhängig sein«, analysieren die Profis die Lage. Ein im Verhältnis zur

D-Mark schwacher US-Dollar erschwert zwar grundsätzlich den Export deutscher Produkte in den US-Dollar-Raum, das ist richtig, »aber DaimlerChrysler wird doch gerade in den USA produzieren! Und schließlich darf man nicht vergessen, daß mit dem neuen Euro für fast 60 Prozent der deutschen Exporte alle Wechselkursrisiken wegfallen. Denn das gesamte Euroland mit 300 Millionen Konsumenten wird durch die einheitliche Währung für die exportorientierte deutsche Industrie zum Binnenmarkt.«

Die Diskussionen auf dem Parkett drehen sich im Kreis. Viele Argumente sprechen für Daimler. Selbst wenn die Autokonjunktur 1998 kurz vor ihrem Höhepunkt stehen sollte: Das ist doch kein Grund, diesen Wert so stark zu verprügeln, schließlich ist Daimler mit Airbus und High-Tech mehr als nur ein Autowert! Das alles scheint die ausländischen Anleger aber nicht zu interessieren, die Daimler-Kurse fallen. Vor allem amerikanische Anleger trennen sich von ihren Chrysler-Aktien, höre ich vor der Schranke des zuständigen Kursmaklers. Über Chrysler kommt also der Druck auf die Daimler.

Dann die Erklärung: Überraschend haben die zuständigen Organisatoren des amerikanischen Aktien-Index Standard & Poor's entschieden, daß die neue DaimlerChrysler-Aktie nicht in den großen Standard & Poor's 500 aufgenommen wird. DaimlerChrysler sei halt eine deutsche Gesellschaft, hört man aus den USA, und im Standard & Poor's gebe es nur amerikanische Aktien. Daß auch niederländische Titel in diesem Index geführt werden, sei als eine historisch bedingte Ausnahme zu verstehen. Die niederländischen Werte seien in der Gründungsphase des Index aufgenommen worden und deshalb sozusagen als »Großväter« Mitglied in diesem honorigen Club. Nach Jahrzehnten der Mitgliedschaft könne man diesen Unternehmen schlecht den Stuhl vor die Tür setzen. Weitere Ausnahmen, wie zum Beispiel jetzt bei Daimler-Chrysler, werde man aber nicht machen.

Für uns auf dem Parkett ist diese Meldung eine mehr als unangenehme Nachricht. Viele Fonds in den USA bilden ihre Portfolios dem Dow Jones Industrial-Index nach oder orientieren sich am Standard & Poor's 500. Wenn Daimler-Chrysler aber nicht im Standard & Poor's 500 vertreten sein werden, müssen diese Fonds auch keine DaimlerChrysler kaufen. Schlimmer noch: Chrysler ist als amerikanischer Wert noch im Standard & Poor's 500 enthalten, wird aber nach der Fusion herausgenommen werden. Damit sind die entsprechenden Fonds eventuell gezwungen, sich von ihren Chrysler-Aktien zu trennen. Daher der Druck auf Chrysler, beziehungsweise auf Daimler, die laut Fusionsvertrag in einem festen Verhältnis zur Chrysler-Aktie steht.

In einem Telefongespräch mit mir versucht die Daimler-Pressestelle, Öl auf die Wogen zu gießen. Standard & Poor's werde einen europäischen Index installieren, höre ich, in dem dann DaimlerChrysler-Aktien besonders schwer gewichtet enthalten seien, denn schließlich werde das Unternehmen DaimlerChrysler in den USA eine herausragende Rolle spielen. Im großen DAX werde sich die Gewichtung der Daimler-Aktie von gegenwärtig 7,5 Prozent auf annähernd 12 Prozent nach der Fusion mit Chrysler erhöhen. Das allein könnte den Kurs in Deutschland positiv beeinflussen. Auch in anderen großen Aktienindizes, wie zum Beispiel im Dow Jones Euro Stoxx 50, werde sich das Gewicht der DaimlerChrysler-Aktie, verglichen mit der alten Daimler-Aktie, fast verdoppeln.

Ich bringe alle diese Argumente in meinen Schaltungen auf n-tv als Stellungnahme der Daimler-Benz AG, der Verkaufsdruck aber läßt kaum nach. Von langfristigen, fundamentalen Überlegungen will heute niemand etwas hören. Auf dem computergestützten Handelssystem Xetra werden mehr als 5 Millionen Stück gehandelt. Erst als der Kurs unter 114 D-Mark fällt, läßt die Verkaufswut nach. Der DAX ist in der Zwischenzeit bei 3 860 aufgeprallt. Ein Verlust von knapp 400 Punkten!

Fast so schlimm wie Daimler erwischt es die Finanztitel. Deutsche Bank, Commerzbank, Dresdner Bank, die Allianz, alles geht in die Grütze, wie die Börsianer es gerne drastisch formulieren. Aus der Richtung »Terminbörse« überholen sich die Verkaufsangebote gegenseitig. Wer vor wenigen Tagen beispielsweise noch geglaubt hatte, Put-Optionen (Verkaufsoptionen) für den Dezember-Termin auf einzelne Standardtitel bei einem DAX-Stand von 4 200 ohne großes Risiko gegen eine geringe Prämie verkaufen zu können, erlebt ein böses Erwachen. Sein Kalkül, wonach der DAX wohl kaum unter 4 200 fallen dürfte und sich damit auch der Druck auf die entsprechenden DAX-Titel in erträglichen Grenzen halten würde, geht nicht auf, diese sicher geglaubte Basis hält offenbar doch nicht. Die Kurse geraten stärker nach unten in Bewegung als erwartet. Unser Verkäufer der Put-Option muß also damit rechnen, daß er entgegen seiner ursprünglichen Kalkulation als sogenannter »Stillhalter« durch das Optionsgeschäft gezwungen werden könnte, Aktien zum vereinbarten Put-Basispreis zu kaufen. Zwar könnte sich der DAX bis Dezember natürlich auch wieder bis auf 4 200 oder gar stärker erholen, der Kurs der Aktie, auf die er seine Put-Optionen »geschrieben«, also auf der Basis dessen er verkauft hat, entsprechend steigen; er wäre dann aus dem Schneider, weil in diesem Fall der Käufer der Put-Option, also der Aktieninhaber, seine Papiere wohl kaum zum vereinbarten Basispreis, sondern – wenn überhaupt – zu höheren Kursen auf dem Markt verkaufen und sein Verkaufsrecht dem Stillhalter gegenüber verfallen lassen würde. Aber sicher ist diese Kurserholung keineswegs.

Dieses Risiko will jetzt, nur wenige Monate vor dem Dezember-Verfallstag an der Terminbörse, keiner mehr eingehen. Die Angst ist zu groß, daß es noch tiefer in den Keller geht. Also werden schon jetzt auf der Stelle entsprechend der verkauften Puts die gleichen Puts zurückgekauft, wird die Position damit geschlossen oder neutralisiert. Nur leider sind die entsprechenden Puts nach dem Kursrutsch erheblich teurer als die, die man selber vorher verkauft hat. Statt eines kleinen leichtverdienten Gewinnes gibt es nun unter Umständen einen erheblichen Verlust. Eine andere Möglichkeit, das Geschäft zu schließen, besteht darin, die Gegenwerte der Put-Option, die man nach diesem Kursrutsch sehr wahrscheinlich zum Verfallstag zum vereinbarten, aus heutiger Sicht leider höheren Preis kaufen muß, schon jetzt am Aktienmarkt zu verkaufen, was natürlich die Kurse der Aktien und damit auch den DAX noch stärker nach unten treibt, in Richtung 4100. Das wiederum verursacht Ängste bei den Put-Verkäufern aus der nächsten Reihe, die nie mit einem DAX-Sturz auf unter 4100 gerechnet hatten. Durch ihre Aktienverkäufe treten sie nun die nächste Verkaufswelle bei 4000 los. Die Lawine nimmt Geschwindigkeit auf und reißt die Börse mit sich, immer weiter nach unten.

Neue Gerüchte machen die Runde. Große renommierte Bankinstitute aus der Schweiz, aus den Niederlanden oder aus den USA hätten durch Termin- oder Kreditgeschäfte mit dem angeschlagenen amerikanischen Hedgefonds Long-Term Capital Management, einer der ganz großen Spieler auf den Terminmärkten dieser Welt, schwere Verluste erlitten, das eine oder andere Institut werde dies auch bald vor der internationalen Presse der Öffenlichkeit kundtun müssen.

Eine Pleitewelle im internationalen Bankengeschäft in diesem Augenblick, das würde die Börsen weltweit in den Keller treiben. Überall auf dem Parkett versuchen die Makler und Händler, noch vor der sich abzeichnenden Katastrophe ihre deutschen Standardwerte loszuwerden. Vor allem Finanzwerte, also Banken und Versicherungstitel, geraten auf die Rutsche. Wer weiß schon genau, wer in welchem Umfang in diesen undurchschaubaren Termingeschäften der Hedgefonds engagiert ist! Die Verkaufslawine donnert mit ohrenbetäubendem Lärm weiter zu Tal. Aber wo ist die Talsohle? Bei 3 800 oder erst bei 3 600?

Doch plötzlich, zwischen zwei Fernseh-Schaltungen auf n-tv, sinkt der Geräuschpegel. Schon auf der Treppe hinunter zum Börsenparkett höre ich durch Zurufe, daß es überhaupt keine Pressekonferenzen geben werde. Dementi! Falsche Gerüchte! Kein, zumindest kein übermäßiges oder gar existenzgefährdendes Engagement deutscher Banken und Versicherungen bei Hedgefonds. Also Entwarnung! Wirklich? Die Skepsis bleibt. Allerdings gibt es Anzeichen für einen freundlichen Start an der Wall Street. So schlimm scheint es also auch in den USA nicht zu werden, zumindest nicht heute! Wer eben noch wie ein aufgeschrecktes Huhn wild übers Parkett gerannt ist, steht nun völlig entspannt an der Schranke, hat auf einmal Zeit, darüber nachzudenken, was denn da mit den Kursen passiert ist.

Es könnte tatsächlich die reinigende Panik gewesen sein. Aber offensichtlich nicht der erwartete Ausverkauf der Kleinanleger, wohl eher die Panik der Profis, denn trotz des Geschreis und der Rennerei sind die Umsätze auf dem Parkett bisher gering gewesen. Die Kurseinbrüche sind also offenbar weniger durch einen allgemeinen Verkaufsdruck als vielmehr durch das totale Desinteresse potentieller Käufer entstanden.

Doch was auch immer die Gründe für diesen Crash gewesen sein mögen, die Kurse sind im Keller gelandet, so wie von den meisten erwartet. »Jetzt, bei 3860 kaufen?«, frage ich daher die Börsianer, die mir Tage vorher noch versichert hatten, unter 4000 unbedingt einsteigen zu wollen.

»Auf keinen Fall«, wehren sie erschrocken ab, »die Spekulationsblase ist zwar geplatzt, doch angesichts der weltweiten Krisen sind die Kurse in Deutschland immer noch zu hoch. 3600 sind durchaus noch möglich. Vielleicht sehen wir den DAX sogar noch mit einer zwei beginnen.«

Eine Erfahrung, die ich immer wieder mache: Ein Kauflimit, das man vorher mutig und entschlossen gesetzt hat, wird, wenn der Kurs dann tatsächlich bis auf dieses Limit gefallen ist, storniert. »Bei Erreichen, streichen«, spottet man auf dem Parkett.

Vor zwei Wochen bei 4800 aus der Sicht vieler Anleger noch ein günstiger Kauf, wird nun der DAX 1000 Punkte tiefer nicht einmal mit der Zange angefaßt. Für mich ist dies ein erster Hinweis auf ein bevorstehendes Ende der Abwärtsbewegung. Ein derartig starker Pessimismus ist ein sicheres Indiz für eine baldige Trendwende. Nun sind auch die letzten Optimisten unter den Anlegern abgeschüttelt worden, jetzt sollte es eigentlich nach oben gehen. »Wenn die Nacht am dunkelsten, ist der Tag sehr nahe«, weiß die Börse. Sie weiß aber leider nicht, wann dieser Zeitpunkt erreicht ist. Nur wenige Mutige, wie zum Beispiel der Börsenmakler Enno Reepen, seit mehr als zehn Jahren einer meiner Ratgeber auf dem Parkett, nehmen an einem Tag wie heute vor der Kamera das Wort »Kaufen« in den Mund. Die schmerzhaften Blessuren, die wir uns alle in der Euphorie der ersten sechs Monate zugezogen hatten, sind noch zu frisch.

»Die Börse ist keine Einbahnstraße.« Dieser Satz sollte im Stammbuch eines jeden Anlegers in großen Lettern fettgedruckt auf der ersten Seite stehen. Ein wichtiger Satz, der aber in Zeiten langanhaltender Kursgewinne mit tödlicher Sicherheit überblättert wird. Man hat ja schließlich seine gegenteiligen Erfahrungen.

Bis zum 28. Oktober hatten sich im Vorjahr die Kurse in einer beispiellosen Rekordjagd nur noch in eine Richtung bewegt, und zwar nach oben. An diesem Tag wurde der DAX von einem schweren Sturm im fernen Südostasien auf unter 3600 geweht, und mancher Anleger rief sich schon voller Sorge um seine wundervollen Kursgewinne diesen bedenkenswerten Satz ins Gedächtnis zurück. Hätte man doch nur vorher die Aufwärtsbewegung zum Verkauf genutzt. Doch nur wenige Tage später erwies sich der Oktober-Crash als Falle für pessimistische Bären, eine plötzliche Böe, mehr nicht. Der DAX setzte völlig unbeeindruckt seinen Weg fort in Richtung 4000. Und einige Wochen später feierte die Frankfurter Börse die Erstbesteigung des Viertausender-Gipfels mit einem mächtigen Kuchen und viel Sekt. Nicht wenige Kleinanleger werden danach, mit Blick auf die siebenjährige Aufwärtsbewegung an der Wall Street, den Börsenverkehrsfunk mit seiner Warnung vor plötzlichem Gegenverkehr bei den Kursen endgültig in ihrem Gehirn abgeschaltet haben.

Das Feiern nahm kein Ende. Der Fünftausender wurde im Handstreich genommen. Und wieder gab es Sekt und Kuchen, der allerdings einigen Profis auf dem Parkett schon etwas schwerer im Magen lag. Die ersten Makler klagten über ein drückendes Völlegefühl, das jedoch durch den herrlich freien Blick auf die nächsten Gipfel in nächster Nähe verdrängt wurde. Der DAX bei 6000, 7000, warum nicht in einigen Jahren bei 10000?

Mit jedem neuen Rekord stieg die Begeisterung der Kleinanleger. Überschüttet mit den Geldern der privaten Kunden, hechelten die großen Aktien-Publikumsfonds hinterher. Welcher Fondsmanager wollte sich schon bei der bevorstehenden Halbjahresbilanz dem Vorwurf ausgesetzt sehen, er habe aus Angst vor einem Rückschlag diese Hausse an der Aktienbörse verschlafen und zuviel von den Zuflüssen aus dem Kreis der Anleger am Renten- oder Geldmarkt geparkt, statt ohne Wenn und Aber auf die Aktie zu setzen?

Mit diesem grundsätzlichen Problem plagen sich viele Fondsstrategen ab. Die Zuflüsse aus dem Kundenkreis steigen mit der Aufwärtsbewegung an der Börse. Werden sie entsprechend der Erwartungen der Anleger am Aktienmarkt investiert, bekommen allein dadurch die Kurse einen zusätzlichen Kick nach oben, was wiederum zu neuen Zuflüssen führt, die ebenfalls angelegt werden müssen. Bei stark fallenden Kursen und deutlich steigenden Rückflüssen der Anteile sind dagegen die Manager gezwungen, in die fallenden Kurse hinein zu verkaufen, auch wenn sie dies nicht für unbedingt richtig halten.

Der häufig erhobene Vorwurf, die Fonds verhielten sich mit ihrer Anlagestrategie zyklisch und würden dadurch immer nur den jeweiligen Trend verstärken, statt geschickt gegen den Strom zu schwimmen, verkennt diese Marktmechanismen. Durch den offenkundigen Zwang, in immer kürzeren Zeitabständen ein besseres Ergebnis als die Mitbewerber ausweisen zu müssen, setzen sich die Investmentfonds zusätzlich einem Erfolgsdruck aus, der nicht immer dem Langfrist-Denken des Investmentsparens dienlich ist. Angesichts dieses kurzatmigen Performance-Wettkampfs der großen Publikumsfonds um Halbjahrestrophäen frage ich mich, warum es in den Tageszeitungen eigentlich noch keine Fonds-Bundesligatabellen mit den Monats-, Wochen- oder Tagesbesten gibt. Ich halte diese Entwicklung für problematisch, genauso wie die Überbetonung des Shareholder-Value-Gedankens. Ich bin nicht davon überzeugt, daß eine Vermögensbildung über das Aktiensparen als olympische Disziplin verstanden werden sollte.

Als Börsenjournalist unterliege ich glücklicherweise nicht diesen Zwängen der Fondsmanager. Doch als ich Anfang Juli in meiner Reportage auf mögliche schwere Wetter in Südostasien hinwies, die auf Umwegen über Amerika auch unsere Wirtschaft erreichen könnten, auf das Chaos in Rußland oder auf die Gefahr von Kurseinbrüchen bei deutschen

Versorgerwerten nach einem sehr wahrscheinlichen Sieg einer rot-grünen Koalition bei der bevorstehenden Bundestagswahl, da stand ich plötzlich im Kreuzfeuer vieler Anleger, die mir am Telefon oder per Fax vorwarfen, als Wahlkämpfer für die amtierende Regierungskoalition unnötige Ängste vor einem rot-grünen Ausstieg aus der Kernenergie zu schüren. »Sie reden die schönen Kurse kaputt«, warf mir ein langjähriger Zuschauer aus Österreich vor, »wahrscheinlich haben Sie selbst keine eigenen Bestände und hoffen auf niedrigere Kurse, um billig einsteigen zu können!«

Ich steckte in einer gewissen Klemme. Zwar glaubte ich nicht an einen völligen Einbruch unserer Konjunktur, zumal ich nach Gesprächen mit Volkswirten und Analysten zu dem Schluß gekommen war, daß die Südostasien-Krise die deutsche Wirtschaft mit dem kommenden europäischen Binnenmarkt im Rücken nicht in dem Maße treffen würde wie vielleicht die US-Wirtschaft, für die der asiatische Markt direkt vor der Haustür lag. Der wegbrechende Absatzmarkt Rußland, obgleich in unserer unmittelbaren Nähe, würde für die deutsche Volkswirtschaft ebenfalls von untergeordneter Bedeutung bleiben. Aufgrund dieser Überlegungen rechnete ich nicht mit einer dauerhaften Baisse am deutschen Aktienmarkt, sah mich daher auch nicht veranlaßt, mein langfristig geplantes Depot mit deutschen Standardwerten abzubauen.

Dennoch würde sich die Börse auf eine langsamere Gangart einstellen müssen, da mit nachlassender Konjunktur in den USA die Gewinne deutscher Unternehmen spätestens im nächsten Jahr ihre bisherige Dynamik verlieren würden. Es drohte zudem ein schwächerer US-Dollar, weil angesichts der konjunkturellen Beruhigung in den USA von steigenden Inflationsgefahren weit und breit nichts zu sehen war. Die US-Zinsen dürften daher auf keinen Fall steigen, wie Notenbank-Chef Alan Greenspan noch vor kurzem angedroht hatte, eher stand ein Zinsrückgang ins Haus – gut für den Aktienmarkt, aber mit negativen Folgen für den US-Dollar. Das wachsende Vertrauen der europäischen Anleger in den kommenden Euro und die schlechten Erfahrungen der asiatischen Staaten mit der festen Bindung ihrer Währungen an den US-Dollar, das alles würde auf lange Sicht dem US-Dollar die gewohnte Attraktivität nehmen, ihn folglich gegenüber der D-Mark und dem kommenden Euro schwächen. Die Konsequenzen einer starken D-Mark gegenüber dem US-Dollar hatte die deutsche Exportindustrie 1993 und 1994 leidvoll erfahren. In Zukunft würde sie zwar im europäischen Binnenmarkt und in den niedrigen Rohölpreisen eine sichere Stütze finden, dennoch durfte man die Folgen eines schwächelnden US-Dollars nicht ganz außer acht lassen.

Zugegeben, sehr viel »würde wahrscheinlich«, »müßte« und »dürfte«, zuviel Konjunktiv, aber Vorsicht schien mir angebracht. »Nicht mehr kaufen«, war daher mein Rat an die Zuschauer, »warten bis Oktober, November, warten, bis die großen institutionellen Anleger, die Spezialfonds oder die Versicherungsgesellschaften mit Blick auf das neue Jahr wieder an die Märkte zurückkehren.« Denn eines war Anfang Juli mit den Händen zu greifen: Gewichtige ausländische Anleger oder auch deutsche Spezialfonds hatten sich offenbar mit Blick auf die Halbjahresbilanz noch Ende Juni auf die deutschen Standardwerte gestürzt, um unmittelbar nach diesem Stichtag ihre großartigen Kursgewinne, immerhin fast 50 Prozent, durch allmähliche Verkäufe zu realisieren. Die Umsätze am Aktienmarkt gingen Anfang Juli schlagartig zurück, während die freigesetzte Liquidität trotz der niedrigen Renditen am Renten- und Geldmarkt geparkt wurde. Eine verständliche Strategie der Fondsmanager: Der Erfolg des ersten Halbjahres reichte ihnen offenbar für das ganze Jahr.Die Jahresernte wurde bereits im Hochsommer in den Scheuern eingelagert.

Der DAX ließ sich jedoch trotz der weltweiten Fragezeichen durch nichts aus der Ruhe bringen. Wie auf Schienen zog er weiter in Richtung 6000 und darüber hinaus. Das durchschnittliche Kurs-Gewinn-Verhältnis der großen DAX-Werte, bezogen auf die Unternehmensgewinne des kommenden Jahres, stieg auf die unglaubliche Höhe von mehr als 25. Noch vor wenigen Jahren hatten wir bei 14 nasse Hände bekommen. Jetzt aber schien sich keiner über ein KGV von 25 aufzuregen. 25 Jahre lang mußten die Unternehmen nach dieser Rechnung den für 1999 geschätzten Gewinn pro Aktie erzielen, um diese Kurse zu rechtfertigen.

Angesichts dieser permanenten Kursexplosionen war mir und etlichen meiner Gesprächspartner auf dem Parkett mehr als mulmig zumute, und ich ließ die Zuschauer darüber auch nicht im unklaren. Eine Konsolidierung der deutschen Börse, eine Atempause, war nach dieser langanhaltenden Hausse dringend erforderlich. Das hatte nicht das Geringste mit Pessimismus zu tun. Auf lange Sicht blieb ich für den deutschen Aktienmarkt positiv gestimmt.

Die ablehnenden und kritischen Reaktionen der Zuschauer aber kamen wie erwartet. Wer als Anleger mit steigenden Kursen rechnet und deshalb kauft, ist halt leicht versucht, alle negativen Aspekte auf den Finanzmärkten zu ignorieren. Nur positive Argumente werden akzeptiert.

Und die gab es nach wie vor, trotz des weltweiten Krisenszenarios: Im kommenden Euroland spielt die Inflation ganz offensichtlich keine entscheidende Rolle mehr, die Maastricht-Disziplin und die Entdeckung finanzpolitischer Vernunft zeigen Wirkung. Angesichts der zurückhaltenden Konjunktur in Europa, erst recht in Deutschland, haben die Unternehmen sowieso kaum eine Chance, Kostensteigerungen an die Verbraucher weiterzugeben. Nach meiner Meinung werden darüber hinaus die Globalisierungstendenzen weltweit der Schlange »Inflation« grundsätzlich das gefährliche Gift nehmen. Selbst politisch bedingte Maßnahmen, wie zum Beispiel die jüngste Erhöhung der deutschen Mehrwertsteuer, werden die Preisdisziplin nur in Maßen gefährden können. So konnte die Mehrwertsteuererhöhung um einen Prozentpunkt nur in wenigen Fällen auf die deutschen Verbraucher abgewälzt werden.

Wenn also in Deutschland kein völliger Sinneswandel in der Finanzpolitik eintritt, der im übrigen wohl auf den entschiedenen Widerstand der politisch unabhängigen Europäischen Zentralbank stoßen dürfte, ist auf lange Sicht die Gefahr gering, mit steigenden Zinsen eine wiedererwachende Inflation bekämpfen zu müssen. Gänzlich ausschließen kann man sie natürlich nie.

Niedrige Zinsen, verbunden mit extrem niedrigen Rohstoffpreisen, und kostensenkende Umstrukturierungsprogramme werden auch in den nächsten Jahren deutschen Konzernen Möglichkeiten bieten, deutliche Gewinne zu erzielen. Nach der durch die jüngsten Krisenjahre erzwungenen Schlankheitskur sind die deutschen Industriekonzerne fit wie ein Turnschuh für den internationalen Wettbewerb im kommenden Euroland. Unerwartet kräftigen Lohnkostensteigerungen in Deutschland und höheren Energiekosten bei einem vorzeitigen Ausstieg aus der deutschen Kernenergie könnten die international tätigen deutschen Unternehmen durch Verlagerungen ihrer Produktionsstätten ins benachbarte Ausland und durch den Bezug billigen Atomstroms aus Frankreich entgehen. Das kommende Euroland bietet also ungeahnte Möglichkeiten. Vielleicht dämpft es ja auch einen überbordenden Reformeifer in Deutschland.

Von dieser Seite her mußte man also keine Angst haben um die Zukunft der großen deutschen Aktiengesellschaften. Insofern war die Gelassenheit der Börsianer im Hinblick auf einen Regierungswechsel in Bonn verständlich.

Aber schon aus mathematischen Gründen würden die jährlichen Ergebnisse weniger dynamisch wachsen, als das in den letzten Jahren – insbesondere nach der Krise – möglich war. Beim Marsch zum Gipfel wird die Luft halt immer dünner, wird es immer schwieriger, draufzusatteln.

Ein weiteres, wahrscheinlich das wichtigste Argument für weiter steigende Aktienkurse blieb die offenkundig politisch nicht lösbare Krise der gesetzlichen Rentenversicherung. In wenigen Jahren wird, nach Ansicht namhafter Rentenexperten, das gegenwärtige System endgültig an seine Grenzen stoßen. Wer dann als Rentner seinen gewohnten Lebensstandard aufrechterhalten will, wird an einer privaten Altersvorsorge nicht vorbei kommen, denn gesetzliche und betriebliche Altersversorgung werden dafür nicht mehr ausreichen. Trotz aller beschwichtigenden Verlautbarungen der verantwortlichen Politiker wissen die jungen Menschen, die nach dem praktizierten Umlageverfahren heute als Erwerbstätige für die Renten der jetzigen Rentnergeneration aufkommen müssen, nur allzu gut, daß sie für ihre eigene künftige Altersversorgung selbst verantwortlich sind. Den Generationenvertrag werden nämlich die jungen Bundesbürger, so die Expertisen, spätestens dann aufkündigen, wenn wegen der steigenden Lebenserwartung angesichts der gegenwärtigen Altersstruktur jeder Erwerbstätige nach dem Umlageverfahren grob gerechnet für einen Rentner aufkommen muß. Und dies wird, so die statistischen Berechnungen, in rund zwanzig Jahren der Fall sein. Also müssen die jungen Bundesbürger schon heute die finanziellen Voraussetzungen für ihre Altersabsicherung selber schaffen.

Möglichkeiten, dies zu tun, gibt es zur Genüge, aber ein herausragendes Instrument privater Altersvorsorge wird neben dem Investmentfonds und der in Deutschland hochgeschätzten Lebensversicherung ganz gewiß die Aktie sein, zumal die Renditen der festverzinslichen Wertpapiere wohl auf lange Sicht eher dürftig bleiben werden. Auch den Lebensversicherungsgesellschaften wird es schwerfallen, ohne ein stärkeres Engagement am Aktienmarkt die Renditen zu erzielen, die die Versicherten erwarten. Daß folglich in den nächsten Jahren private Anleger, Investmentfonds oder auch Lebensversicherungen stärker als bisher in Aktien investieren werden, ist meines Erachtens so gut wie sicher. Die daraus resultierenden Kursgewinne ebenfalls.

Zugegeben, all diese Überlegungen sprachen auf lange Sicht für steigende Aktienkurse, aber doch nicht in diesem Tempo und mit dieser Stetigkeit der letzten Monate. Selbst Daueroptimist Heiko Thieme versuchte in Interviews mit der *Telebörse*, das Gas ein wenig zurückzunehmen. Nicht nur für die Wall Street, sondern auch beim DAX. Eine Unterbrechung der Hausse nicht nur am deutschen Aktienmarkt drängte sich geradezu auf.

Im Juli war es dann so weit. Schon um ihre Gewinnmitnahmen vor sich selber und vor ihren Kunden zu begründen, verwiesen die Verkäufer auf die längst bekannten Krisen in Südostasien, auf den galoppierenden Zusammenbruch des japanischen Bankensystems und auf die Unfähigkeit oder Unwilligkeit der japanischen Regierung, diese Krise grundlegend zu beheben. Gewußt hatten wir es natürlich seit Jahren, die japanische Wirtschaft war eindeutig nicht mehr in der Lage, ihrer Schlüsselrolle in diesem Teil der Welt nachzukommen. Weder konnten die japanischen Banken den Unternehmen in den Nachbarstaaten mit neuen Krediten unter die Arme greifen, sie standen ja selber (auch) wegen notleidender Kredite und wegen geplatzter Spekulationen bei schwindendem Eigenkapital vor dem Ruin, noch war der japanische Binnenmarkt in der Lage, im notwendigen Umfang den Exportwünschen der angeschlagenen Nachbarn nachzukommen. Denn schließlich litt die eigene Binnenkonjunktur unter einer zähen Rezession, und die japanische Wirtschaft versuchte ihrerseits, den permanenten Kursverfall des Yen zu einer eigenen Exportoffensive zu nutzen. Daß durch den schwachen Yen gleichzeitig die Preise der Importgüter stiegen, machte den Chinesen, den Südkoreanern oder auch den Indonesiern das Leben auch nicht leichter.

Von Japan war also keine Hilfe zu erwarten. Und mit jedem Tag wurden die Prognosen für Japan und für Südostasien entsetzlicher, rutschte der Yen schneller auf den Abgrund zu. Als dann auch noch das ebenfalls bekannte Chaos in der russischen Politik wie eine Eiterbeule aufplatzte, gab es kein Halten mehr. Mit fliegenden Rockschößen flüchteten die Finanzinvestoren aus den Krisenregionen dieser Welt in die sicheren Häfen der USA oder Europas. Ein hervorragendes Szenario für einen Vermögensverwalter, um einen sofortigen Ausstieg aus dem Aktienmarkt gegen den immer noch herrschenden Optimismus seiner Kunden zu verteidigen.

In ihrer tiefsten Seele aber sahen sich die Aktienverkäufer von heute als die Käufer von morgen oder vielleicht auch übermorgen. Zwar würden die Krisen im fernen Asien und auch in Rußland noch jahrelang die Tagesordnung der künftigen Weltwirtschaftsgipfel beherrschen, Blauäugigkeit oder grenzenloser Optimismus wären also völlig verfehlt gewesen. Auch in der deutschen, oder besser gesagt, in der europäischen Wirtschaft könnten sich die Schleifspuren eines Konjunkturabschwungs zeigen, ganz bestimmt aber in den USA, wo schon jetzt die Gewinnwarnungen großer High-Tech-Unternehmen Einbrüche im Südostasien-Export signalisierten. Doch müßten sich nach wenigen Monaten einer kräftigen Konsolidierung der Aktienmärkte die aus diesen Problemen entstandenen Ängste verflüchtigt haben. »Alle negativen Nachrichten sind schon in den Kursen enthalten«, sagen in derartigen Situationen die Börsianer. Auch wenn noch keines der Krisenfeuer endgültig gelöscht ist, reichen im Stimmungstief allein erfolgversprechende Lösungsansätze schon aus, um die Kurse wieder nach oben zu schieben. »Die Börse hat ihren Boden gefunden«, hoffen dann die Anleger und steigen wieder ein.

Dieser Mechanismus war auch Mitte August und Anfang September 1998 an der Frankfurter Börse zu beobachten.

Angeregt von Zinssenkungserwartungen in den USA und von explodierenden Kursen am deutschen Rentenmarkt, tasteten sich einige mutige Anleger wieder an die Aktienmärkte heran. Aber irgendwie war Sand in das Getriebe geraten. Die Kurserholungen erwiesen sich allzu schnell als Strohfeuer, clevere ausländische Anleger nutzten jeden Kursanstieg bei uns, um Gewinne zu kassieren. Verständlich, bei der plötzlichen Schwäche des US-Dollars gegenüber der D-Mark. Für den amerikanischen Verkäufer kamen zu den Kursgewinnen noch die Währungsgewinne beim Umtausch von D-Mark in US-Dollar hinzu. Außerdem konnte man an der liquiden deutschen Börse seine Verkaufswünsche in vollem Umfang umsetzen und erhielt innerhalb von zwei Tagen sein Geld. Keine Selbstverständlichkeit in der internationalen Finanzwelt. Erinnerungen an den Crash von 1987/88 tauchten plötzlich in den Gesprächen auf dem Parkett auf.

Als dann die internationale Krisenlandschaft noch um Währungsspekulationen gegen die Länder in Südamerika bereichert wurde, drehte sich der Wind auf dem Börsenparkett in Frankfurt vollends. Plötzlich tauchte ein ganz neuer Begriff in meinen Gesprächen auf: die Gefahr der Deflation. Hatten wir bis gestern noch unter Inflationsängsten gelitten, fürchteten wir nun das Gegenteil, die Deflation. Ein Schrekkenswort für die Deutschen, wer erinnerte sich nicht an die verzweifelten Krisenjahre 1929/30, als die Weltwirtschaft zusammenbrach und Deutschland ins Unglück stürzte.

In meinen Börsenreportagen spielen auf einmal die Deflation und eine mögliche Weltwirtschaftskrise die Hauptrollen. Jeder Interview-Partner bestätigt mir zwar auf hartnäkkiges Nachfragen: »Nein, es gibt keine Anzeichen von

Deflation in Deutschland.« Die Preise sinken nicht, nur die Steigerungsraten nehmen ab. Das ist, wie von der Bundesbank angestrebt, Disinflation, aber doch keine Deflation. Die Löhne steigen, die Geldmenge steigt, die Investitionen steigen, das Wirtschaftswachstum steigt. Zwar alles moderat, aber alles zieht an. Bei einer Deflation steigen die Produktionskosten, und alles andere sinkt. Davon kann weder in Deutschland die Rede sein noch in Europa noch in den USA. Trotzdem wird das garstige Lied der Deflation immer lauter und schriller gesungen, vor allem von denen, die für höhere Lohnabschlüsse eintreten, für höhere Schulden des Staates und niedrigere Zinsen der Frankfurter Notenbank, vorgeblich, um die Binnenkonjunktur auf Trab zu bringen. John Maynard Keynes läßt grüßen. Der Wahlkampf der Sozialdemokraten um ihren Spitzenmann Oskar Lafontaine legt sich wie Mehltau auf die Gemüter der Anleger.

In der Tat gibt es in Japan Anzeichen einer Deflation, und wenn die Nachbarstaaten Japans nicht bald Tritt fassen, droht in Asien ein andauernder Abwertungswettlauf, an dem sich schließlich auch China und die südamerikanischen Schwellenländer beteiligen könnten, um ihren eigenen, überlebensnotwenigen Exporten einen neuen Auftrieb zu verschaffen. Aus der Sicht mancher Analysten und Volkswirte wäre dies dann der endgültige K.o.-Schlag für die Weltwirtschaft und damit auch für die Börsen. Bei einem derartigen »Worst-case-Szenarium« geriete zwangsläufig auch die Wirtschaft der USA ins Straucheln. Fiele dieser Dominostein, wäre als nächstes Europa an der Reihe. Wenn dem deutschen Anleger diese Melodie nur lange genug um die Ohren geblasen wird, könnten ihn seine Ängste auch tatsächlich zum Börsenausgang treiben, so die dunkle Ahnung auf dem Parkett.

Was vor wenigen Wochen noch nur ein willkommener Anlaß war, die Kursübertreibungen aus dem Aktienmarkt zu nehmen, wird nun mit einem Schlag ein Selbstläufer, der die Aktien in die Tiefe zu reißen droht. Auf dem Absatz machen die Profis kehrt. Raus aus der übertriebenen Kurseuphorie und rein in eine abgrundtiefe Depression. Doch wieder machen die Kleinanleger nicht mit. Sie haben ihre Lektion offenbar gelernt und wissen: »Die Börse ist keine Einbahnstraße«, nicht in Aufwärtsrichtung, aber auch nicht nach unten. Erste Aktienkäufe in kleinem Umfang setzen wieder ein.

Schließlich ist die Ungewißheit der Bundestagswahl mit dem 27. September ausgestanden. Die Wahl hat das erwartete Ergebnis erbracht, mit einem klaren Sieger, der SPD. Und so viel wird die neue rot-grüne Regierung auch nicht ändern können. In Sachen Atomenergie muß auch sie geltendes Recht beachten, höhere Benzinpreise, als »Ökosteuer« verkauft, werden von den meisten, gutverdienenden Bundesbürgern leicht zu verkraften sein, das erhöhte Kindergeld und die Steuerreform bringen hoffentlich mehr Kaufkraft – also Konsumtitel kaufen! –, und in der Finanzpolitik wird sich auch der neue Finanzminister Lafontaine nach der europäischen Decke strecken müssen. Nicht ohne Grund hat gerade Deutschland für eine unabhängige Notenbank in Europa gekämpft. Wer aber seine Zweifel nicht völlig aufgeben will, trennt sich vorsichtshalber von den deutschen Versorgertiteln, wie RWE, Viag oder auch Veba.

Die gelassene Grundstimmung der Kleinanleger an jenem 2. Oktober wird von den Börsianern und den Banken angesichts der weltweiten Krisenherde überhaupt nicht geteilt. Die meisten von ihnen erwarten den völligen Einbruch in den nächsten Tagen oder Wochen. Selbst ein durchschnittliches Kurs-Gewinn-Verhältnis von deutlich unter 20 im aktuellen DAX kann die Furcht vor einem weiteren Kursrutsch nicht mindern. Immer häufiger werden Berechnungen der sogenannten »Techniker« aus den Analyselabors der Kreditinstitute herumgereicht. Diese klopfen das tägliche Auf und Ab der Kurse und Umsätze auf ihre Gesetzmäßigkeiten ab, geben statistisches Zahlenmaterial von den Finanzmärkten in ihre mathematischen Modellrechnungen ein und ermitteln mit Hilfe ihrer Computer die »richtige« Strategie, die mit höchster Wahrscheinlichkeit den höchsten Gewinn bringt. Will man diesen technischen Analysen jetzt folgen, muß man sich auf eine Höllenfahrt in die Tiefe gefaßt machen. Die Prognosen deuten in Richtung 3200 beim DAX. Aber nicht immer liegen die »Techniker« richtig, trösten mich die Börsianer, die – wie ich auch – der langfristigen fundamentalen Analyse den Vorrang geben. An den Terminmärkten aber kann man auf die technischen Analysen offensichtlich nicht verzichten, denn ohne die Computer ist man dort völlig überfordert, zu kompliziert sind die Programme, die in atemberaubender Geschwindigkeit Verkäufe mit Käufen kombinieren, an den Aktienmärkten weltweit, den Märkten für festverzinsliche Wertpapiere oder an den Devisenmärkten.

Kein Wunder, daß angesichts dieser weltweiten Unruhen der deutsche Terminmarkt wackelt wie ein Lämmerschwanz. Die Schwankungen nach beiden Seiten nehmen ein ungewöhnliches Ausmaß an. Irgend etwas läuft entsetzlich schief in der internationalen Bankenwelt. Gerüchte von milliardenschweren Schieflagen großer Hedgefonds mit furchtbaren Folgen für ihre Kunden machen schon wieder die Runde.

Das Zentrum des Orkans aber hat sich verschoben. Nicht mehr die Krisenherde in Südostasien, in Rußland oder in Südamerika stehen im Mittelpunkt der Diskussionen, vielmehr sind es jetzt die amerikanischen Hedgefonds. Uralte Ängste ersticken jeden Ansatz einer Kurserholung.

Kapitel 6

Keine Chance ohne Risko

Das plötzliche Erwachen am Terminmarkt

»Zum Schluß kommen« mahnte mich die Regie aus unserem Berliner n-tv-Studio über meinen Miniempfänger im linken Ohr, »in 30 Sekunden ist die Sendezeit für Frankfurt vorbei.« Ein kurzer Blick auf meine Funkuhr auf dem Monitor bestätigte mir diese Zeitansage. Tatsächlich waren die neun Minuten, die ich für das Gespräch mit Karl-Egmont Niem vom Bankhaus Hauck & Aufhäuser eingeplant hatte, nahezu ausgeschöpft.

Manchmal dauern selbst kurze Drei-Minuten-Interviews eine Ewigkeit, aber in Zeiten, wie wir sie beispielsweise am 9. Oktober 1998 erlebten, vergehen die Minuten wie im Fluge. Über die unerwarteten Zinssenkungen in den USA hatte ich mit dem Rentenmarktspezialisten Niem gesprochen, über die Blauäugigkeit einiger Politiker aus dem Kreis der neuen Bundesregierung, in Deutschland nach amerikanischem Vorbild eine Zinssenkung zu fordern – die Konjunktur in Deutschland zog leicht an, während sie in den USA auf dem Weg nach unten war –, wir hatten von der politischen Unabhängigkeit der Frankfurter Bundesbank und der kommenden Europäischen Zentralbank gesprochen und von dem möglichen Trugschluß, über eine Zinssenkung in Deutschland die überwiegend strukturell bedingte Arbeitslosigkeit wirkungsvoll bekämpfen zu können. Schließlich lagen die Amerikaner mit ihrem Zinsniveau deutlich über dem deutschen und hatten dennoch keine Arbeitsmarktprobleme.

Aber trotz der Zeitnot wollte ich unbedingt noch auf ein Thema zu sprechen kommen, das mir unter den Nägeln brannte, nämlich auf die plötzliche Risikoscheu der Kreditinstitute weltweit. Gerade die Kreditsuchenden, die am dringendsten Kapital brauchten, die Schwellenländer in Asien und Südamerika beispielsweise und die Unternehmen in diesen Regionen, sie alle bekamen offenbar nur noch Geld geliehen, wenn sie in ihrer Not bereit waren, unerträglich hohe Zinsaufschläge zu akzeptieren, die sie in ihrer ohnehin schon verzweifelten Situation noch schneller in Richtung Abgrund treiben würden.

Jahrelang hatten namhafte Kreditinstitute scheinbar unbesehen die Millionen wie ein billiger Jakob verteilt, ohne daß sich ihre innerbetrieblichen Kontrolleure oder die Börsen sonderlich darüber aufgeregt hatten, schließlich winkten saftige Zinserträge als Lohn der Angst, lockten die Chancen, das ganz große Geld zu verdienen. Platzte dann irgendwann das eine oder andere Kreditgeschäft, hatte man bis zu diesem Zeitpunkt vielleicht schon genug verdient, um den Verlust verschmerzen zu können. Den Bankenkursen in Frankfurt hatten diese Kreditrisiken bisher zumindest kaum geschadet, zumal bei uns in Deutschland der Staat durch sogenannte Hermes-Bürgschaften den Kreditinstituten wie auch der Exportwirtschaft den Rücken frei hält, ihnen auf diesem Weg zumindest einen Teil der Risiken abnimmt. Vorausgesetzt, die jeweiligen Geschäfte sind im Interesse der Allgemeinheit förderungswürdig.

Die Kreditrisiken der Banken waren also überschaubar. Sie wurden in den Kreditabteilungen bewertet, schlugen sich in entsprechend hohen Zinssätzen nieder und führten eventuell, je nach Ausfallrisiko, zu Rückstellungen in der Gewinn- und Verlustrechnung.

Für die Börsianer hatte es mithin lange Zeit keinen Grund zu übermäßigen neuen Sorgen gegeben, erst recht nicht, wenn das übrige gute Geschäft der Banken derartige Minderungen der Jahresergebnisse vor Steuern zuließ. Selbst was die Krisen in Südostasien, in Rußland und auch in Südamerika anging, die immer stärker die Gespräche auf dem Börsenparkett bestimmten, glaubten die meisten, auch dieses neue Szenarium in den gesunkenen Kursen ausreichend berücksichtigt zu haben. Die Bankaktien hatten zwar seit dem Sommer, wie auch die übrigen deutschen Börsenwerte, erheblich verloren, aber ein richtiger Verkaufsdruck war bisher nicht zu spüren. Offenbar hatten sich auf den Seelen der Anleger dicke Schwielen gebildet. All diese Krisen in der Welt harrten zwar noch ihrer Lösung, aber wir hatten uns inzwischen daran gewöhnt. Irgendwann, in nicht allzu ferner Zukunft, würden sich die niedrigen Zinsen und die europäischen Fusionsphantasien schon wieder in steigende Kurse ummünzen lassen.

Doch am Mittwoch, den 23. September, war plötzlich Schluß mit lustig. Die nur leicht eingetrübte Welt der Finanztitel geriet in Turbulenzen. Den Anstoß für diesen Sinneswandel auf dem Parkett hatte wenige Tage zuvor eine konkrete Meldung gegeben, die sich auf finanzielle Schwierigkeiten des weltbekannten amerikanischen Hedgefonds Long-Term Capital Management (LTCM) bezog. Dieser Luxus-Liner im internationalen Termingeschäft drohte in stürmischer See zu stranden. Bis vor kurzem noch wäre dies in der gesamten Finanzwelt ein unvorstellbarer Gedanke gewesen. Kein Wunder also, daß jetzt überall auf den Chefetagen die Ampeln auf rot sprangen. Dieser Fonds hatte in den vergangenen vier Jahren, nur mit geringem Eigenkapital ausgestattet, für seine Anteilseigner, zu denen offenbar auch deutsche Kreditinstitute zählten, erstaunliche Gewinne erzielt. Jetzt schien das Milliarden-Schiff seinen Fondsmanagern aus dem Ruder gelaufen zu sein. Und all die Bankvorstände, die in der Vergangenheit Millionenbeträge in diesen Fonds investiert oder an ihn ausgeliehen hatten, schrien entsetzt auf. Ihre Beteiligungen oder ihre Kredite drohten von einem Tag auf den anderen unterzugehen. Ganz schlimm traf es diejenigen, die Anteilseigner und Kreditgeber zugleich waren.

Überall wurden die Notbremsen gezogen. Risikomanagement hieß das neue Zauberwort. Und wie so häufig in der Finanzwelt, schoß man über das Ziel hinaus. Hatte man früher offensichtlich reichlich gedankenlos Kredite gewährt, ohne die gesamten Belastungen des Kreditnehmers zu erforschen, wollten die Institute plötzlich Kredite am liebsten nur noch an diejenigen vergeben, die im Grunde keinen Kredit brauchten. Nur noch an allererste Adressen, bloß kein Risiko mehr, schien die allgemeine Devise zu sein. Und bei neuen Kreditwünschen der zahlreichen Hedgefonds weltweit, da ging schon 'mal gar nichts mehr.

»Wenn sich diese Haltung fortsetzt, wird es wegen der Kreditklemme zu einer Weltwirtschaftskrise kommen. Gleichzeitig werden viele dieser sogenannten Hedgefonds bei dem plötzlichen Liebesentzug ihrer Kreditgeber die Reißleine ziehen, also ihre Bestände abbauen müssen, mit fürchterlichen Folgen für die Börsen.« . . . Mit diesen dunklen Ahnungen verabschiedete sich Karl-Egmont Niem. Die vorgegebene Zeit für das Interview war längst vorbei, es war fast 14 Uhr, ich hatte wieder einmal hemmungslos überzogen, zum Leidwesen der Regie in Berlin. Jetzt mußten die armen Kollegen in den nachfolgenden Sendungen versuchen, die Zeit wieder aufzuholen. Ich versprach Besserung. Daß mein Gast nur wenige Minuten später schon mit seiner Prophezeiung recht bekommen würde, konnten wir beide in diesem Augenblick nicht ahnen.

Bis zur letzten Schaltung an diesem Tag des 9. Oktober, um 16.10 Uhr, ist noch Zeit genug, den üblichen Cappuccino im Börsen-Bistro nebenan zu nehmen. Ein kurzer Blick noch auf die Monitore der Nachrichtenagenturen, dann ist nach sieben Live-Schaltungen eine längstverdiente Pause angesagt. Schon im Mantel, sehe ich plötzlich auf Reuters, wie der Bund-Future für Dezember, dieses wichtige Indiz für die Kursrichtung bei deutschen Anleihen, der in Frankfurt und in London an der Terminbörse gehandelt wird, schlagartig knapp 200 Ticks verliert. Offensichtlich hat sich an der Terminbörse jemand vertan, beruhige ich mich selber, gleich wird wahrscheinlich die falsche Eingabe korrigiert werden.

In diesen hektischen Tagen sind auch am Rentenmarkt starke Kursschwankungen keine Seltenheit. Um 10 oder gar

20 Punkte kann der Bund-Future schon einmal steigen oder fallen. In den letzten Wochen ist er bis auf über 115 Prozent scheinbar unaufhörlich gestiegen, sind die Renditen für festverzinsliche Anleihen mit Laufzeiten von acht bis 15 Jahren zum Teil auf unter 4 Prozent gefallen. Diese starke Nachfrage nach deutschen Titeln hat auch keinen von uns überrascht, denn angesichts der Krisen in Südostasien, Mittel- und Osteuropa und zuletzt auch noch in Südamerika sind vor allem die Anleger offensichtlich in panischem Schrecken vor dem freigelassenen Flaschengeist »Risiko« aus jenen bedrohten Finanzmärkten in die sicheren Häfen, das heißt, an die Wall Street oder nach Deutschland geflohen. Selbst bei den niedrigen Renditen in Deutschland fühlt man sich hier besser aufgehoben als in den hochverzinslichen südamerikanischen oder mittel- und osteuropäischen Anleihen. Hinter jeder noch so verlockenden Chance vermutet der verstörte Anleger den drohenden Abgrund des Risikos.

Je größer die Chance, desto höher ist natürlich das Risiko. Diese Einsicht hätte den Anlegern auch schon etwas früher kommen können. Aber immer wieder verstellt die Aussicht auf fette Gewinne den Blick auf die Gefahr des Scheiterns. Ein überraschend menschlicher Zug im nüchternen Geldgeschäft, der durchaus etwas mit Gier zu tun hat – dem wohl größten Feind einer vernünftigen Anlagepolitik.

Aber heute, in der letzten Phase der Börse am Rentenmarkt, steigt der Bund-Future nicht, im Gegenteil, er fällt! Er stürzt regelrecht ab in Richtung 112 Prozent. »Nein, das ist keine falsche Eingabe gewesen«, bestätigt mir ein Kursmakler für festverzinsliche Wertpapiere völlig ratlos, im fast schon leeren Händlersaal, direkt neben unserem Mini-Büro auf der Galerie der Frankfurter Börse. »Irgend jemand auf dieser Welt, vermutlich eine ausländische Adresse, womöglich wieder ein Hedgefonds, verkauft wie ein Verrückter den Dezember-Terminkontrakt des Bund-Futures und prügelt damit die Anleihekurse in den Keller, treibt also die Renditen nach oben.« Das ist aber völlig widersinnig, denn die Börse setzt auf weiter sinkende Zinsen, also auf steigende Kurse am deutschen Rentenmarkt! »Wenn das in diesem Tempo weitergeht, drehen wir hier morgen das Licht aus, dann fällt der Bund-Future um weitere 200 Punkte bis auf 110 Prozent«, orakelt ein Händler, der ganz gewiß nicht zu den Pessimisten zählt.

»Wer verkauft da, und warum?« Klare Antworten gibt es nicht, nur Vermutungen. Das sieht eindeutig nach einer Hinrichtung aus. Wahrscheinlich wird jemand gezwungen, seine hinterlegten Sicherheiten für kreditfinanzierte Wertpapiergeschäfte am Terminmarkt, also seine Margins drastisch zu erhöhen oder seine Kredite sofort zurückzuzahlen. Das heißt, er muß Kasse machen, ob das nun bei diesen angeschlagenen Börsen und diesen niedrigen Kursen richtig ist oder nicht. Für mich wäre dies wieder einmal der Beweis, wie riskant es ist, auf Kredit an den Wertpapiermärkten zu spekulieren, ganz besonders an den Terminmärkten, wo die Zeit gegen den Anleger arbeitet.

Abends in New York setzt sich das Drama an den Rentenmärkten fort. Die 30jährige US-Treasury, das hochgeschätzte Paradepferd der langlaufenden festverzinslichen Wertpapiere in den USA, wird wie Müllanleihen verschleudert. Jetzt möchte ich um nichts auf der Welt in der Haut eines Rentenhändlers stecken. So bombensicher schien der Weg der langlaufenden Festverzinslichen in Richtung steigende Kurse. Und jetzt diese Katastrophe!

Am nächsten Tag, wie befürchtet, das Rentenchaos Teil zwei. Überall nur noch Verkaufsangebote. Die großen deutschen Banken, sonst sichere Käufer festverzinslicher Wertpapiere, stellen minutenlang keine Geld-Kurse, sind nicht einmal bereit, deutsche Pfandbriefe zu kaufen. Der Bund-Future taumelt in den Abgrund, 'runter bis auf 110,15 Prozent. In nicht ganz drei Handelstagen hat dieser Kontrakt auf den Dezember-Termin 485 Ticks verloren, an diesem Tag allein 228 Punkte. Derartige Bewegungen hat man früher nicht einmal in einem Jahr erlebt.

In Renditestellen ausgedrückt, sind die Zinsen zehnjähriger Bundesanleihen von Mittwoch auf Freitag um 60 Punkte auf 4,30 Prozent gestiegen. Und ein Ende ist nicht in Sicht.

»Short gehen, was das Zeug hält«, schreit mir ein sonst so ruhiger Rentenmakler zu, also verkaufen, was man noch gar nicht hat, in der Hoffnung, es für die spätere Lieferung noch billiger auf dem Rentenmarkt kaufen zu können, weil der Kurssturz noch weitergehen wird. »Fixen«, so nennt man diese Handelsstrategie der Börsenprofis. Und der Börsenspott weiß: »Der Fixer ist bei Gott beliebt, weil er nichts hat und trotzdem gibt.«

Aber so richtig scheint der Makler selber nicht daran zu glauben. »Geht es also weiter in den Keller?«, frage ich zurück, und er schüttelt den Kopf. Wer aus Angst vor dem Kursrisiko in den angeschlagenen Schwellenländern in den letzten Wochen alles auf die solide Karte »US-Treasuries« oder auf deutsche Anleihen gesetzt und dadurch die Kurse nach oben getrieben hat, sitzt plötzlich in der Falle. Die sicher geglaubten Anleihen und die entsprechenden Terminkontrakte haben schlagartig ihren »Langweiler-Charme« verloren. Ihre Kurse rasen wie ein Irrwisch die Kurs-Skala 'rauf und 'runter und bringen den armen Anleger um seinen Verstand und um sein Geld. Der vermeintlich sichere Hafen wird gerade wegen der Massenflucht zum spektakulären Schiffsfriedhof. Fast eine griechische Tragödie. »Das ist der reine Wahnsinn hier, und deswegen ist es am besten, gar nichts zu tun«, ist der Rat des Fachmannes.

Tatsächlich kommt der Markt zum Schluß des Terminhandels um 18 Uhr ein wenig zur Ruhe. Der Bund-Future schließt über seinem Tagestiefststand bei knapp unter 111 Prozent. Der Wochenschluß-Gong bewahrt den schwer angeschlagenen Bund-Future vor einem katastrophalen K.o. Den September des Jahres 1998 wird dennoch kein Rentenhändler vergessen.

Übers Wochenende gab es endlich ein wenig Zeit fürs Atemholen und Erklären.

Offensichtlich hatten sich Hedgefonds ab August, als der US-Dollar gegenüber der japanischen Währung bis über 147 Yen hinaus angestiegen war, den spottbilligen Yen zu den niedrigen japanischen Zinsen geliehen, dafür Sicherheiten in bestimmter Höhe hinterlegt, den Yen in US-Dollar oder wahrscheinlich auch in D-Mark getauscht und dafür solide höherverzinsliche amerikanische oder auch deutsche Anleihen gekauft. Solange die japanischen Zinsen niedrig blieben und der Yen sogar weiter fiel oder bis zur Fälligkeit, also bis zur Rückzahlung der japanischen Kredite, zumindest auf seinem niedrigen Niveau gegenüber dem US-Dollar verharrte, war das ein todsicheres Geschäft. Als aber am Donnerstag, dem 8. Oktober, der US-Dollar aus dem Stand von deutlich über 130 auf 111 Yen abrutschte, mußten in den Vorstandsetagen einiger Hedgefonds die Sicherungen 'rausgeflogen sein.

Bei diesem Yen-Kurs mußten zum einen die Margins, also die Beträge zur Deckung der Kredite, erhöht werden, zum anderen würde bei dem aktuellen Stand des Yen die spätere Rückzahlung der Kredite sehr viel teuerer werden, als ursprünglich kalkuliert worden war. Um die zusätzlich geforderte Deckung bringen zu können, wurden in aller Eile, vom verschreckten Kreditgeber erzwungen, Anlagen in den USA oder auch in Deutschland verkauft, koste es, was es wolle. Daher der plötzliche Verkaufsdruck an den so sicher geglaubten Rentenmärkten. Daß der Yen nur einen Tag später wieder in die erwartete Richtung zurückfiel, wird die Fondsmanager wohl kaum getröstet haben. Ihr Schaden war nicht mehr gutzumachen. An der Börse, ganz besonders an den Terminbörsen, kommt es halt nicht darauf an, recht zu haben, man muß auch recht bekommen und das, bitte schön, rechtzeitig.

Angesichts dieser vorher nie gesehenen Kursschwankungen auf den Aktien-, Renten- und Devisenmärkten, verursacht durch mögliche Schieflagen einzelner Hedgefonds, nahm die öffentliche Kritik an den Strategien dieser Fonds und an ihrer grundsätzlichen Konstruktion zu.

In den vergangenen Jahren haben viele Marktbeobachter in der Telebörse immer wieder über die undurchsichtigen Anlagestrategien an den weltweiten Terminbörsen geklagt. Weit mehr als 20 Billionen US-Dollar, so schätzt man, werden hier tagtäglich rund um den Erdball bewegt, im Grunde ohne ausreichende Kontrolle. Ursprünglich zur Risikominderung geschaffen, stellt dieser Markt inzwischen selbst ein

Risiko dar, denn viele Marktteilnehmer setzen die Instrumente der Terminbörse nicht ein, um ihre Aktien- oder Rentenbestände gegen einen plötzlichen Kursverfall zu schützen, also zu »hedgen«, sie betreiben vielmehr in gewaltigem Umfang Spekulationsgeschäfte.

Die damit verbundenen Risiken sind aber nicht immer sofort zu erkennen, sie entstehen im Verborgenen und brechen dann plötzlich über den Spekulanten herein. Wenn nur der Spekulant selber in diesen Strudel gerissen würde, könnten wir an der Börse damit leben, aber leider sind die einzelnen Termingeschäfte in ein unendlich weitverzweigtes Netz eingebunden. Ein einzelner Unfall kann das ganze System zum Einsturz bringen.

»Diese Terminbörse ist ein Teufelszeug«, hat die sonst eher leidenschaftslose Börsenzeitung einmal geschimpft. Die Terminbörse und all diese Puts und Calls seien die Zutaten einer finanzwirtschaftlichen Hexenküche, vermutete schon vor Jahren in der Telebörse ein Mitarbeiter an einem psychologisch-betriebswirtschaftlichen Forschungsprojekt der Universitäten Kiel und München. Gefährlich wird es vor allem, wenn sich die ersten Verluste einstellen. Statt konsequent das Geschäft zu beenden und die Verluste zu akzeptieren, neigt der Anleger dazu, den Einsatz zu erhöhen, um das Blatt doch noch zu wenden. Er handelt dabei nach der Devise: Alles oder nichts. Nicht selten wird dann alles zu nichts.

Selbst durch die Katastrophen anderer Spieler, wie zum Beispiel Nick Leeson, der Anfang 1995 mit seinen fehlgeschlagenen Spekulationen am japanischen Terminmarkt eine ganze Bank in den Ruin trieb, lassen sich Nachahmer nicht abschrecken. Dagegen wehrte sich ein Terminmarktspezialist in einem Gespräch mit mir vehement gegen den Vorwurf, die Terminbörsengeschäfte seien eine Zeitbombe für die Börsen. »Kein Eindruck könnte falscher sein. Sicher, der Terminmarkt hat seine zwei Gesichter: Man kann auf ihm spekulieren oder seine Wertpapierbestände absichern, aber wie bei der Medizin kommt es darauf an, das Medikament sachgerecht in der richtigen Dosis einzunehmen, will man gesund werden. Ist die Menge zu groß, wird man durch die Medizin unter Umständen erst richtig krank. Am Terminmarkt kommt es ebenso darauf an, durch ständige innerbetriebliche Kontrollen und Risikosteuerungssysteme den Einsatz der Instrumente zu regeln.«

Ich habe von jeher meine Zweifel gehabt, ob tatsächlich der Einsatz mathematisch-statistischer Risikomeßsysteme die Gefahren eindämmen kann, die vom Terminmarkt ausgehen. Eine verantwortungsvolle Bank mag ein noch so perfektes Management von Risiken aufgebaut haben, um sich selber vor Verlusten aus Terminmarktgeschäften zu schützen, gegen einen Unfall im System ist sie dennoch nicht gefeit. Schon bei der direkten Gegenseite eines Termingeschäftes kann, aus welchen Gründen auch immer, das Risikomanagement versagen, oder bei einer Gegenseite der Gegenseite. Und so fort. Ein fauler Apfel im Korb kann alle anderen Äpfel verfaulen lassen. Aber was hilft's? Der Terminmarkt mit all seinen komplizierten Instrumenten und Regelmechanismen ist nicht mehr zurückzudrehen. In der Tat hat er, strikt als Absicherungsinstrument eingesetzt, eine wichtige Funktion an den Finanzmärkten. Aber vielleicht kann man das »Spielen« auf diesem Markt so teuer machen, daß es sich für den »kleinen Spekulanten« nicht mehr lohnt.

Die Angst vor einem weiteren Unfall eines Hedgefonds im Terminmarktsystem war nicht nur den deutschen Rentenhändlern in die Glieder gefahren. Ein Crash am Markt für Anleihen und Obligationen würde die Börse vollends aus der Kurve tragen. Die Nerven der sonst so gelassenen Börsianer lagen bloß. Alle Gespräche drehten sich um die riskante Anlagepolitik von Long-Term Capital Management aus dem vornehmen amerikanischen Städtchen Greenwich, in nur einer Stunde von New York aus mit dem Zug zu erreichen, der offenbar vor dem Zusammenbruch stand. Mit seinem Engagement von wahrscheinlich 200 Milliarden US-Dollar auf den internationalen Finanzmärkten hatte der Fonds durchaus ein derartiges Gewicht, daß ein Bankrott einen weltweiten Börsencrash à la 1929 auslösen konnte.

»Feuer unterm Dach« hatte man der amerikanischen Notenbank an jenem Mittwoch Ende September 1998 signalisiert, deren jüngste Zinssenkungssignale plötzlich von uns auf dem Frankfurter Parkett in einem ganz anderen Licht gesehen wurden. Es ging offensichtlich nicht nur darum, der lahmenden amerikanischen Konjunktur auf die Beine zu helfen, sondern man hatte den nervösen Finanzmärkten signalisieren wollen: »Wir sind bereit zu helfen, was auch immer passieren mag. Habt Vertrauen!«

Noch in der Nacht zum Donnerstag hatte die amerikanische Notenbank daraufhin die Spitzen der größten amerikanischen Geldhäuser zusammengetrommelt. Auch Vertreter europäischer Institute, wie beispielsweise Topmanager der Deutschen Bank, waren geladen. »Der LTCM steht vor dem Zusammenbruch. Wenn nicht sofort geholfen wird, kommt es unweigerlich zu einer Crash-Kettenreaktion auf den Finanzmärkten«, lautete die Botschaft der amerikanischen Notenbank. Was das in dieser gegenwärtigen Krisensituation in Asien, Rußland oder in Südamerika bedeuten würde, konnte sich wahrscheinlich jeder Teilnehmer dieser Sitzung leicht ausmalen. Jetzt mußte geholfen werden, ungeachtet der Tatsache, ob man nun selber Betroffener war oder nicht.

Tags darauf sickerten die ersten Informationen über diese nächtliche Krisensitzung im New Yorker Gebäude der US-Notenbank durch. Hatte die lang erhoffte Wende in der amerikanischen Zinspolitik zunächst noch für steigende Kurse bei uns an der Frankfurter Präsenzbörse gesorgt, ließ der Schwung gegen Ende der Sitzung leicht nach. »Gewinnmitnahmen«, hörte ich auf dem Parkett. Im Grunde kein Wunder, angesichts dieser Krisenherde weltweit.

Im späten elektronischen Xetra-Handel aber nahm der Kursabschwung an Tempo zu. Die Nachrichten von der Wall Street ließen ein kommendes Ungemach vermuten. Vorsicht statt Zinseuphorie war angeraten. Von deutlich über 4700 schlich sich der DAX im Rückwärtsgang auf 4611. Genaues konnte ich nicht erfahren, aber es mußte etwas mit den Banken zu tun haben, denn nach Meinung einiger Anleger, vor allem aus dem amerikanischen Umfeld, schien es angebracht zu sein, sich von Banktiteln zu trennen.

Kurz vor Schluß des Xetra-Handels schlug die Aktie der Deutschen Bank plötzlich mit voller Wucht bei 93,80 D-Mark im Untergeschoß auf. Das entsprach einem Tagesverlust von fast 10 Prozent. Und das bei einem der ganz großen Standardwerte! In eiligen Telefongesprächen mit New York erfuhren wir dann in Deutschland konkrete Einzelheiten über diese hochbrisante nächtliche Rettungsaktion und von der Beteiligung der Deutschen Bank.

Einen Tag später wurde in groben Zügen das ganze entsetzliche Ausmaß dieser Hedgefonds-Krise sichtbar. Vierzehn amerikanische und europäische Geldinstitute verhinderten nur mit einem Überbrückungskredit von mehr als 3,7 Milliarden US-Dollar den sofortigen Zusammenbruch von Long-Term Capital Management fürs erste. Und mit 300 Millionen US-Dollar war die Deutsche Bank an vorderster Stelle dabei. »Warum wohl?«, so die rhetorisch gemeinte Frage auf dem Parkett, denn jeder glaubte die Antwort zu wissen: »Die Deutsche Bank hängt mit drin.« Der Kurs der Deutschen Bank, aber auch die Kurse anderer Finanzinstitute brachen ein.

Sogar die Schweizer Börse reagierte mit albtraumhaften Verkäufen auf die Nachricht, der neue Schweizer Bankriese UBS habe sich ebenfalls an der Rettungsaktion beteiligt.

»Wir haben keine Anteile an diesem Hedgefonds«, versicherte mir am Telefon ein Pressesprecher der Deutschen Bank, »und wir haben dem Fonds auch keine ungesicherten Kredite gegeben. Bei uns steht nichts im Feuer.« Und warum dann dieser Überbrückungskredit von 300 Millionen US-Dollar? »Wir wurden von der amerikanischen Notenbank als größte deutsche Bank um Hilfe gebeten. Dieser Bitte konnten und wollten wir uns nicht entziehen.« So die Antwort aus der Deutschen Bank. Dem Kurs der Deutschen Bank halfen diese Beteuerungen nur wenig. Immerhin jedoch ließ der Abgabedruck nach.

Die Commerzbank erklärte trocken, sie sei nicht an der Rettungsaktion beteiligt, warum auch, sie sei schließlich überhaupt nicht in die Geschäfte dieses Hedgefonds involviert. Kleinlaut mußte dagegen wenige Tage später der Vorstandssprecher der Dresdner Bank, Bernhard Walter, zugeben, am Fonds als Investor beteiligt zu sein. Man habe dem Fonds auch Kredite gewährt, die allerdings voll durch Treasury-Bills unterlegt seien. Gleichwohl müsse man für dieses LTCM-Engagement in diesem Jahr 240 Millionen Mark abschreiben.

Zwar habe die Bank durch diesen Fonds in den vergangenen Jahren gute Geschäfte gemacht, hörten wir von der Dresdner Bank, insgesamt sei also kein wirtschaftlicher Schaden entstanden, aber nach diesem Flop sah Vorstandssprecher Walter nur eine Konsequenz: »Wir werden mit Sicherheit in keinen Hedgefonds mehr investieren.« Die jüngst fusionierte bayerische Großbank, die HypoVereins-Bank fand nur eine unbedeutende Beteiligung im kleinen zweistelligen Millionenbereich in ihren Büchern. Insgesamt konnte auch die Bankenaufsicht in Berlin in ihren Unterlagen keine Anzeichen finden für eine Bedrohung der deutschen Banken durch die Probleme des Hedgefonds.

Das alles brachte in den nächsten Tagen wieder etwas Ruhe ins Börsengeschäft.

Ganz anders dagegen die Nachrichten aus der Schweiz, die auf dem Frankfurter Börsenparkett mit großer Sorge registriert wurden. Denn jeder weiß, daß der Finanzplatz Zürich gerade für deutsche Anleger von Bedeutung ist. Und dort war seit der LTCM-Krise der Teufel los.

Im Zentrum der Katastrophe stand die Schweizer Großbank Union Bank of Switzerland (UBS), die erst wenige Monate zuvor durch die Fusion der Schweizerischen Bankgesellschaft mit dem Schweizer Bankverein entstanden war.

Lautlos und professionell hatten die beiden Chefs der

Banken, Mathis Cabiallavetta von der Bankgesellschaft und Marcel Ospel vom Bankverein, aus ihren beiden Geldhäusern die zweitgrößte Geschäftsbank der Welt zusammengeschmiedet und wurden dafür in Frankfurt als »European Banker of the Year 1997« gefeiert. Daß dabei der kleinere Bankverein die erste Geige spielte, mochte den einen oder anderen in der Finanzwelt überrascht haben, im nachhinein aber konnten wir uns jetzt einen Reim darauf machen.

Schon vor der Fusion war den Kennern der Schweizer Szene die risikoreiche Händlermentalität der großen Bankgesellschaft bekannt gewesen. Mit heißen Spekulationsgeschäften an den Terminmärkten hatte die Bank bereits vor Jahren von sich reden gemacht, und als nach dem Hedgefonds-Desaster UBS-Konzernchef Marcel Ospel den Anlegern reinen Wein einschenken mußte, konnte er sich den Hinweis nicht verkneifen, daß der Einstieg bei Long-Term Capital Management bereits 1997, also vor der Fusion erfolgt sei. Für die Verluste verantwortlich war mithin Bankgesellschaft-Chef Cabiallavetta. Diese Leiche im Keller kostete nun die UBS bis zum Oktober 1998 fast eine Milliarde Schweizer Franken. Der Traum von 8 Milliarden Schweizer Franken Jahresgewinn war geplatzt, für die Aktionäre der stolzen Mega-Bank UBS brach eine Welt zusammen.

Daß die Verantwortlichen, bis hinauf zu Mathis Cabiallavetta, ihren Hut nehmen mußten, konnte keinen beruhigen, auch nicht die Beförderung des 33jährigen David Solo zum neuen Verantwortlichen der Termingeschäfte. Mit Hilfe der von ihm entwickelten Computerprogramme sollen nun in Zukunft zu riskante Termingeschäfte rechtzeitig entdeckt und, wenn nötig, vermieden werden. Der gelernte Elektrotechniker hatte sein Karriere am Massachusetts Institute of Technology (MIT), der weltberühmten amerikanischen Talentschmiede, begonnen und war dann 1992 als hochqualifizierter Händler im Terminbörsengeschäft beim Schweizerischen Bankverein gelandet. Die FAZ will allerdings aus der Bank das Gerücht erfahren haben, daß außer David Solo kein anderer UBS-Mitarbeiter dessen Kontrollprogramme versteht. Man muß also schon einen tiefen Glauben haben, will man künftige Verluste der UBS im Geschäft mit Hedgefonds völlig ausschließen. Dies wäre vermutlich nur bei einem totalen Rückzug aus dem Investmentbanking möglich, den aber offensichtlich kein Verantwortlicher der UBS wirklich plant. Gerüchte, die bei uns in Frankfurt zunächst in diese Richtung deuteten, wurden auch später nicht bestätigt.

Die Strafe der Züricher Börse für das Desaster folgte auf dem Fuß. Sie war fürchterlich. Mit der Bekanntgabe der Verluste im Termingeschäft verloren die Aktien der UBS innerhalb von nur zwei Tagen 25 Prozent ihres Wertes. Was zum Jahreshöchststand am 20. Juli noch 653 Schweizer Franken gekostet hatte, wurde Ende September nur noch bei 270 Schweizer Franken gehandelt. Kein Beobachter der Züricher Börse hat sich jemals an einen derartigen Einbruch erinnern können (vgl. Abbildung 4).

Die Fassungslosigkeit der Anleger über diese leichtfertigen Spielereien ihrer Bank am Terminmarkt war an der Börse tagelang das große Gesprächsthema. Wie hatte es überhaupt dazu kommen können, daß sich ehrenwerte Schweizer Banken, bekannt für ihre Solidität und Vorsicht in Gelddingen, auf derartig hochriskante Geschäfte einließen und es diesen Hedgefonds mit ihren Millionenkrediten erst ermöglichten, ein Riesenrad am Terminmarkt zu drehen?

Abbildung 4: **Aktienkurs der Union Bank Schweiz (UBS), 1. 1. 1998 bis 30. 9. 1998, in Schweizer Franken**

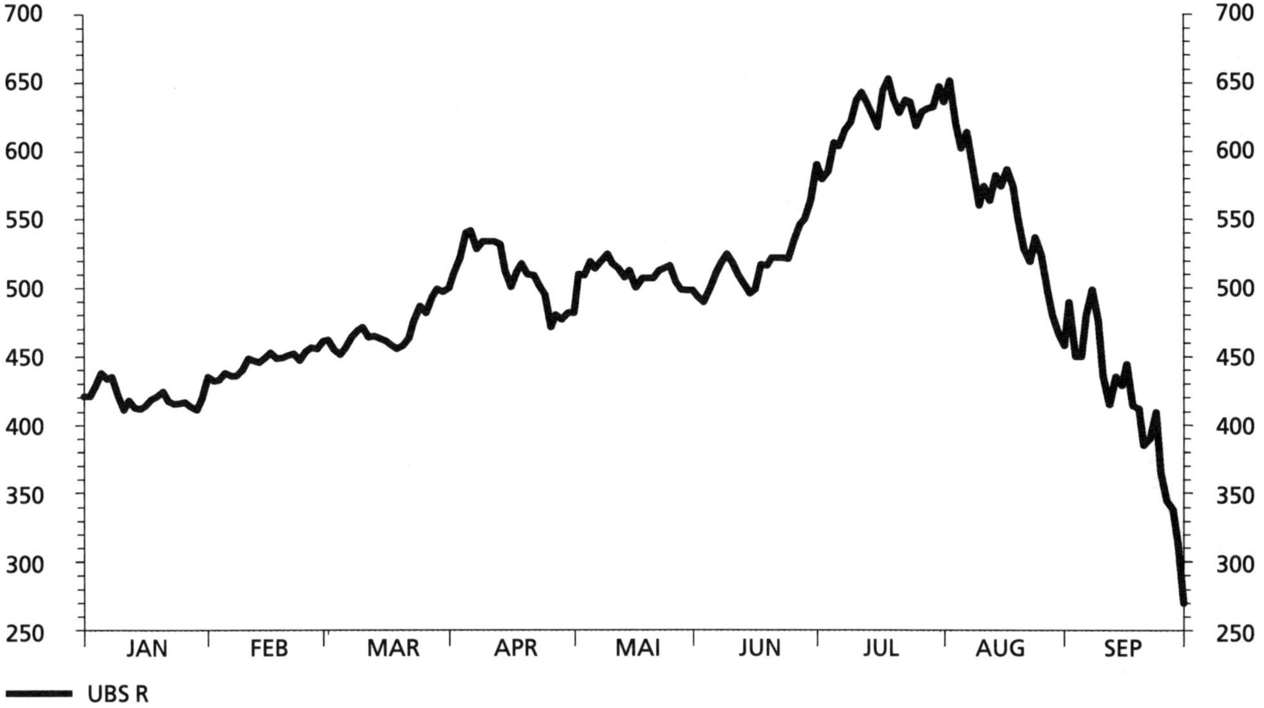

Hoch: 653,00 (20. 7. 1998), Tief: 270,00 (30. 9. 1998), Schluß: 270,00 (30. 9. 1998)

Quelle: DATASTREAM

Fragen, die nicht nur in der Schweiz laut wurden. In Frankfurt klopften wir in diesen Tagen argwöhnisch jede Bank und jede Versicherung auf ein mögliches Kreditengagement oder gar auf eine nennenswerte Beteiligung an einem dieser Hedgefonds ab. Jeder war verdächtig, hatten doch sogar staatliche oder halbstaatliche Institutionen, wie beispielsweise die italienische Wechselbehörde Ufficio Italiano Cambi, die von der italienischen Notenbank kontrolliert wird, rund 250 Millionen US-Dollar, fast ein Prozent der gesamten Währungsreserven, diesem Risikofonds anvertraut.

Die deutschen Kreditinstitute und Versicherungsunternehmen schienen mit einem blauen Auge davongekommen zu sein. Wer aber nicht umgehend eine Beteiligung an diesen Geschäften dementierte, geriet sofort unter Abgabedruck. Kein Wunder, daß die jeweiligen Pressestellen sich beeilten, literweise Öl auf die hochgehenden Wogen zu gießen, um so die Kurse ihrer Unternehmen vor einem deutlichen Verlust zu bewahren. Entweder war man gar nicht oder nur wenig betroffen, wie zum Beispiel die Dresdner Bank zugab, oder man hatte nur gesicherte Kredite gewährt. Dennoch hatte Long-Term Capital Management uns allen auf dem Frankfurter Parkett einen tiefen Schrecken eingejagt.

Wie so häufig im Leben, kann man aber auch diesem Albtraum etwas Gutes abgewinnen. Nach dem Desaster mit LTCM wird wohl niemand mehr glauben, die Börsen seien vollkommen berechenbar, vorausgesetzt, man hat das richtige, das mathematisch perfekte Modell in seinem Computer. Der Glaube von der riesigen Chance bei beherrschbarem Risiko hat sich in erschreckender Deutlichkeit als Trugschluß erwiesen.

Diese jetzt als irrig entlarvte Hoffnung hatte bei zahlreichen vermögenden Anlegern ein Mann erweckt, der in den letzten zehn Jahren an der Wall Street als Legende gehandelt wurde, der Fondsmanager John Meriwether. Nach einem kurzen Gastspiel als Lehrer und wirtschaftswissenschaftlichem Studium an der Universität von Chicago, die er als Master of Business Administration verließ, startete er 1974 seine Karriere bei der US-Investmentbank Salomon Brothers. Umgeben von einem Stab junger Mathematiker und Physiker, führte er den Rentenhandel bei Salomon Brothers in ungeahnte Sphären. Mit seinen undurchschaubaren mathematischen Risikomodellen stellte er den Bondhandel an der Wall Street auf den Kopf. Zu Beginn ging schon mal ein Geschäft daneben, aber allmählich legten seine Erfolge einen Heiligenschein auf sein Haupt. Er wurde zur Lichtgestalt seiner Kollegen.

Auch ein kleiner »Unfall« in seinem unmittelbaren beruflichen Umfeld konnte seinen Aufstieg zum »Master of the Universe« nicht stoppen. 1991 waren im Bondhandel von Salomon Brothers Unregelmäßigkeiten aufgedeckt worden. Als seine Vorgesetzten deswegen wenig später den Hut nehmen mußten, verließ auch Meriwether die Firma und baute 1994 zusammen mit einigen ehemaligen Mitarbeitern im vornehmen Greenwich/Connecticut den Hedgefonds Long-Term Capital Management auf. Es war und ist immer noch durchaus üblich, daß sich Hedgefonds mit großen Namen schmücken, um bei millionenschweren Anlegern Eindruck zu schinden, aber was der LTCM vorweisen konnte, das war schon allererste Sahne. Da standen auf der Liste der Partner David Mullins, früher Vice Chairman der US-Notenbank oder die Nobelpreisträger Robert Merton und Myron

Scholes, die gerade für die Entwicklung einer mathematischen Methode geehrt worden waren, mit deren Hilfe der »faire« Optionspreis berechnet werden kann.

Wen wunderte es da noch, daß mit diesen Experten für Risikomanagement im Rücken der Hedgefonds Jahr für Jahr seinen Anteilseignern großartige Erfolge von bis zu 40 Prozent einbrachte. Banken, Broker, staatliche Institutionen, die Crème der privaten Hochfinanz, sie alle vertrauten Meriwether ihr Geld an – und kassierten fürstlich. Auf dem Höhepunkt seines Erfolges, Anfang 1998, hatte der Fonds ein Anlagevolumen von 200 Milliarden US-Dollar erreicht. Und das mit einem Eigenkapital von nur knapp 5 Milliarden US-Dollar! Aber offensichtlich hatte kein Kreditinstitut auf dieser Welt an diesem Riesenrad und dem relativ geringen Eigenkapital Anstoß genommen. Als »Meister des Universums«, begleitet von den besten Finanzmarktexperten, mit dem Nachweis andauernder Erfolge, wer wollte ihm da schon einen Kreditwunsch abschlagen! Überall sang man, trunken vor Glück, das hohe Lied vom Finanzgenie Meriwether.

Seine Rezeptur für die jahrelangen Gewinne dieses Hedgefonds war im Grunde ganz einfach. Mit Hilfe raffiniert konstruierter Programme prüften Meriwethers Computer Tausende von Anleihen, Aktien und Währungen weltweit, erfaßten die aktuellen Kurse, ermittelten daraus die Differenzen untereinander und verglichen diese Unterschiede mit den historischen Daten. Zeigten sich irgendwo auffällige Abweichungen in den Differenzen, die nach den vorliegenden Daten aber nicht gerechtfertigt waren, schlug der Fonds zu.

So hatten die Computer beispielsweise zu Beginn des Jahres 1998 errechnet, daß die Zinsen von Anleihen aus den sogenannten Schwellenländern, gemessen an ihren Risiken, zu hoch waren, wenn man sie mit den Zinsen risikoarmer amerikanischer Staatspapiere verglich. Die Differenz mußte sich nach Meinung der LTCM-Computer allmählich verringern.

Mit anderen Worten, die Kurse der riskanten Anleihen würden wohl bald steigen, die Zinsen also fallen, während die Kurse der sicheren amerikanischen Treasuries sinken, die Zinsen folglich steigen würden. Konsequent investierte der Hedgefonds sein Geld in hochverzinsliche Risikoanleihen aus den Schwellenländern und verkaufte gleichzeitig auf Termin amerikanische Anleihen, er ging »short«. Die kassierte Prämie aus dem Terminverkauf war aus der Sicht der Computerprogramme leicht verdientes Geld, da bei diesen völlig normalen, eher langweiligen amerikanischen Treasuries heftige Kursschwankungen kaum zu befürchten waren.

Ähnliche Überlegungen gab es offensichtlich zu den Kursen deutscher und italienischer Anleihen. Angesichts des kommenden Euro waren die italienischen Zinsen, verglichen mit den deutschen Zinsen, aus der Sicht der Computer zu hoch. Mit dem Näherrücken des Euro würden die Kurse italienischer Anleihen sehr wahrscheinlich in die Richtung der deutschen Kurse steigen, die Renditen sich also verringern, während im Vergleich dazu die deutschen Anleihekurse leicht sinken, die Renditen also steigen müßten, um sich zum Start des Euro ungefähr auf einem Zinsniveau mit den italienischen Anleihen zu treffen. Nach gewohnter Strategie hatte daher der Fonds, so die Vermutungen meiner Gesprächspartner, italienische Anleihen gekauft und deutsche Anleihen am Terminmarkt verkauft. Genaues konnten wir nachträglich natürlich auch nicht erfahren, da auch nach dem Unfall die exakten Strategien und ihre Umsetzung Geschäftsgeheimnis blieben. Verständlich, denn der Fonds wollte ja schließlich überleben und seine Geschäfte weiterführen – mit Aussicht auf überraschende Gewinne, falls sich die Finanzmärkte wieder in die vorausberechnete Richtung zurückdrehen würden.

Im Grunde stellte diese Strategie keine besonders ausgefallene Konstruktion dar. Wohl jeder Teilnehmer auf den internationalen Finanzmärkten setzte Anfang 1998 auf steigende Zinsen in Amerika und Deutschland, zumindest aber auf gleichbleibende Zinsen und umgekehrt auf langfristig sinkende Zinsen in den Schwellenländern oder in den Hochzinsländern des kommenden Eurolandes. Das Risiko des Scheiterns war also gering. Und damit waren auch die Chancen nicht übermäßig hoch. Um trotzdem einen erklecklichen Profit einstreichen zu können, mußte der Hedgefonds mit Krediten in ganz großem Umfang einsteigen, das heißt, ein Riesenrad drehen.

Doch leider hatten die Mathematik-Genies des LTCM einen Punkt nicht im Programm berücksichtigt: das Rußlanddesaster und die daraus folgenden Finanzkatastrophen in den Schwellenländern. Wegen dieser Krisen trennten sich die internationalen Anleger in Panik von ihren Risikoanleihen und flohen in die sicheren Häfen, zum Beispiel in die US-Bonds oder in die niedrigverzinslichen deutschen Anleihen. Das alte Börsenphänomen bestätigte sich einmal mehr: Wer sich die Finger bei riskanten Geschäften verbrannt hat, kauft im ersten Schock nur noch erste Qualität, unbeschadet jeder Verzinsung.

Die Folgen waren für den Fonds entsetzlich: Die Risikoanleihen im Portfolio des Fonds verloren rapide an Wert, während die Kurse für US-Treasuries oder den deutschen Bund-Kontrakt an den Terminmärkten in die Höhe schossen. Damit hatte nun keiner der klugen Köpfe im Fonds-Management gerechnet. Im Gegenteil, beim Verkauf der amerikanischen und deutschen Terminkontrakte hatte man ja auf sinkende Kurse gesetzt. Bei Fälligkeit der Kontrakte werde das jeweilige Kursniveau deutlich niedriger liegen als vorher beim Verkauf, hatten die Programme ausgeworfen, somit werde man zum vereinbarten Termin zu einem niedrigeren Preis seinen vertraglichen Verpflichtungen nachkommen können.

Die Flucht der Anleger aus den Schwellenländern in die sicheren Häfen Europas und der USA wird die »Shorties« im Fonds-Management dem Infarkt nähergebracht haben. Ihre schönen Computermodelle hatten dieses Szenario nicht vorgesehen. Jetzt mußten sie entweder zusätzliche Finanzmittel in Millionenhöhe als zusätzliche Sicherheit für ihre Terminkontrakte aufbringen oder auf Teufel komm 'raus ihre offenen Positionen am Terminmarkt schließen, also ihre verkauften Kontrakte wieder zurückkaufen. Natürlich zu höheren Preisen. Für beides aber brauchte man Geld – viel Geld, das die verschreckten Banken den einst gehätschelten Fondsmanagern plötzlich gar nicht mehr oder nur zu sehr hohen Zinsen zur Verfügung stellen wollten. Als einziger Ausweg wäre folglich nur die Exekution, der Verkauf der Bestände zu Schleuderpreisen, geblieben. Dies hätte das endgültige »Aus« bedeutet, ohne jede Hoffnung auf eine Kehrtwende, die doch noch den vorhergesagten Erfolg bringen würde.

Nicht nur die Fondsmanager im idyllischen Greenwich

werden in diesen Nächten unruhig geschlafen haben, auch den Verantwortlichen bei der amerikanischen Notenbank wird die Konsequenz einer plötzlichen Verkaufslawine an den angeschlagenen Finanzmärkten erschreckend deutlich vor Augen gestanden haben. Der unmittelbar bevorstehende Fall des renommierten LTCM-Fonds würde unweigerlich den Zusammenbruch weiterer Hedgefonds zur Folge haben.

2000 bis 4000 Hedgefonds, so schätzt man, gibt es zur Zeit. Natürlich bewegen nicht alle ein dreistelliges Milliarden-Dollar-Volumen, aber insgesamt könnten durchaus 1,2 Billionen US-Dollar im Feuer liegen.

Schadensbegrenzung war daher angesagt, und zwar sofort. Um nicht in den Verdacht zu geraten, mit Steuergeldern private Verluste ausgleichen zu wollen, betätigte sich die amerikanische Notenbank bei der nächtlichen Rettungsaktion am 23. September im zehnten Stock ihres New Yorker Bürogebäudes lediglich als Katalysator. Die 3,5 Milliarden US-Dollar, die der Fonds fürs vorläufige Überleben sofort benötigte, wurden von 14 international tätigen Banken und Broker-Häusern aufgebracht, darunter als einziges deutsches Institut die Deutsche Bank mit ihrem Anteil von 300 Millionen US-Dollar. Größe verpflichtet! Im Gegenzug übernahmen die vierzehn Nothelfer 90 Prozent des Fonds und behielten sich das Recht vor, auch ohne Zustimmung des entzauberten Stars Meriwether Positionen abzubauen. Natürlich ganz langsam und behutsam. Ein heikles Unterfangen, denn immer noch betrug das Volumen des Fonds fast 120 Milliarden US-Dollar.

Wie gefährlich und folgenreich eine unsensible und vielleicht übereilte Unfallregulierung am Terminmarkt sein kann, hatten wir in Frankfurt leidvoll bei der Metallgesellschaft erfahren dürfen. Dieses Unternehmen hatte mit Ölkontrakten am Terminmarkt auf die falsche Seite gesetzt. Als wegen drohender Verluste neue Sicherheiten geleistet werden mußten, senkten die deutschen Hausbanken den Daumen, und Geld gab's keines mehr. Das Termingeschäft wurde abrupt geschlossen, und die Metallgesellschaft stand vor dem Ruin. Bei längerem Durchhalten hätte das Unternehmen aus dem Öltermingeschäft sogar einen Gewinn ziehen können. Aber hinterher sind wir alle klüger.

Als am 25. September an den Weltbörsen die Umstände der nächtlichen Aktion und ihre Inhalte durchsickerten, wollte jeder wissen, in welchen Märkten und in welchen Papieren sich der LTCM-Fonds engagiert hatte, denn in diesen Bereichen war ja schließlich mit einem Abgabedruck in den nächsten Tagen oder Wochen zu rechnen.

Meine entsprechende Frage an die Adresse der Deutschen Bank zur Konstruktion des Fonds war aber wohl doch zu naiv. Natürlich könne man nichts sagen, hörte ich, weil man halt nichts wisse. Um auch nur den Hauch von Insiderwissen zu vermeiden, gebe es nicht den geringsten Kontakt zwischen der New Yorker Eingreiftruppe, die den vollen Durchblick beim LTCM-Fonds hatte, und den Händlern der Deutschen Bank an den Börsen weltweit. Ob diese strikte Trennung bei allen Beteiligten wasserdicht bleiben würde, das mochte auf dem Parkett keiner so recht glauben. Und so wunderte es im nachhinein auch keinen meiner Gesprächspartner, daß am 25. September plötzlich der Goldpreis von deutlich unter 280 US-Dollar pro Feinunze auf über 298 US-Dollar anzog. Angeblich sei der LTCM-

Fonds short für 300 bis 400 Tonnen Gold, konnte man als nachträgliche Erklärung hören, die Fondsmanager könnten also gezwungen sein, Goldkontrakte zu kaufen, um ihre Position zu schließen.

Als in den darauffolgenden Tagen der prophezeite Zusammenbruch weiterer Hedgefonds ausblieb, atmete die Börse tief durch und ging, leicht angeschlagen zwar, wieder zur Tagesordnung über. Wir waren offensichtlich noch einmal davongekommen, doch den Blick in den Abgrund würden wir so schnell nicht vergessen.

Sicher, die gegenwärtige Kehrtwende der Banken bei der Kreditgewährung würde schon bald unter dem Eindruck überquellender Liquidität wieder korrigiert werden. Es war auch nur wenig von den vereinzelten Schwüren zu halten, in Zukunft jeden Kontakt mit Hedgefonds zu meiden wie der Teufel das Weihwasser, denn schließlich waren die Kreditinstitute im harten internationalen Konkurrenzkampf auf die Gewinne aus diesem Bereich angewiesen, doch würde sich hoffentlich das Klima im Umgang mit diesen Hedgefonds ändern. Eine Kreditklemme, die den Welthandel strangulieren könnte, werde es wohl kaum geben, aber die Zeiten leichthändiger Kreditvergaben seien vorbei. Solche und ähnliche Vermutungen wurden jetzt häufiger vor laufender Kamera geäußert.

Die mahnenden Worte des Bundesbankpräsidenten Hans Tietmeyer an die Adresse der Kreditinstitute, bei der Vergabe von Krediten künftig mehr auf die Gesamtverschuldung des Kreditnehmers und auf die Fristigkeiten dieser Schulden zu achten, stießen auf dem Parkett in der Tat auf eine nachdenkliche Resonanz. Schon um staatliche Zwangsmaßnahmen, wie sie prompt von einem Staatssekretär des neuen Bundeswirtschaftsministers in der Telebörse angesprochen wurden, zu vermeiden, werde man bei den deutschen Banken auch an eine freiwillige Erweiterung der Berichtspflicht über das Engagement an den Terminmärkten reden müssen. Von all den Hedgefonds dieser Welt erwarteten gar einige Börsianer, vielleicht etwas blauäugig, für die Zukunft eine regelmäßige Aufklärung über den Grad der Verschuldung. Dieses »vorbildliche« Verhalten könne man ja mit einem publikumswirksamen Testat öffentlich belohnen. Wer dagegen aus Konkurrenzgründen diese Information verweigere, müsse mit einem Malus bei der Kreditvergabe rechnen und mit entsprechenden öffentlichen Hinweisen.

Beachtenswerte Vorschläge, doch werden sie nicht in der Hektik des täglichen Wettbewerbs schon bald von der Gnade des Vergessens zugedeckt werden?

Nur eines sollte man sofort aus dem Sprachschatz der Börsianer streichen: das Wort Hedgefonds. Denn das hat der Harakiri-Kurs von Long-Term Capital Management gezeigt: Hedgefonds dienen durchaus nicht nur dem »Hedgen«, also dem Absichern von Risiken. Im Gegenteil, sie schaffen durch ihre Anlagestrategie zusätzliche Risiken. Risikofonds wäre also das richtige Wort. Ob sich dadurch die Anleger abschrecken lassen werden, vorgeblich wohlfeile Chancen für ihre Geldanlage leichtfertig zu akzeptieren, wage ich aber zu bezweifeln.

Kapitel 7

Der Aktionär ist dumm und frech

Die Entdeckung des Shareholder Value

Alle schienen sich an jenem 4. November 1998 wirklich Mühe geben zu wollen, den angezählten Münchener Kämpen Siemens vor einem erneuten Niederschlag zu bewahren. Schon in den letzten Oktobertagen hatte die allgemeine Börseneuphorie in Frankfurt den renommierten Elektroriesen wieder auf die Beine gestellt. Bis auf unter 80 D-Mark war der Kurs der Siemens-Aktie zuvor abgerutscht, ehe die herbstliche Erholung die Aktie wieder auf über 110 D-Mark hob, aber immer noch fast 30 D-Mark weniger als nur drei Monate zuvor.

Doch an diesem Tag war die Stunde der Wahrheit angesagt, würde Siemens-Chef Heinrich von Pierer Rechenschaft ablegen müssen über das verkorkste Geschäftsjahr 1997/98, das am 30. September zu Ende gegangen war.

»Die Zahlen kommen wahrscheinlich erst zur Mittagszeit heraus«, orakelt ein Freimakler und wundert sich, warum der Kurs der Siemens-Aktie bereits seit 8.30 Uhr mit der Eröffnung des Präsenzhandels auf dem Parkett deutlich steigt. »Die Zahlen werden entsetzlich sein, das wissen wir doch alle, das abgelaufene Geschäftsjahr war mehr als schlecht.« Nein, die steigenden Kurse kann sich auch keiner der übrigen Börsianer erklären. »Siemens ist für die Anleger der große Reinfall der letzten Jahre, der Konzern hat zuwenig unternommen, um sich für die Börse herauszuputzen.« Die Enttäuschung über das einstige Paradepferd der deutschen Börse ist mit den Händen zu greifen. Aber wenn alles singt, kann selbst Siemens nicht alleine traurig in der Ecke stehen.

Angespornt von Zinssenkungsphantasien in Großbritannien, hatten die asiatischen Börsen in den frühen Morgenstunden eine bessere Stimmung gemeldet, zeigte sich der launische amerikanische Dollar von Beginn an wieder einmal von seiner guten Seite und ließ gegenüber der D-Mark ein wenig die Muskeln spielen. Zur Begeisterung deutscher Anleger, die bei einem Dollarstand von 1,67 D-Mark prompt die deutschen Exportwerte, wie zum Beispiel Daimler, favorisierten.

Aber weshalb werden die Siemens so stark gekauft? Immer schneller erscheinen neue Siemens-Notierungen auf dem Bildschirm des zuständigen Kursmaklers. Und alle gehen nur in eine Richtung: nach oben. Binnen weniger Minuten zieht der Kurs der Siemens-Aktie bei hohen Umsätzen um mehrere Mark an. Gegen Mittag verbucht die Aktie mit einem Kurs von 110 schon einen Gewinn von 8 D-Mark. Die Börsianer erleben ein völlig neues Siemens-Gefühl. »Vielleicht sind die Zahlen ja doch nicht so schlecht, und voreilige Verkäufer dieser Aktie müssen jetzt in die andere Richtung laufen und kaufen.« »Es mag ja auch sein, daß das Haus Siemens endlich mit der längst überfälligen

Renovierung beginnt, schließlich hat Konzernchef von Pierer schon im Frühsommer mit einem Zehn-Punkte-Programm das Weltunternehmen umkrempeln wollen.« »Bevor ich nicht Fakten und Ergebnisse sehe, die meinem Geld eine vernünftige Rendite garantieren, lasse ich die Finger von Siemens.«

Erregt und kontrovers werden auf dem Parkett immer wieder die sattsam bekannten Argumente für und gegen Siemens ins Feld geführt. Sogar der uralte Spott über Siemens wird aus der untersten Schublade hervorgekramt: »Siemens ist eine Bank, die sich den Luxus einer Elektroabteilung leistet.« In der Tat hat das Unternehmen mit seinen gewaltigen Finanzanlagen in den vergangenen Jahren das Ergebnis regelmäßig aufpoliert. Aber was passiert, wenn diese Quelle versiegt, weil die Aktienkurse auf breiter Front sinken und gleichzeitig die Renditen der soliden deutschen oder amerikanischen festverzinslichen Wertpapiere wegsakken? Wie will Siemens dann eine für den Anleger leidlich attraktive Kursentwicklung und Dividendenausschüttung ermöglichen?

Viele Fragen werden auf dem Parkett gestellt, aber keiner hat Zeit, über Antworten nachzudenken, denn zum ersten Mal in diesem Jahr treibt die Siemens-Aktie die gesamte deutsche Börse nach vorn. Der DAX steigt bis 12 Uhr auf fast 4850 Punkte, immerhin ein Plus von annähernd 150 Punkten, verglichen mit dem Schluß der Präsenzbörse des Vortages. Und der große Index des deutschen Aktienmarktes bleibt auch nach 12 Uhr auf diesem Stand.

Das ist schon bemerkenswert, denn allzuhäufig hat in der Vergangenheit ein freundlicher DAX nach Feststellung der

Kassakurse gegen 12 Uhr plötzlich die Richtung gewechselt, ist eingeschlafen oder in den Keller getrottet. Zum Leidwesen mancher Kleinanleger, deren Kaufaufträge, sofern sie bei amtlich notierten 5-Mark-Nennwertaktien unter 100 Stück oder zwischen einem Vielfachen von 100 liegen, in Frankfurt an der Präsenzbörse nur zu den Kassakursen abgewickelt werden.

Nicht selten werden gerade an umsatzschwachen Tagen bei Feststellung der Kassakurse zur Mittagszeit die höchsten Werte erzielt, weil eine beträchtliche Zahl von kleinen Kaufaufträgen unlimitiert, also ohne eine Preisobergrenze erteilt wird. Unbedingt sollte jeder Anleger bei engen Werten, also bei Aktien, die nur in begrenzter kleiner Menge an den Börsen gehandelt werden, mit Limits in den Markt gehen. Das heißt, er sollte in diesen Fällen bei Verkaufs- bzw. Kaufaufträgen eine Preisunter- bzw. Preisobergrenze vorgeben, die der Händler oder Makler dann berücksichtigen muß. Nur wenn die Preisuntergrenze nicht unterschritten, im spiegelbildlichen Fall die Preisobergrenze nicht überschritten wird, wird der Auftrag auch ausgeführt.

An manchen Börsentagen kommt es aber auch bei den großen Standardwerten zu heftigen Kursschwankungen. Dabei muß es gar nicht unbedingt immer hektisch zugehen. Gerade ruhige Tage oder Stunden sind sehr gefährlich, wenn kaum Kauf- oder Verkaufsinteressenten im Markt sind. Dann kann schon eine kleine Verkaufsorder in einem Standardwert zu überraschend hohen Kursverlusten von 2 bis 3 D-Mark führen, wenn nämlich auf der Käuferseite der Markt völlig ausgetrocknet ist. Kommt wenige Minuten oder auch nur Sekunden später eine unlimitierte Kauforder beim Kursmakler an, kann der Kurs derselben Aktie genauso schnell in die andere Richtung laufen. Natürlich zum Ärger des vorherigen Verkäufers, der sich mit einem wesentlich geringeren Preis zufriedengeben mußte.

Um dramatische Übertreibungen bei den Kursen zu verhindern, hat die Frankfurter Börse im elektronischen Handelssystem Xetra eine sogenannte »Volatilitätsbremse« eingebaut. Diese Bremse unterbricht den Handel, wenn es zu extremen Preissprüngen bei den gehandelten Aktien kommt. Auf diese Art werden wenigstens übermäßige Verluste vermieden. Dennoch empfiehlt es sich besonders an ruhigen Tagen oder nach der täglichen Präsenzbörse, also nach 16.30 Uhr, wenn die Aufträge bis 17 Uhr nur noch im computergestützten Xetra-Handel über die Bildschirme der Händler und Makler laufen, mit limitierten Aufträgen zu arbeiten. Unangenehme Überraschungen können dadurch vermieden werden.

Kurz vor 14 Uhr laufen die ersten Zahlen zum Geschäftsjahr 1997/98 über die Bildschirme der Agenturen. Zunächst nur Überschriften. Die ausführlichen Erläuterungen sollen Minuten später nachgeliefert werden. Doch schon die nackten Schlagzeilen lassen den Siemens-Kurs explodieren. Ich verstehe zunächst gar nichts. Alles scheint doch so schlimm zu sein, wie wir es befürchtet haben.

Nur beim Umsatz und bei den Auftragseingängen hat der Weltkonzern mehr oder weniger seine Ziele erreicht. Die Erlöse haben gegenüber dem vorherigen Geschäftsjahr 1996/97 um 10 Prozent auf 117,8 Milliarden D-Mark zulegen können, und die Auftragseingänge liegen mit 119,6 Milliarden D-Mark gerade mal 6 Prozent höher. Der Gewinn aber ist nach Steuern und ohne außerordentliche Erträge und

Aufwendungen nur um magere 2 Prozent auf 2,66 Milliarden D-Mark gestiegen. Der Konzern habe im abgelaufenen Geschäftsjahr mehrere Hagelschläge verkraften müssen, zitiert die Nachrichtenagentur Reuters wenig später in einem ausführlichen Bericht den Siemens-Chef von Pierer.

Vor allem das asiatische Dauertiefdruckgebiet hat dem Haus zu schaffen gemacht. Die Bestellungen aus Asien seien um 25 Prozent zurückgegangen, der Halbleiterbereich mit den modernsten, internationalen Produktionsstätten, vor kurzem noch als Milliardeninvestition in eine vielversprechende Zukunft gefeiert, sei dem weltweiten Preiskampf für Speicherchips zum Opfer gefallen, die Verkehrstechnik sei noch tiefer als vorher in die roten Zahlen gefahren und sei im Augenblick ein Sanierungsfall. Nur wenige Unternehmensbereiche hätten die kalkulierten Kapitalkosten von 8,5 Prozent erreicht. Um die Aktionäre aber doch noch bei guter Laune zu halten, wird man der Hauptversammlung für jede 5-Mark-Aktie eine unveränderte Dividende von 1,50 D-Mark vorschlagen. Ein 892 Millionen-Mark teures Trostpflaster, das den Jahresgewinn nahezu aufzehren wird. Die guten Ergebnisse im Bereich Finanzanlagen machen es möglich. Das Haus Siemens also doch eine Bank mit eigener Elektroabteilung!

Auf den ersten Blick ist das eine mehr als dürftige Bilanz, und trotzdem schießt der Kurs der Siemens-Aktie nach oben. Nach der Veröffentlichung all dieser Schrecklichkeiten erreicht er in wenigen Minuten die Marke von 115. Immerhin ein Tages-Plus von fast 12 Prozent.

Kursziele von 130 bis 150 werden auf dem Parkett herumgereicht, für die nächsten 18 Monate malen einige Analysten sogar Kurse bis zu 180 an die Wand, 40 D-Mark über den historischen Höchstkursen im Juli. Die Siemens-Aktie werde in nächster Zukunft stärker steigen als der gesamte Aktienmarkt, verkünden sie.

»Warum diese Begeisterung nach diesen dürftigen oder schlechten Zahlen?«, frage ich etwas verwirrt einen Börsianer. Die Erklärung klingt durchaus plausibel. Angesichts dieser Zahlen bleibe der Konzernleitung nun nichts anderes mehr übrig, als die im Sommer versprochene Umstrukturierung des gesamten Konzerns beschleunigt voranzutreiben. Der weltweit tätige Siemens-Konzern müsse jetzt endlich fit gemacht werden für den internationalen Wettbewerb.

In der Tat hat Konzernchef von Pierer in München auf der Pressekonferenz den Journalisten offenbar sensationelle Einzelheiten über notwendige Umbaumaßnahmen in die Schreibblöcke diktiert. Bei Siemens ist Großreinemachen angesagt. Für die Sanierung und Neuordnung des Konzerns seien bereits mehr als eine Milliarde D-Mark investiert worden, weitere 4 Milliarden würden folgen. Einen Konzern auf die Anforderungen des harten internationalen Wettbewerbs vorzubereiten, kostet halt Geld. Aber von Pierer ist offenbar wild entschlossen, jetzt diesen überlebenswichtigen Konzernumbau durchzusetzen. Alles, was die angepeilten Kapitalkosten von durchschnittlich 8,5 Prozent nicht erwirtschaftet, steht zur Disposition. Nur bei den drei Bereichen Osram, Automatisierungs- und Antriebstechnik und Passive Bauelemente und Röhren besteht in dieser Hinsicht kein Handlungsbedarf. Aber ganz oben auf der Tagesordnung steht der angeschlagene Halbleiterbereich.

Das nagelneue Halbleiterwerk im britischen North Tyneside war schon im Juli als erstes Opfer des ruinösen Preiswettbewerbs im Chipbereich über die Klippe gestoßen worden. Die Kosten der Schließung wurden auf ungefähr 1,6 Milliarden D-Mark beziffert. Der Löwenanteil wird wohl an Abfindungen für die entlassenen Mitarbeiter gehen. Auch für Siemens ist das ein Riesenbetrag, der dennoch das lautstarke Entsetzen und die Proteste der britischen Arbeiter nicht verhindern kann. Diese Maßnahme wird dem Konzern schlaflose Nächte bereitet haben, denn sein Image auf der britischen Insel dürfte für die nächsten Jahre einen empfindlichen Knacks erhalten haben, nach den durch vollmundige Erklärungen geweckten Hoffnungen bei der Einweihung dieser modernen Chipfabrik. Aber angesichts der Milliardenverluste in diesem Bereich hat die Konzernleitung in München offenbar die Notbremse ziehen müssen.

Für die internationalen Anleger war diese teure und unpopuläre Aktion ein Beweis für die Ernsthaftigkeit des Zehn-Punkte-Programmes, das von Pierer Mitte Juli der Öffentlichkeit vorgestellt hatte. Mit Hilfe dieses Umstrukturierungsprogrammes sollte nun aber wirklich und endlich der jahrelang angekündigte Befreiungsschlag gelingen. Der Kurs der Siemens-Aktie legte schlagartig fast 30 Prozent zu und beendete seinen unerwarteten Höhenflug knapp über der Marke von 140 D-Mark.

Doch die Begeisterung der internationalen Anleger schmolz schnell dahin, als die ersten Analysten ihre Zweifel bezüglich der Durchsetzungsfähigkeit der Konzernleitung anmeldeten. Zu häufig hatte Siemens-Chef von Pierer den Mund gespitzt, ohne zu flöten, zu häufig hatte man in den letzten sechs Jahren den Anlegern versprochen, mit dem Aufräumen im Hause Siemens zu beginnen, eine Kapitalrendite von 15 Prozent sei das Ziel.

Die Erfolge des amerikanischen Konkurrenten General Electric zeigten, daß es möglich war. Doch offensichtlich mochte sich von Pierer für die harte Gangart der Amerikaner, durch Massenentlassungen den Umbau des Konzerns voranzutreiben und den Wert des Unternehmens dadurch zu erhöhen, nicht erwärmen. Schließlich sei er froh, in einer Sozialen Marktwirtschaft zu leben, in der man nicht nur das Wohl der Aktionäre, sondern auch das der Mitarbeiter im Auge haben müsse, gestand er einmal dem Reporter der WirtschaftsWoche Bolke Behrens. Der Begriff Shareholder Value, also die Ausrichtung der Unternehmenspolitik an den Interessen der Aktionäre, das schien in München unbekannt zu sein.

Trotz vieler Ansätze ließ sich der schwerfällige Tanker Siemens in den vergangenen Jahren kaum auf einen renditeträchtigen Kurs umsteuern, zum Leidwesen der internationalen Anleger, die konsequent um einen der ganz großen Industriekonzerne dieser Welt einen noch größeren Bogen machten.

»Die Siemens-Aktie darf man auf keinen Fall haben«, so lautet das seit Jahren gepflegte Urteil der Frankfurter Börse. Da aber mancher insgeheim mit dem großen Befreiungsschlag, sei es ein radikaler Umbau oder gar ein Übernahmeangebot einer ausländischen Kapitalgebergruppe, rechnet, sitzen doch einige meiner Gesprächspartner auf einem beträchtlichen Stoß von Siemens-Aktien und hoffen und hoffen.

»Aktionäre sind dumm und frech«, soll der große Berliner Bankier der Jahrhundertwende, Carl Fürstenberg, einmal gesagt haben, »dumm, weil sie ihr Geld in Aktien stekken, und frech, weil sie dafür auch noch eine Dividende haben wollen.«

Zweifellos hat sich diese Einstellung der Unternehmen zu ihren Aktionären im Laufe dieses Jahrhunderts ein wenig gewandelt. Heute kann es sich wohl kein Unternehmen mehr leisten, den Aktionär links liegen zu lassen, zu sehr ist man auf das Wohlwollen der Shareholder, genauer gesagt, auf ihr Kapital angewiesen. Wer es versäumt, den Wert seines Unternehmens kurswirksam zu steigern, um dadurch die Rendite des eingesetzten Aktienkapitals zu erhöhen, darf sich nicht wundern, wenn die Anleger bei hin und wieder notwendigen Kapitalerhöhungen mit Liebesentzug reagieren und ihr Geld in andere Unternehmen investieren.

Eine solche Perspektive bereitet vor allem deutschen Konzernchefs und ihren Personalvorständen Kopfzerbrechen, denn in der Regel ist eine deutliche Verbesserung der Eigenkapitalrendite nur über drastische Kostensenkungsprogramme, das heißt, über Personalabbau zu erreichen. Gerade Siemens scheint unter diesem Zwang außerordentlich zu leiden. Als einer der größten industriellen Arbeitgeber weltweit sieht sich der Konzern seinen 416 000 Mitarbeitern gegenüber in einer sozialen Verpflichtung. Sie haben einen Anspruch auf einen verantwortungsbewußten Arbeitgeber, andererseits erwarten die Aktionäre weltweit eine angemessene Verzinsung ihres Kapitals. Bei Siemens ist das Unternehmensziel einer angemessenen Eigenkapitalrendite in den letzten Jahren eindeutig stiefmütterlich behandelt worden.

Jetzt, in Zeiten eines knochenharten Wettbewerbs, bleibt dem Konzern keine andere Wahl: Er muß sich einer radikalen Abmagerungskur unterziehen, will er nicht aus der ersten Liga der Weltkonzerne absteigen und sich mit seinen zweifellos vorhandenen gigantischen, unterbewerteten Vermögensteilen einem Aufkäufer auf dem goldenen Tablett anbieten.

Der 4. November 1998 zeigt uns allen auf dem Parkett, daß Siemens diese Herausforderung erkannt und angenommen hat. Bereiche, die von der angepeilten Kapitalrendite von 8,5 Prozent weit entfernt sind, stünden zur Disposition, sagt die Konzernleitung. Insgesamt sollen es Bereiche mit einem Umsatzvolumen von 17 Milliarden D-Mark sein. Von den 416 000 Mitarbeitern seien 60 000 weltweit betroffen.

Im einzelnen soll vor allem der Halbleiterbereich zunächst einmal aus seinen roten Zahlen geholt werden. Schön herausgeputzt, soll dann die Braut über die Börse an den Mann, das heißt, an den Aktionär gebracht werden. Angesichts der offensichtlichen Schönheitsfehler dieser künftigen Börsenkandidatin wird es aber wohl noch eine längere Zeit dauern, bevor Siemens den Halbleiterbereich der interessierten Menge vorstellen kann. Wer wird sich schon für eine häßliche Braut ohne ausreichende Mitgift interessieren? Der Börsengang wird folglich wohl nicht vor Ende 1999 stattfinden, hören wir aus München, und dann wird die Einführung der Aktie auch nicht in Frankfurt oder in München, sondern an der amerikanischen High-Tech-Börse Nasdaq stattfinden, dem wichtigsten Marktplatz für dynamische Wachstumswerte. Zwar wird die Mutter Siemens die neue Halbleiter AG nur schrittweise in die Selbständigkeit entlassen, erst einmal sollen nur bis zu 25 Prozent der Anteile an der Börse plaziert werden, aber im Laufe der Jahre möchte man sich schon auf die Rolle eines Minderheitsaktionärs zurückziehen. Verständlich, daß der Ableger dann ohne den Namen der Mutter auskommen soll.

Neben dem Halbleiterbereich könnten auch die Bereiche Passive Bauelemente und Nixdorf Kassensysteme ausgegliedert und anschließend an die Börse gebracht werden. Auf der Verkaufsliste stehen außerdem die Bereiche Elektromechanische Komponenten, Nachrichtenkupferkabel und Teile des Industriegeschäftes.

»Von Pierer tritt jetzt in die Fußstapfen Dormanns«, kommentiert ein Börsenmakler leicht ironisch das Verkaufsprogramm der Münchener. Er spielt damit auf die Politik des Hoechst-Vorstandes Dormann an, der seit Jahren dabei ist, aus dem Chemiegiganten Hoechst AG ein schlankes Unternehmen zu formen, das nur noch wenig mit Chemie, sehr viel aber mit Pharma zu tun hat. Alles, was nicht zu diesen Kernbereichen paßt, wird verkauft. Den Kurs der Hoechst AG hat diese Optimierung des restlichen Unternehmens von umgerechnet 30 D-Mark für die 5-Mark-Aktie zeitweise bis auf über 95 D-Mark katapultiert.

Es sind aber weniger die unternehmerischen Aktivitäten des Jürgen Dormann als vielmehr Gerüchte, die den Kurs hin und wieder nach oben treiben. Der einstige Farbennachfolger Hoechst spielt auf dem Parkett als Chemiekonzern kaum noch eine Rolle, der Kurs steigt vor allem dann, wenn Herr Dormann mal wieder ein Unternehmen gut verkauft, ausgegliedert und für viel Geld an die Börse gebracht hat oder das Unternehmen selber als Übernahmeopfer in der Gerüchteküche gehandelt wird.

Unter dem Gesichtspunkt des Shareholder Value hat sich die Strategie des Vorstandes der Hoechst AG also zweifellos bewährt. Die »frechen« Aktionäre werden mit einigem Wohlgefallen auf diese nach oben gerichtete Kursentwicklung schauen. Dennoch könnten sie eines Tages die »dummen« Aktionäre sein, wenn nämlich das Unternehmen Hoechst durch Ausgliederungen und Verkäufe so klein geworden ist, daß es seinen Platz im Kreis der erlauchten großen 30 DAX-Titel räumen muß. Der gleiche Effekt könnte eintreten, wenn Hoechst nach dem Zusammenschluß mit dem französischen Pharmariesen Rhône-Poulenc seinen Firmensitz ins europäische Ausland verlegt. Sollten sich derartige Gedanken auf dem Parkett festsetzen, wird es schnell vorbei sein mit der Herrlichkeit steigender Kurse.

Viele Fondsmanager verfolgen nämlich bei ihrer Anlagestrategie stringent nur ein Konzept: Sie kaufen den Index. Das heißt, sie bilden in ihrem Portfolio einen bestimmten Index nach, beispielsweise den großen DAX, in dem sich 30 große deutsche Aktiengesellschaften mit ihren Aktien wiederfinden. Je nach Gewichtung der einzelnen Aktien im DAX werden diese Werte ins Portfolio übernommen. Fällt ein Wert aus dem DAX heraus, weil er bezüglich Gewicht oder Umsatz bestimmten Mindestanforderungen nicht mehr entspricht, kann dies verheerende Folgen für seinen Kurs haben. In einem solchen Fall nämlich sind die Fondsmanager, die sich an diesem Index orientieren, gezwungen, diesen Wert restlos zu verkaufen.

Nach dem Beschluß der Chrysler-Aktionäre, der Fusion mit der deutschen Daimler-Benz AG zuzustimmen, geriet die Chrysler-Aktie unter starken Verkaufsdruck, weil sie aus dem Standard and poor's 500-Index herausgenommen wurde.*

Heinrich von Pierer kann mit seiner Pressekonferenz am 4. November mehr als zufrieden sein. Sein Signal ist in Frankfurt angekommen. Das abgelaufene Geschäftsjahr 1997/98 war für Siemens alles andere als ein Erfolg, aber man wird die Konsequenzen daraus ziehen und durch beschleunigte Umstrukturierungsmaßnahmen den Unternehmenswert im Sinne des Shareholder Value erhöhen. Die Börsianer sind's für heute ebenfalls zufrieden, der Siemens-Kurs bleibt bis zum Ende des Börsenhandels über 115, ein Tagesgewinn von mehr als 12 D-Mark. Auch der DAX kann von der guten Stimmung profitieren, er legt im Tagesvergleich um mehr als 135 Punkte zu und schließt bei 4 841.

Der Siemens-Wert war also nicht wie sonst ein Mühlstein am Hals des DAX, sondern dieses Mal die Hefe der Börse. Und das alles nur, weil die Unternehmensleitung plötzlich den Gedanken des Shareholder Value deutlicher als bisher in den Vordergrund ihrer Politik gestellt hat.

Wie so vieles im Börsengeschehen kommt auch diese Art der Unternehmensphilosophie, die sich auf den Aktionär als umworbenen Kapitalgeber konzentriert, aus den USA. Danach zeigt am deutlichsten der Aktienkurs, was man vom Unternehmen und vor allem von der Unternehmensführung zu halten hat. So kann es durchaus sein, daß ein Unternehmen zufriedenstellende steigende Umsätze und

---

* Die Hintergründe wurden bereits weiter oben auf Seite 130 f. geschildert.

Gewinne ausweist, der Kurs aber dennoch in den Untiefen der Börse strandet, weil die Unternehmensleitung nach Ansicht von Analysten und Anlageberatern zu wenig tut, um langfristig in der Zukunft überdurchschnittliche Renditen zu erwirtschaften. Also muß das Management sein ganzes Können und Geschick einsetzen, um die Bereiche zu finden, die, verglichen mit anderen Möglichkeiten, den höchsten Wertzuwachs versprechen. In diesen Kernbereich muß dann mit geballter Kraft investiert werden. Bereiche, die bei dieser Renditeprüfung durch den Rost fallen, also nicht die höchstmögliche Rendite versprechen, sollten schleunigst abgestoßen werden, während die Kernbereiche selber durch umfangreiche Investitionen und, wenn möglich, durch Zukäufe und Übernahmen fremder Unternehmen verstärkt werden.

Hat die Unternehmensleitung bei der Auswahl des Kernbereiches das richtige Händchen gehabt, geht die Rechnung also auf, werden die erhofften Gewinne die Kasse des Unternehmens füllen. Dieses Geld steht dann dem Unternehmen für neue Investitionen und für hohe Gewinnausschüttungen in Form von Dividenden zur Verfügung. Die zufriedenen Aktionäre lohnen es mit steigenden Börsenkursen, die es dem Unternehmen wiederum ermöglichen, zu günstigen Konditionen an das zur Finanzierung des Wachstums benötigte Kapital auf den internationalen Kapitalmärkten zu kommen. Mit Hilfe dieses Kapitals kann dann das Unternehmen weitere Investitionen vornehmen und auf diesem Weg vorhandene Arbeitsplätze sichern oder, wenn sinnvoll, neue Arbeitsplätze aufbauen.

Im Grunde ist dagegen nichts einzuwenden. Die Aktionäre als Anteilseigner oder Shareholder profitieren von hohen Dividenden und steigenden Kursen, das Unternehmen eröffnet sich über höhere Kurse günstige Finanzierungsquellen für Investitionen, die wiederum zu Wachstum und damit zu sicheren oder gar zusätzlichen Arbeitsplätzen führen.

Dennoch ist mir bei dem Gedanken, ein Unternehmen nur nach einem derartigen Shareholder Value beurteilen zu sollen, nicht ganz wohl. Damit keine Mißverständnisse aufkommen: Ich freue mich natürlich auch über steigende Kurse und über eine Unternehmensführung, die durch ein straffes Kosten- und Produktmanagement die Voraussetzungen für den Börsenerfolg schafft. Ich teile auch nicht die Ansicht der Kritiker, die durch die Betonung des Shareholder-Value-Gedankens grundsätzlich die Interessen der Belegschaft bedroht sehen. Ich kann mir nämlich keinen Unternehmer vorstellen, der nur aus Gründen der Renditemaximierung und mit einem verengten Blick auf den Börsenkurs sein Unternehmen führt.

Natürlich müssen die Interessen der Arbeitnehmer und der Gesellschaft, in der sich das Unternehmen bewegt und auf die es angewiesen ist, berücksichtigt werden. Ohne zufriedene Mitarbeiter ist kein langfristiger Unternehmenserfolg möglich. Umgekehrt darf aber auch kein Unternehmer den Wettbewerb und die Interessen der Kapitalgeber vernachlässigen. Kommt es zu Entlassungen nur aus Gründen der Renditemaximierung, wird der Protest im gesellschaftlichen Umfeld und im Betrieb selber dem Unternehmen das Produzieren und damit das Überleben erschweren. Unterbleiben hingegen betriebswirtschaftlich notwendige Umstrukturierungsmaßnahmen allein aus gesellschaftspolitischen Erwägungen, wird der Wettbewerbsdruck dem

Unternehmen über kurz oder lang die Luft nehmen, wird es von seinen Aktionären wohl kaum das benötigte Kapital erhalten, um den Betrieb aufrechtzuerhalten. Auch in diesem Fall wäre keinem geholfen, weder den Arbeitnehmern noch den Aktionären.

Die Lösung kann also nur in einem Ausgleich aller Interessen gesehen werden. Dagegen spricht auch nicht die Tatsache, daß konkrete Meldungen von Entlassungen und steigenden Arbeitslosenzahlen zu steigenden Aktienkursen der entsprechenden Unternehmen führen. Die internationalen Anleger sind keine Bande von Zynikern, die eine hohe Arbeitslosigkeit mit Kursgewinnen feiern, sondern rational denkende Menschen, die bei diesem harten internationalen Konkurrenzdruck in kostensenkenden Umstrukturierungsmaßnahmen oft schlicht die einzige Überlebenschance des jeweiligen Unternehmens sehen. Ohne derartige Maßnahmen, so die Überlegung, wäre das betreffende Unternehmen bald völlig am Ende, dann gäbe es an dieser Stelle überhaupt keine Arbeitsplätze mehr, und von der Kurstafel würde die Aktie ganz verschwinden.

Mir scheinen die heftigen kurzfristigen Kursreaktionen auf Umstrukturierungsmeldungen dennoch häufig übertrieben, weil die Anleger offensichtlich die mit den Umstrukturierungsmaßnahmen verbundenen Kosten nicht ausreichend berücksichtigen. Personalabbau in Deutschland ist nur im Rahmen der gesetzlichen Regelungen und mit der Zustimmung der Betriebsräte möglich. Auf diesem Gebiet eine friedliche Einigung zu finden kostet aber viel Geld. Deshalb ist es nur logisch, daß sich tiefgreifende Kostensenkungsprogramme in der Regel erst nach vielen Jahren rechnen.

Was mich hin und wieder zusätzlich ins Grübeln bringt, ist die offensive Art der Informationspolitik mancher amerikanischer Unternehmer, die in der Vergangenheit nicht müde wurden, die strahlenden Erfolge ihrer Geschäftspolitik lautstark auf den Markt zu tragen. In einem vierteljährlichen Ritual kamen zunächst die Fanfarenstöße der Analysten, die aufgrund ihrer Gewinnprognosen dieses oder jenes Unternehmen zum Kauf empfahlen. Schon in diesem Moment zogen in der Regel die Kurse an. Einen zweiten Schub brachten dann die Quartalszahlen, wenn sie gar noch günstiger ausgefallen waren, als die Analysten vorhergesagt hatten. Zur Freude der Aktionäre und der Manager selber, die in Amerika schon seit langem durch ein leistungsbezogenes Vergütungssystem am Erfolg ihres Unternehmens unmittelbar beteiligt sind.

Es kann zu atemberaubenden Einkommensentwicklungen bei leitenden Mitarbeitern kommen, wenn deren Vergütungen beispielsweise über Aktienoptionen an die Aktienkurse ihres Unternehmens gekoppelt sind. Dies ist grundsätzlich auch keine unvernünftige Regelung; wer ein Unternehmen mit außergewöhnlichem Erfolg führt, sollte an diesem außergewöhnlichen Erfolg auch entsprechend beteiligt sein. Meine Bedenken gehen in eine andere Richtung, wobei ich gar nicht einmal unterstellen möchte, daß Manager aus Gründen ihrer eigenen Einkommensentwicklung daran interessiert sind, in den Quartalsergebnissen möglichst gute Zahlen auszuweisen, um dadurch den Aktienkursen und damit ihren Optionen den nötigen Rückenwind zu verschaffen.

Aber selbst wenn die Manager solcherlei Absichten nicht hegen, besteht doch die Gefahr, daß Gewinne ausgewiesen und dann auch ausgeschüttet werden, die nach meinem Verständnis als stille Reserven im Unternehmen bleiben sollten, weil sie langfristig die Finanzkraft stärken. Vorausgesetzt, die Investitionen in das eigene Unternehmen machen Sinn und bringen eine Rendite, die man außerhalb des Unternehmens nicht erzielen könnte.

Ein wichtiger Grund für die Aufdeckung und damit auch für die Auskehrung der Finanzreserven liegt in Rechnungslegungsstandards, wie sie in den USA vorgeschrieben sind. Diese Generally Accepted Accounting Principles (GAAP) orientieren sich, vereinfacht gesagt, überwiegend am Interesse der Anleger. Im deutschen Bilanzrecht wird demgegenüber vor allem der Schutz des Gläubigers beachtet. Daher wird der Bilanzierende gezwungen, nach dem Vorsichtsprinzip zukünftige mögliche Verpflichtungen zu berücksichtigen, mögliche, noch nicht realisierte Gewinne dagegen außer acht zu lassen. Dadurch werden nach dem Handelsrecht die Aktiva grundsätzlich unter-, die Passiva dagegen überbewertet. Auf diesem Weg entstehen in den deutschen Bilanzen erhebliche stille Reserven, die im Notfall zur Befriedigung der Gläubigeransprüche herangezogen werden können. Sie erscheinen nicht in der Bilanz, können in Teilen also auch nicht an den Fiskus oder die Anteilseigner ausgeschüttet werden. Kann sein, daß das dem Aktionär nicht gefällt, da er ja, laut Carl Fürstenberg, »frech« für sein eingesetztes Kapital eine ausreichende Dividende erwartet. Man darf aber auch als Aktionär nicht übersehen, daß stille Reserven die Finanzkraft des Unternehmens und damit auch die Basis seiner Aktien langfristig stützen. In Zeiten heftiger Konkurrenzkämpfe ist dieses Kapital durchaus ein Pfund, mit dem man wuchern kann.

Dem amerikanischen Bilanzrecht sind derartige Überlegungen fremd. So dürfen beispielsweise zukünftige Pensionslasten, obwohl sie mit Sicherheit eintreten werden, nicht mit ihrem tatsächlichen späteren Wert in der Bilanz berücksichtigt werden. Rückstellungen, wie wir sie in unserem Bilanzrecht kennen, gibt es in Amerika kaum. Nach dem amerikanischen Bilanzrecht der GAAP besteht daher zwar nicht die Gefahr überhöhter stiller Reserven, wohl aber die Gefahr unterschätzter stiller Lasten, wie mir Professor Jörg Baetge vom Institut für Revisionswesen an der Wilhelms-Universität Münster in einem Gespräch auf dem Frankfurter Börsenparkett einmal bestätigte. »Es mag sein, daß wir in Deutschland zu vorsichtig bilanzieren, in Amerika aber besteht umgekehrt die Gefahr, daß mögliche Schulden als Gewinne ausgewiesen werden. Die amerikanische Bilanzierung kann unter Umständen zu unvorsichtig sein.« Werden diese Gewinne dann sofort an die Anteilseigner oder leitenden Manager und auch an den Fiskus ausgeschüttet, so kann diese Freigebigkeit ein Unternehmen durchaus in arge Schwierigkeiten bringen.

Die deutschen Unternehmen sind also gut beraten, wenn sie den Gedanken des Shareholder Value als Teil einer langfristigen Strategie verfolgen. Schnelle und lautstarke Aktionen mit dem Ziel, durch spektakuläre Kurserfolge den eigenen Shareholder Value zu verbessern, helfen der Aktienkultur auf lange Sicht kaum. Spätestens in Zeiten sinkender Unternehmensergebnisse wird man gezwungen sein, übertriebene Gewinnprognosen zu korrigieren und die hochfliegenden Kursvisionen verwöhnter Anleger wieder auf den Boden der Realitäten zurückzuholen, was nicht selten zu übertriebenen Aktienverkäufen führt. Enttäuschte Hoffnungen können durchaus in Zorn umschlagen und manchem verbitterten Anleger die Lust auf Aktien auf Dauer vergällen.

In Zeiten nachlassender Dynamik am Aktienmarkt wird sich eine unaufgeregte, sachliche Informationspolitik in Sachen Shareholder Value bezahlt machen. Der Aktionär ist nicht frech, wenn er für sein eingesetztes Kapital eine Dividende erwartet, er sollte aber auch nicht so dumm sein, auf herausgeputzte Shareholder-Value-Kampagnen hereinzufallen.

Kapitel 8

Gewinne laufen lassen

Meine Fehler mit der SAP-Aktie

Selbst an traurigen Börsentagen, wie wir sie in der zweiten Jahreshälfte 1998 im Übermaß erlebten, trifft man nicht selten Anleger, die mit stoischer Ruhe auf die fallenden Kurse schauen. Entweder haben sie am Terminmarkt ihre Aktienbestände über den Kauf von Puts abgesichert, können also bei sinkenden Kursen bis zu einem bestimmten Zeitpunkt die Aktien zu einem vereinbarten Preis verkaufen, unabhängig vom tatsächlichen Kurswert, oder sie haben Calls verkauft und sich damit verpflichtet, zu einem festgelegten Termin die entsprechenden Aktien zum vereinbarten Preis abzugeben. Sinken die Kurse bis zu dem Verfallstag dieses Termingeschäftes unter den vereinbarten Preis der jeweiligen Aktien, sind sie fein raus. Sie haben den Preis für den Verkauf des Calls kassiert und können die Aktien, die sie als Gegenleistung zum vereinbarten Preis liefern müßten, falls es der Käufer des Calls verlangt, behalten, weil die Gegenseite natürlich auf die Erfüllung des Geschäftes verzichtet. Denn wer wird schon Aktien freiwillig zu einem vorher vereinbarten Preis abnehmen, wenn der Markt einen niedrigeren Preis verlangt.

In vielen Fällen aber hat der Verkäufer eines Calls als sogenannter Leerverkäufer die entsprechenden Papiere gar nicht in seinem Depot, sondern hätte sich die Aktien zur Erfüllung seines Terminkontraktes unmittelbar vor dem Liefertermin besorgen müssen. Sind die Kurse bis zu diesem Tag aber über den vereinbarten Preis gestiegen, muß er sich die Aktien zu einem höheren Kurs besorgen. Dann hat er Pech gehabt, seine Kalkulation ist nicht aufgegangen. Allerdings bleibt ihm immer noch die Prämie, die er für den Verkauf des Calls kassiert hat.

In den letzten Jahren haben die Spekulanten an der Terminbörse bei langanhaltenden Kursgewinnen häufig das Nachsehen gehabt, wenn sie auf sinkende Kurse gesetzt hatten. Nicht selten wurden Anleger, die am Terminmarkt spekulierten, von ihren Kreditinstituten gezwungen, entweder ihre Sicherheiten angesichts drohender Verluste zu erhöhen oder ihre Aktiendepots abzubauen, um zusätzliche finanzielle Sicherheiten für ihre Verpflichtungen aus offenen Termingeschäften bieten zu können. Mit derartigen Zwangsexekutionen muß übrigens in Baissezeiten auch der Anleger rechnen, der seine Aktien auf Pump gekauft hat und über keine zusätzlichen Sicherheiten verfügt.

Wer einmal sein Aktiendepot aus diesem Grund zu Ramschpreisen auflösen mußte, wird begreifen, warum wir in der Sendung *Telebörse* immer wieder vor einem Aktienkauf auf Kredit warnen. Aktien sollte man zudem nur mit dem Geld kaufen, das man übrig hat, andernfalls könnte man gerade dann zum Verkauf gezwungen sein, wenn die Kurse im Keller sind.

In Zeiten sinkender Kurse, wie in der zweiten Jahreshälfte 1998, haben sich die Leerverkäufer von Calls eine goldene

Nase verdient. Ihre gute Laune war also mehr als verständlich.

Es gibt noch einen weiteren Grund, warum in Baissezeiten manche Börsianer und Anleger in eine bemerkenswerte Hochstimmung verfallen, vor allem, wenn die Kursrückgänge auf eine lange Periode steigender Kurse folgen. Ein alter Börsenspruch tröstet in der Hausse die Zuspätgekommenen mit dem Hinweis, daß man die niedrigsten Kurse zum Einstieg in der Regel nur durch Zufall erwischt. Darauf folgt häufig die Empfehlung, bei steigenden Kursen ruhig auf den fahrenden Börsenzug aufzuspringen, also »in die steigenden Kurse zu beißen«. Ein Ratschlag, der von vielen Privatanlegern nur ungern und eher zögernd befolgt wird, besonders, wenn es sich um Aktien handelt, die man kurz zuvor zwar mit Gewinn, aber halt zu früh verkauft hat, wie sich dann im nachhinein häufig herausstellt.

Denn es ist wohl das Schwierigste im täglichen Leben, mithin auch an der Börse, sich selbst einen eigenen Fehler, eben den voreiligen Verkauf, einzugestehen und ihn dann zu korrigieren.

Aus meiner Erfahrung werden an der Börse vor allem beim Verkaufen große Fehler gemacht. Vielleicht sind es sogar die meisten, zumindest aber die ärgerlichsten Fehler! Grundsätzlich verstehe ich meine eigene Aktienanlage im Rahmen meiner privaten Altersvorsorge als Möglichkeit einer langfristigen Vermögensbildung. Doch hin und wieder überkommt mich der Wunsch, die Buchgewinne auf meinem Depotkonto durch Verkauf zu realisieren, obwohl ich das Geld nicht unbedingt benötige. »Durch Gewinnmitnahmen ist noch nie jemand arm geworden«, weiß die Börse und vergißt hinzuzufügen, »wohl aber magenkrank vor Ärger, wenn die Kurse der gerade verkauften Aktien weiter stiegen!«

Wer eine Aktie mit Gewinn verkauft und am nächsten Tag bei weiter gestiegenen Kursen seine Entscheidung umgehend revidiert, gehört in meinem Freundes- und Bekanntenkreis zu den Ausnahmen von der Regel. Wer verkauft schon ohne Grund eine Aktie und zahlt gern bei promptem Rückkauf die höchst überflüssigen Kaufspesen! Folglich hofft man nach dem Verkauf auf den kommenden Kurseinbruch, um danach – natürlich – wieder einzusteigen. Der Kursrückgang kommt bestimmt, besänftigt man seine eigenen Zweifel. Er muß doch kommen, denn sonst hätte man ja mit dem Verkauf der Aktie eine falsche Entscheidung getroffen. Die neuerlichen Kursgewinne nach dem eigenen Verkauf werden doch vermutlich nur ein letztes Aufbäumen gewesen sein, tröstet man sich, und den höchsten Kurs zum Ausstieg erwischt man höchstens durch Zufall. Aber wenn sich erst einmal all die negativen fundamentalen Argumente herumgesprochen haben, die man selber zur Rechtfertigung seines Ausstiegs gesucht und gefunden hat, werden die Kurse schon noch einbrechen. Dann erst, auf dem niedrigeren Niveau, wird man wieder einsteigen, doch nicht jetzt schon, bei diesem unbegründet hohen Kurs! Und um sich selbst die ernsthafte Kaufabsicht zu beweisen, wird schon einmal ein Kauflimit eingegeben.

Tag für Tag sammelt von jetzt an der Anleger akribisch weitere negative Argumente, die seinen Verkauf nachträglich begründen. Positive Hinweise, die gar für einen erneuten Einstieg in die Aktie sprächen, bleiben hingegen unberücksichtigt. Wird dann die Börse von einer Baisse geschüttelt, oder bricht die entsprechende Aktie (endlich!) ein, ist die persönliche Genugtuung über »das richtige Näschen« so groß, daß der ursprünglich geplante Wiedereinstieg auf einem tieferen Niveau »vergessen« wird. Nicht selten ist dies nach dem fundamental unbegründeten Verkauf der zweite Fehler. »Bei Erreichen streichen«, eine bekannte Erfahrung mit Kauflimits.

Derartige Fehlentscheidungen gehören zum Börsenalltag und sollten hier auch nicht zu sehr dramatisiert werden. Im Fall der SAP-Aktie aber ist der persönliche Ärger gewaltig, zumal mir dieselben Fehler mehrfach unterlaufen sind. Daß ich mich auf dem Börsenparkett in guter und zahlreicher Gesellschaft befinde, vermag mich kaum zu trösten.

Alles begann am 20. Mai 1988 mit einer kleinen Notiz in der Börsenzeitung. Der Software-Hersteller SAP aus dem badischen Walldorf werde in eine Aktiengesellschaft umgewandelt und im Herbst unter der Federführung der DG-Bank in den amtlichen Handel der Börsen in Frankfurt und Stuttgart eingeführt werden.

Was Anfang 1972, drei Jahre vor der Gründung von Microsoft in den USA, in einem kleinen Reihenhaus in Walldorf von ehemaligen fünf IBM-Mitarbeitern ausgetüftelt worden war, hatte sich in den folgenden Jahren zu einem erfolgreichen Geschäft gemausert: Standard-Software für die Computernutzer. Als Mitarbeiter von IBM/Mannheim hatten die späteren Gründer von SAP immer wieder erfahren müssen, daß es zwar standardisierte Rechner gab, aber noch keine standardisierten Anwendungsprogramme. Mit neun Mitarbeitern wurde 1972 die SAP-Standardsoftware »System R« entwickelt, und bei einem Umsatz von etwas mehr als 600 000 Mark im ersten Geschäftsjahr blieb sogar ein kleiner Gewinn übrig. Zehn Jahre später standen bereits 100 Mitarbeiter auf den Lohn- und Gehaltslisten, wurden 24 Millionen Mark Umsatz erzielt. 1986 stellte sich SAP mit seinem Software-Programm R/2 auf der CeBIT zum ersten Mal einer breiten Öffentlichkeit vor.

Überrascht stellte die Fachwelt fest, daß da im Badischen ein kleines High-Tech-Unternehmen den Durchbruch zur Weltspitze plante. Dem Wirtschaftsjournalisten Gerd Meissner erzählte SAP-Chef Dietmar Hopp knapp zehn Jahre später, was sich SAP von dem Börsengang versprochen hatte. Einmal sollten die Mitarbeiter über die Aktien am Unternehmen beteiligt werden, der Bekanntheitsgrad sollte gesteigert werden, »und schließlich haben wir unsere Kapitaldecke so verbreitert, daß wir in der Lage sind, weltweit zu investieren und uns in einem sicher schwierigen Markt glänzend zu behaupten«.*

Die kleine Meldung vom geplanten Börsengang des Software-Unternehmens SAP hatte im Frühjahr 1988 bei uns in der Redaktion keine übermäßige Resonanz gefunden. Noch waren wir alle damit beschäftigt, den Oktober-Crash 1987 aufzuarbeiten. Einige Mitarbeiter der DG-Bank aus Frankfurt sprachen zwar schon vor dem Börsengang von einem High-Tech-Papier mit erheblichen Wachstumschancen, aber das Auf und Ab der großen deutschen Standardwerte beherrschte eindeutig unsere Schlagzeilen.

Dabei hätte das kleine Walldorfer Software-Unternehmen schon damals durchaus unsere volle Aufmerksamkeit

---

* Meissner, Gerd, SAP – die heimliche Software-Macht. Wie ein mittelständisches Unternehmen den Weltmarkt eroberte. Hamburg 1997, S. 151

verdient. Anläßlich der Vorstellung dieses Unternehmens durch die Frankfurter DG-Bank wurden auf dem Börsenparkett Zahlen herumgereicht, die die Profis aufhorchen ließen: Im Jahr vor dem Börsengang hatte der Umsatz im Inland um über 40 Prozent zugelegt, immerhin arbeiteten 65 der 100 größten deutschen Industrieunternehmen schon mit der SAP-Software. Noch dynamischer war es im Ausland gelaufen, mit einem Plus von 50 Prozent hatte sich dort der Umsatz mehr als verdoppelt. Für 1988 hatte das Unternehmen eine Dividende von 11,50 D-Mark angekündigt, jede neue Stammaktie im Nennwert von 50 Mark war bereits ab dem 1. Juli 1988 gewinnberechtigt.

Die Aktie versprach ein Knüller zu werden. Darum wunderte es auch keinen auf dem Börsenparkett, daß die Aktie, die in der Zeit vom 26. bis zum 28. Oktober zu einem Kurs von 750 D-Mark verkauft werden sollte, binnen weniger Stunden mehrfach überzeichnet war.

Heute haben wir uns an der Börse längst daran gewöhnt, daß am Neuen Markt Aktienemissionen von High-Tech-Unternehmen bereits vor der Einführung hundertfach überzeichnet werden, aber im Oktober 1988 war dies schon eine kleine Sensation. Die Zeichnung der neuen Aktien wurde am zweiten Tag wegen der starken Nachfrage vorzeitig abgebrochen.

Wie richtig die Zeichner der SAP-Aktie mit ihrer Einschätzung gelegen hatten, erwies sich bereits wenige Monate später. Im Januar 1989 verkündete das Unternehmen stolz, der Umsatz im abgelaufenen Jahr habe sich wesentlich besser entwickelt als erwartet, er werde mit 240 Millionen D-Mark mehr als 10 Prozent über den Erwartungen liegen. Wahrscheinlich werde die versprochene Dividende sogar noch leicht erhöht werden. Zum ersten Mal machten wir an der Börse eine wichtige Erfahrung mit der SAP AG: Die Unternehmensführung war in ihren Schätzungen und Voraussagen über den zu erwartenden Umsatz und Gewinn extrem vorsichtig. Lieber von den positiven Tatsachen übertroffen werden, als den Mund zu voll zu nehmen.

Diese konservative Einstellung in der Informationspolitik hat dem Unternehmen in den folgenden Jahren nicht immer den ungeteilten Beifall der Analysten und Aktionäre beschert. Mancher Anleger reagiert mit sofortigem Liebesentzug, wenn er aus seinen hochfliegenden Träumen auf den Boden der Realität zurückgeholt wird, selbst wenn sich dieser Boden als eine solide und dauerhafte Basis für ein langfristiges Aktienengagement erweisen sollte. Gerade enttäuschte Hoffnungen verleiten offenbar die Anleger zu Kurzschlußreaktionen. Wer auf dieser Klaviatur der Anlegerseele gut zu spielen weiß, kann durch übertriebene Prognosen und ihre spätere Korrektur die Anleger erst in die eine und dann in die andere Richtung treiben. Man ist als privater Kleinanleger also gut beraten, sich über den Wert einer Aktie in umfangreichen Gesprächen mit verschiedenen Anlageberatern und über die Informationen aus den Medien eine eigene Meinung zu bilden – und diese nicht gleich bei jeder neuen Gewinnschätzung, die an der Börse auftaucht, über Bord zu werfen.

Eine zweite Auffälligkeit zeigte sich im jährlichen Unternehmenszyklus von SAP. Offenbar erwies sich gerade das vierte Quartal als besonders dynamisch. Weil halt die Bestellungen vor allem zum Jahresende abgewickelt werden, vermuteten einige meiner Gesprächspartner auf dem

Parkett. Hätten wir uns doch später nur hin und wieder an diese Erkenntnis erinnert!

Mir persönlich erschien die Aktie mit einem Kurs von 750 D-Mark als nicht gerade billig, zumal einige Börsianer auf dem Parkett für das kommende Jahr einen Gewinn von etwas über 38 D-Mark pro Aktie geschätzt hatten. Daraus ergab sich ein Kurs-Gewinn-Verhältnis (KGV) von über 19. Ein Wert, der 1988 deutlich über dem gewohnten Durchschnitt von 12 lag. Immerhin mußte das Unternehmen bei diesem KGV über einen Zeitraum von 19 Jahren einen jährlichen Gewinn von 38 Mark pro Aktie erzielen, um diesen Kurs »zu verdienen«.

Heute hat das KGV bei der Beurteilung von Aktien, besonders bei den High-Tech-Werten, erheblich an Aussagekraft eingebüßt. Eine bessere Richtschnur sei die Gewinndynamik, höre ich immer wieder an der Börse. Bei jährlichen Gewinnsprüngen von 50 Prozent und mehr spiele es keine große Rolle, wie sich das KGV darstelle. Dies mag wohl so sein. Eigenartig ist nur, daß diese Argumentation vor allem in Zeiten der Euphorie die Runde macht. Schlägt das Börsenwetter um in die Normalität oder gar in eine Baisse-Stimmung, taucht sehr schnell die allgemeine Warnung vor einer Überhitzung auf, die durch eine sinnvolle Korrektur nach unten zunächst abgebaut werden müsse, bevor man erneut zum Einstieg blasen möchte. Als Beweis einer überhitzten oder »überkauften« Börse wird dann auch das gute alte KGV wieder bemüht, das ja viel zu hoch gewesen sei.

Als im Sommer 1998 dem DAX bei einem Indexstand von fast 6200 die Luft ausging, hatte das durchschnittliche Kurs-Gewinn-Verhältnis der großen DAX-Werte, bezogen auf die erwarteten Gewinne des Jahres 1999, bei über 24 gelegen. Viel zu hoch, wie wir dann alle wenige Monate später feststellten. Die tatsächliche Entwicklung hatte unsere insgeheimen bösen Ahnungen inzwischen bestätigt. Vielleicht sollte man die guten alten Warnsignale der Börse doch nicht ganz im hintersten Keller verstauben lassen.

Im Jahr 1988 aber war meine Skepsis absolut fehl am Platz, zumindest im Fall der SAP-Aktie. Auf der Hauptversammlung Mitte Juni 1989 legte die Unternehmensführung in Karlsruhe die Zahlen über das abgelaufene Geschäftsjahr vor, und wir rieben uns alle verdutzt die Augen. Die Umsatzzahlen und die Gewinnentwicklung waren 1988 noch besser gewesen, als es das Unternehmen im Januar angedeutet hatte, die Dividende betrug für 1988 nicht 11,50 D-Mark, wie ursprünglich geschätzt worden war, sondern 12,50 D-Mark. Der Kurs der Aktie sprang im Herbst 1989 auf über 1200 D-Mark.

Die SAP-Erfolgsstory hatte begonnen, und ich war nicht dabei. Den Einstieg bei 750 D-Mark hatte ich verpaßt, jetzt, bei mehr als 1200 D-Mark wollte ich auch nicht mehr einsteigen. Ein junges deutsches Software-Unternehmen, das sich aufgemacht hatte, mit einem einzigen Produkt die Welt zu erobern! Dieses Risiko schien mir zu hoch zu sein. Die Aktie des Weltkonzerns Siemens war zu diesem Zeitpunkt für weniger als 600 D-Mark zu haben. Weniger Risiko also, und das auch noch zu einem geringeren Preis. Für mich war die Entscheidung klar, nicht die SAP-Stammaktie sollte es sein, sondern weiterhin die gute alte Siemens-Aktie.

Auch wenn der Preis einer Aktie für sich allein genommen grundsätzlich wenig aussagt über ihren Wert, spielt die

Optik schon eine Rolle. Immer wieder höre ich in Telefongesprächen mit Zuschauern das Argument, diese oder jene Aktie wäre doch sehr günstig, weil sie so niedrig im Kurs stünde, auf der anderen Seite wäre eine Allianz-Aktie viel zu teuer. Tatsächlich aber sollten bei einem extrem niedrigen Kurs einer Aktie zunächst alle Warnlampen aufleuchten. Häufig kostet eine Aktie so wenig, weil das Unternehmen vor starken Verlusten oder gar vor dem Konkurs steht. Wer ganz bewußt auf angeschlagene Werte setzt und hofft, wie bei der AEG-Aktie nach einer wundersamen Rettung ein gewaltiges Geschäft zu machen, der sollte sich an das Schicksal der Bremer-Vulkan AG oder an die Entwicklung bei Klöckner-Humboldt-Deutz erinnern. Nur selten sind derartige Schnäppchenjagden ein Erfolg, aber immer sind sie mit einem großen Risiko verbunden.

Das gilt im übrigen auch für Anleihen, wie das immer noch nicht geklärte Schicksal der Fokker-Anleihen beweist. Als der niederländische Flugzeugbauer, an dem die niederländische Regierung und der Daimler-Benz-Konzern beteiligt waren, vor dem Konkurs stand, fielen die Fokker-D-Mark-Anleihen, die kurz vor dem Ende ihrer Laufzeit standen, deutlich unter 90 Prozent. Einige Börsenprofis witterten das große Geschäft. Es sei doch eher unwahrscheinlich, glaubten sie, daß die niederländische Regierung und der renommierte Daimler-Benz-Konzern diese Fokker-Anleihen ins Nichts fallen lassen würden.

Die Rechnung ging auch zunächst auf, der Kurs der D-Mark-Anleihen bewegte sich wieder in Richtung 100 Prozent. Ein schönes Geschäft in nur wenigen Tagen. Als sich aber keine Rettung abzeichnete, stürzten die Anleihekurse erneut dramatisch ab, auf unter 30 Prozent. Und wieder griffen die Schnäppchenjäger zu. Doch diesmal ging es schief. Die niederländische Regierung und der Daimler-Benz-Konzern verweigerten jede Hilfe, mögliche Käufer des angeschlagenen Flugzeugbauers winkten ab, die Anleihen wurden nahezu wertlos. Das Geld der risikofreudigen Spekulanten war weg. Selbst wenn die deutschen Emissionsbanken irgendwann einmal per Gerichtsbeschluß gezwungen werden sollten, den Zeichnern dieser Anleihen eine Entschädigung zu zahlen, weil diese sich auf die Bonität der Anleihen verlassen hatten, wird es für die Käufer der letzten Minuten wohl kaum eine Anspruchsgrundlage geben, da sie dieses Fokker-Abenteuer in vollem Bewußtsein des Risikos eingegangen sind.

Unabhängig von derartigen Spekulationen um einen günstigen Einstieg bei niedrigen Kursen spielt die absolute Höhe eines Kurses trotz aller fundamentalen Gegenargumente doch eine Rolle, wenn auch nur eine eher psychologische. Die meisten privaten Anleger mit einem vorgegebenen, engen finanziellen Spielraum schrecken offenbar davor zurück, sich im Rahmen ihrer Möglichkeiten nur mit einzelnen Stücken am Aktienmarkt zu engagieren, zumal man auch bis vor kurzem nur ab einer bestimmten Stückzahl am variablen Handel teilnehmen konnte und die Mindestgebühren der Kreditinstitute kleinere Aufträge relativ stärker belasten. Auch aus diesem Grund wurden in den letzten Jahren die Aktien durch das Herunterbrechen von beispielsweise 50 Mark-Nennwert-Aktien auf einen Nennwert von 5 D-Mark rein optisch verbilligt. Eine offenbar erfolgreiche Strategie der deutschen Börse, denn allein diese veränderte Optik der Kurse erhöhte vor allem bei »schweren«, weil teuren Werten die Anzahl der einzelnen Umsätze. Ähnliche

Erwartungen knüpfen die Börsianer an die Einführung der Euro-Notiz zum Jahresbeginn 1999. Seit dem 4. Januar 1999 wird an den deutschen Börsen die Notierung der Aktienkurse in D-Mark durch die Euro-Notierung ersetzt. Optisch kommt es dadurch grob gerechnet zu einer Halbierung der Kurse.

Im Zusammenhang mit der SAP-Aktie führten mich derartige Überlegungen aber nur noch tiefer in die Sackgasse.

Als Mitte September 1989 die ersten Schätzungen über den Verlauf der Geschäfte im ersten Halbjahr 1989 durchsickerten, brach bei all denen, die noch keine SAP-Aktien in ihrem Portfolio hatten, Panik aus. Der Ertrag sei um fast 50 Prozent gestiegen, hörte man auf dem Parkett, der Umsatz habe sogar noch deutlicher zugelegt. Und das nach einem Gewinnplus von mehr als 50 Prozent im Jahr zuvor! Für das Jahr 1989 würde, so die überwiegende Meinung all meiner Gesprächspartner, die Dividende deutlich erhöht werden. 20 statt 12,50 D-Mark hatten schon vorher die Vertreter der Deutschen Schutzvereinigung für Wertpapierbesitz (DSW) gefordert.

Jetzt gab es kein Halten mehr, diese Aktie mußte man haben, koste es, was es wolle. Und es kostete sehr viel Geld, für mich zu viel Geld, in Stuttgart stieg der Kurs auf 1725 D-Mark. Dies bedeutete einen Kursgewinn von 975 D-Mark seit ihrer Erstnotiz am 4. November 1988 (vgl. dazu Abbildung 5). Ich nahm mir fest vor, die nächste günstige Gelegenheit zum Einstieg zu nutzen, aber doch bitte nicht zu diesem unglaublich hohen Kurs!

Abbildung 5: **Kurs der SAP-Stämme vom 1. 11. 1988 bis zum 31. 10. 1989**

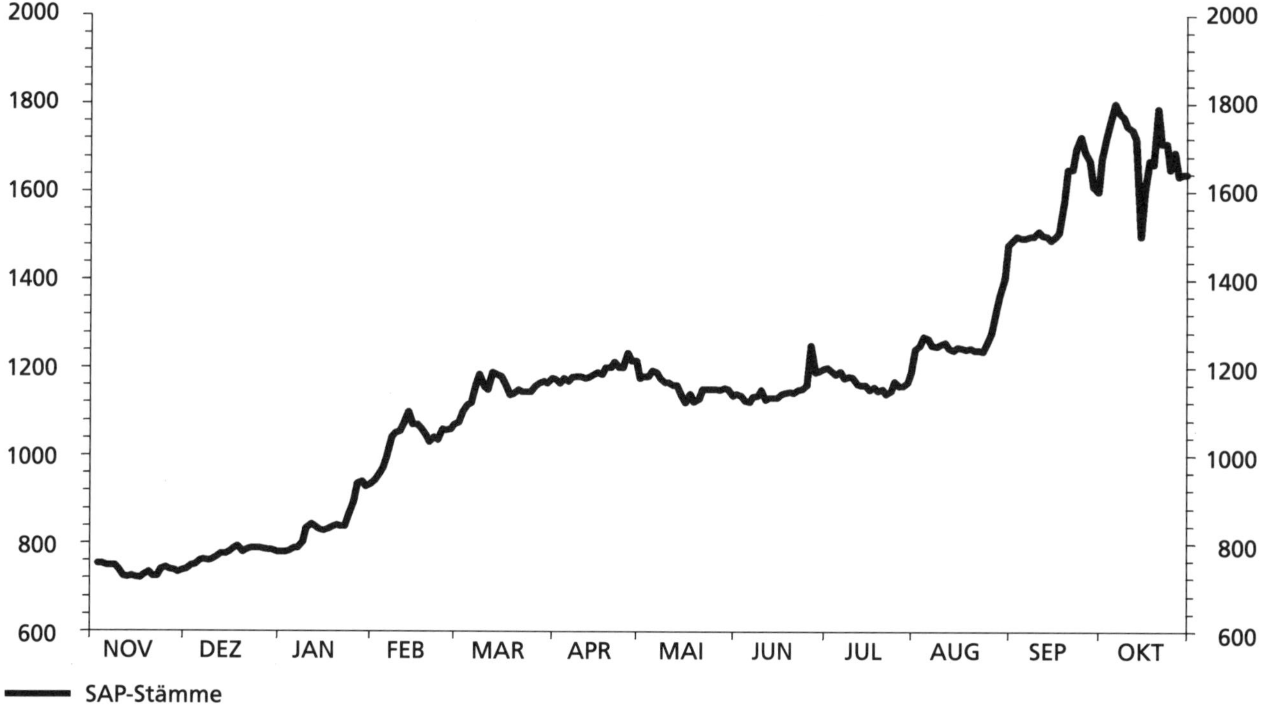

Hoch: 1800,00 (6. 10. 1989), Tief: 721,00 (17. 11. 1988), Schluß: 1640,00 (31. 10. 1989)

Quelle: DATASTREAM

Diese Gelegenheit zeichnete sich im April des folgenden Jahres ab, als im Zuge einer Kapitalerhöhung die Ausgabe von Vorzugsaktien beschlossen wurde. Die Stammaktien blieben überwiegend im Bereich der SAP-Unternehmensführung. Auf diese Art und Weise wollte sich der Vorstand seine Entscheidungsfreiheit im Unternehmen sichern.

Eine typisch deutsche Einstellung, die von ausländischen Anlegern nur ungern gesehen wird. Vorzugsaktien, die zwar zum Bezug einer höheren Dividende berechtigen, auf der Hauptversammlung grundsätzlich aber kein Stimmrecht haben, sind an den internationalen Finanzmärkten die Ausnahme. Dagegen sind sie in Deutschland durchaus üblich, weil manche Unternehmer mit Hilfe ihrer eigenen Mehrheit bei den Stammaktien unbedingt Herr im eigenen Haus bleiben wollen. Das für das Unternehmen benötigte Kapital holt man sich über die Emission von Vorzugsaktien.

Da aber an den deutschen Wertpapiermärkten in der Regel die ausländischen Anleger das Sagen haben, weil die Aktienanlage bei den Bundesbürgern nur ganz langsam in Mode kommt, fließt die Liquidität überwiegend in die Stammaktien, während die Gattung Vorzugsaktien zweiter Sieger wird. Allein aus diesem Grunde liegen die Kurse der Vorzugsaktien meistens deutlich abgeschlagen hinter denen der Stammaktien.

Die SAP-Vorzugsaktie bildet die sprichwörtliche Ausnahme von der Regel, da sie und nicht die SAP-Stammaktie zusammen mit 29 anderen deutschen Standardtiteln im großen DAX geführt wird. Dadurch konzentriert sich vor allem die Anlagestrategie der institutionellen Anleger aus dem In- wie aus dem Ausland auf die Vorzugsaktie von SAP.

Mit Blick auf Euroland könnte sich in diesem Fall aber

bald eine Veränderung ergeben. Weil, wie gesagt, in unseren europäischen Nachbarländern die Vorzugsaktien keine besondere Rolle spielen, glauben einige Börsianer an ein baldiges Ende der deutschen »Vorzüge«. An den Börsen in Euroland wird man sich vielleicht schon bald auf eine einzige Aktiengattung konzentrieren. Ein erstes Indiz für diese mögliche Entwicklung bietet der Index Dow Jones Euro Stoxx 50. Dieser Index berücksichtigt die Aktien von 50 großen Unternehmen aus den elf europäischen Staaten, die bei der Geburt von Euroland dabei waren. Die SAP-Aktie, ein Schwergewicht des deutschen Aktienmarktes, fehlt auf dieser Liste, eben weil sie »nur« als Vorzugsaktie im DAX erfaßt wird.

Weitsichtige Anleger setzen in Deutschland daher schon heute auf die »billigeren« Vorzugsaktien, in der Hoffnung, diese bald, ohne größere Zuzahlung, in »teurere« Stammaktien umwandeln zu können. Bei der SAP-Aktie müßte das Spielchen halt umgekehrt laufen. Da die Stammaktien im Kurs unter den Vorzugsaktien notieren, sollte man unter diesem Gesichtspunkt auf die heute noch billigere Stammaktie setzen. Zwar hat die SAP-Führung offenbar keine Absicht, Stamm- und Vorzugsaktien zu einer Aktiengattung zusammenzulegen, aber was nicht ist, kann ja noch werden, hoffen die Börsianer.

Auf der Hauptversammlung am 15. Mai 1990 überschlugen sich die Aktionärsvertreter vor Begeisterung. Die Schutzgemeinschaft der Kleinaktionäre schwärmte von einem Juwel in der deutschen Börsenlandschaft. Die neuen Vorzüge sollten zu einem Ausgabepreis von 1050 Mark in den amtlichen Handel in Frankfurt und Stuttgart eingeführt werden. Bei einem geschätzten Umsatz- und Gewinnwachstum von jeweils 30 bis 40 Prozent in den Jahren 1990 und 1991 kamen einige Analysten auf ein Kurs-Gewinn-Verhältnis von knapp 16 bei den Vorzugsaktien. Dies schien mir schon eher ein Einstiegssignal zu sein. Der Vorstand von SAP legte noch ein wenig Kohlen nach: Angesichts der hohen Kurse der SAP-Aktien würden die Dividenden kaum ausreichen, die jährliche Vermögensteuer zu zahlen, hieß es. Daraus schlossen wir alle für die Zukunft auf eine aktionärsfreundliche Dividendenpolitik, sprich: deutlich steigende Dividenden.

Aber trotz aller Kaufempfehlungen meiner Gesprächspartner konnte ich mich immer noch nicht zum Einstieg entscheiden. 1050 D-Mark für die SAP-Vorzugsaktie war halt ein stolzer Preis.

Nur wenige Wochen später wurde ich in meiner Skepsis bestätigt: Das Wunderkind der Börse geriet in heftige Turbulenzen. Die Umsätze schienen sich wie vorhergesagt zu entwickeln, aber beim Ergebnis drohte SAP aus der Puste zu geraten. Die Gründe waren schnell ausgemacht: Das verstärkte Engagement im Osten Deutschlands und im angrenzenden Osteuropa hatte im ersten Halbjahr 1990 mehr Geld gekostet, als die Analysten erwartet hatten. Das ungewöhnliche Umsatzwachstum allein rechtfertigte noch nicht die hohen Kurse der Aktien. Die atemberaubenden Kursgewinne, die die Stammaktien bis auf 2000 Mark und die Vorzüge auf fast 1400 Mark getrieben hatten, schlugen jäh um in deutliche Kursverluste. Innerhalb weniger Tage brachen die Kurse ein. Wer noch vorne lag, wollte unbedingt seine erheblichen Gewinne retten und verkaufte. Ende August hatten die SAP-Aktien bereits bis zu 10 Prozent und mehr verloren.

War das jetzt für mich die erhoffte Gelegenheit, endlich einzusteigen? Natürlich nicht! Zwar waren die Vorzüge im Vergleich zu den Stammaktien stärker gefallen und entsprachen mit ihrem Kurs-Gewinn-Verhältnis von 14 ungefähr dem Marktdurchschnitt, aber die Begeisterung für den Software-Produzenten aus Walldorf hatte sich merklich abgekühlt. Die Personalkosten würden schon wegen der Aktivitäten in den neuen Bundesländern mit der steigenden Zahl der Mitarbeiter stärker als erwartet zu Buche schlagen, die Entwicklung einer neuen Software-Produktlinie würde einen Großteil der Umsatzerlöse binden, irgendwann würde man auch kleinere und mittelständische Unternehmen in seine Kundenkartei aufnehmen müssen, mit entsprechenden Konsequenzen beim kostenintensiven Service. Und das alles in einer extrem turbulenten Zeit für die gesamte Software-Branche. Die Zahl der Bedenkenträger stieg von Tag zu Tag. In der Suche nach Gründen dafür, bei SAP nicht einzusteigen, waren wir kaum noch zu übertreffen.

1991 fielen die SAP-Vorzüge mit einem Tiefstkurs von 770 D-Mark um 280 D-Mark unter ihren Einführungspreis aus dem Sommer 1990, die Stammaktien, die 1990 bis auf 2185 D-Mark gestiegen waren, stürzten danach bis auf 1240 D-Mark ab. Alle Bedenken schienen gerechtfertigt.

Und dann kamen die Zahlen für das abgelaufene Geschäftsjahr 1991. Entgegen allen Prognosen der Analysten und auch der SAP-Geschäftsführung selbst, hatte sich das Jahr 1991 zum besten Geschäftsjahr in der zwanzigjährigen Geschichte des Unternehmens gemausert. Die Umsätze waren um mehr als 40 Prozent gestiegen, das Ergebnis aus der gewöhnlichen Geschäftstätigkeit um sage und schreibe 64 Prozent. Der Gewinn pro Aktie war 1991 auf 72 D-Mark gestiegen, im Jahr zuvor hatte er bei knapp 50 D-Mark gelegen. Für 1990 wurden auf die Stammaktien 15 D-Mark Dividende gezahlt, für die Vorzüge gab es zwei Mark mehr. 1991 werde es auf die Vorzugsaktien 20 D-Mark geben, zwei D-Mark weniger für die Stammaktien. Das Sahnehäubchen obendrauf war die Mitteilung, aus einer Erhöhung des Grundkapitals um 15 Millionen auf 100 Millionen D-Mark werde es im Verhältnis 17 zu 3 300 000 neue Vorzugsaktien geben, der Preis der neuen Aktie werde 1 000 D-Mark betragen.

Jetzt, viel zu spät, warf ich all meine fundamentalen Bedenken über Bord. Wie viele Börsianer auch, machte ich mich jetzt auf die Suche nach positiven Argumenten für SAP, um mein Engagement zu rechtfertigen. Dieses Unternehmen war das einzige börsennotierte EDV-Unternehmen in Deutschland, zudem noch mit einer Standardsoftware, die goldene Berge versprach. Denn das neue System R/3, das erst in der zweiten Jahreshälfte 1991 auf den Markt gekommen war, schien alle hochgespannten Hoffnungen zu erfüllen. Zwar hatte die Entwicklung dieser neuen Generation der SAP-Standardsoftware bisher rund 300 Millionen D-Mark gekostet, aber sie versprach der Hit der Zukunft zu werden. Wer nicht soviel Geld besaß, um mit der richtigen Stückzahl bei SAP einsteigen zu können, dem blieb der Weg über den Terminmarkt. Die Calls auf SAP-Aktien wurden zum Selbstläufer.

Als die Bezugsbedingungen der neuen SAP-Vorzüge

bekanntgegeben wurden, sprang der Kurs der Aktie auf 1425 D-Mark. Man solle unbedingt das Bezugsrecht ausüben, empfahl die Bank für Gemeinwirtschaft.

Unbedingt verkaufen, riet dagegen nur wenige Monate später das französische Kreditinstitut Parisbas. Was war geschehen?

Der SAP-Vorstandsvorsitzende, Dietmar Hopp, hatte für 1992 einen Konzerngewinn prophezeit, der mindestens auf dem Niveau von 1991 liegen werde. Für ein normales Unternehmen wäre dies bei der allgemeinen Konjunkturflaute in der westlichen Welt, verbunden mit einem schwachen US-Dollar, eine überaus positive Prognose gewesen. Nicht so für SAP! Die Einschätzung des SAP-Vorstands wirkte auf den Optimismus der Börsianer wie eine kalte Dusche.

Die verwöhnten Analysten hatten für 1992 einen Konzernumsatz von mindestens 900 Millionen D-Mark erwartet, nach 707 Millionen im Vorjahr. Vorsichtshalber hatte der eine oder andere Analyst mit Blick auf das eher negative Umfeld seine Prognosen schon etwas nach unten korrigiert. Schließlich hatte das vierte Quartal 1992 darunter gelitten, daß offensichtlich viele Bestellungen für das Standardsoftwareprogramm R/2 gekippt worden waren. Offenbar waren einige große Kunden finanziell in schwere See geraten, andere wollten vielleicht die Erfahrungen mit der neuen Produktlinie R/3 abwarten. Welche Argumente auch immer die richtigen sein mochten, entscheidend blieb für die Börse, daß sich SAP selber von der spektakulären Dynamik der letzten Jahre verabschiedete. Im Vergleich zum Vorjahr überhaupt kein Wachstum? Das war eine riesengroße Enttäuschung.

Jetzt bestätigte sich wieder die alte Erfahrung, daß enttäuschte Hoffnungen zu einer radikalen Kehrtwende an der Börse führen, selbst wenn die tatsächlichen Ergebnisse gar nicht so schlecht sind. In einer solchen Phase verliert die Börse auch jeden Mut, über den Tellerrand hinauszuschauen.

Wer mit seinem SAP-Engagement noch vorne lag, also mit dem Papier Buchgewinne erzielt hatte, beeilte sich, zu verkaufen. Der Kurs der Vorzugsaktien verlor auf einen Schlag 12 Prozent und rutschte auf 1 270 D-Mark ab.

Als im Februar 1993 die tatsächlichen Zahlen beim Ergebnis aus der gewöhnlichen Geschäftstätigkeit für 1992 einen Rückgang von mehr als 4 Prozent im Vergleich zum Vorjahr belegten, verloren die Vorzugsaktien noch einmal fast 100 D-Mark. Sie wurden zu einem Kurs von nur noch 1 120 angeboten. Doch kaum jemand wollte zu diesem Preis wieder einsteigen. Wir waren heilfroh, noch rechtzeitig unsere Schäfchen in die Scheuer getrieben zu haben. Die realisierten Gewinne waren beträchtlich gewesen. Aber jetzt wollte man eher vorsichtig sein. Die weiter sinkenden Kurse gaben uns ja offensichtlich recht. Daß die Umsätze im vierten Quartal 1992 vor allem wegen der gerade erfolgten Einführung des neuen Produktes R/3 gelitten hatten, im Grunde also als ein positives Signal für die zukünftige Umsatzentwicklung hätten gewertet werden können, kam zumindest mir nicht in den Sinn. Ich hatte mich mit erfreulichen Gewinnen von der SAP-Aktie verabschiedet.

Das erste Quartal 1993 gab allen Skeptikern recht. Und zum zweiten Mal wurde die konservative Haltung der SAP-Unternehmensführung den Aktienkursen zum Verhängnis. Hatte SAP-Chef Hopp im Herbst 1992 mit seiner Warnung vor einem übertriebenen Optimismus an der Börse die Kurse in den Keller getrieben, so schickte er sich Ende Juni 1993 an, sie vollends zu ertränken. In aller Offenheit stellte er fest, es habe im ersten Quartal 1993 zwar ein Umsatzplus von 15 Prozent gegeben, diese Entwicklung sei aber zu dürftig. Die Börse sah in dieser Warnung die Vorboten des Unheils für die SAP-Aktien. Der einstige Liebling wurde erbarmungslos abgestraft.

Im Grunde hatten wir es doch alle geahnt: Nur ein Produkt in der Pipeline, das konnte doch nicht gutgehen! Großkunden würden sich in der Software nur ungern von einem einzigen Produzenten abhängig machen! Und am Horizont tauchte mit dem Unternehmen »Oracle« bereits der Konkurrent auf! Mit einem Kurs von unter 1000 D-Mark waren die Vorzüge von SAP noch gut bedient!

Jeden Tag konnte man auf dem Frankfurter Parkett diese oder ähnliche Meinungen hören. Selbst eindeutige Kaufempfehlungen der Banken oder nach oben korrigierte Gewinnschätzungen für das Jahr 1994, nichts konnte mich in meiner negativen Meinung über die SAP-Aktien verunsichern. Kein Wunder, denn wie viele andere hatte ich ja SAP längst aus meinem Depot entfernt.

Es kam, wie es kommen mußte. Ende 1993 verdichteten sich auf dem Parkett die Gerüchte, das Jahr 1993 laufe längst nicht so schlecht, wie von SAP selbst noch zu Jahresbeginn vermutet worden war. Das zweite Halbjahr werde vermutlich alle überraschen, ganz besonders das letzte Quartal. Die Bestätigung kam in den ersten Februartagen 1994. Im abgelaufenen Jahr war der Umsatz im Konzern um 32 Prozent gestiegen, das Ergebnis um sagenhafte 48,5 Prozent auf 257

Millionen D-Mark. Diese Zahlen katapultierten die Kurse der Stammaktien an einem Tag um fast 500 hoch auf 2450 D-Mark, die Vorzüge legten um mehr als 400 auf 2150 D-Mark zu, stießen dann allerdings bei 2600 oben an (vgl. Abbildung 6). Mit anderen Worten: Seit ihrer Talfahrt vor einem Jahr hatten sich die Kurse verdoppelt. Ein Plus von 100 Prozent in zwölf Monaten!

Strahlende SAP-Gewinner traf ich auf dem Parkett kaum, wohl aber anläßlich meiner Vortragsveranstaltungen, wo man mich immer wieder zu meinem richtigen Näschen in Sachen SAP beglückwünschte und auf die eigenen SAP-Bestände verwies, die man entsprechend meiner Ratschläge als langfristiges Investment seit 1990 im Depot liegen habe.

Die mitleidigen Blicke nach dem Eingeständnis meiner persönlichen Fehleinschätzungen mögen mit dazu beigetragen haben, daß ich im Sommer 1994 zum zweiten Mal mein Glück mit der SAP-Aktie versuchte. Inzwischen waren die Kurse der Aktien nach der Bekanntgabe einer Kapitalberichtigung eins zu vier im wahrsten Sinne des Wortes explodiert. Zur Hauptversammlung am 22. Juni kosteten die Stammaktien 3315 D-Mark, die Vorzüge lagen bei 3020 D-Mark. Der Weg über einen langlaufenden SAP-Call am Terminmarkt ermöglichte einen Einstieg, der meine Liquidität nur in einem erträglichen Umfang belastete. Risiken waren weit und breit nicht zu sehen. Auf diesem Kursniveau hatte das kleine Software-Unternehmen aus Walldorf an der Börse inzwischen einen Wert von fast 7 Milliarden D-Mark erreicht. Es war damit die Nummer 20 unter den deutschen Werten mit der höchsten Börsenkapitalisierung.

Vor allem die ausländischen Analysten hatten das deutsche Software-Unternehmen in ihr Herz geschlossen. Jeden

Abbildung 6: **Kurs der SAP-Vorzüge vom 1. 6. 1993 bis zum 25. 2. 1994**

SAP Vz. in DM

Hoch: 2555,00 (17. 2. 1994), Tief: 1194,00 (25. 6. 1993), Schluß: 2230,00 (25. 2. 1994)

Quelle: DATASTREAM

Tag gab es neue Kaufempfehlungen und neue Gewinnschätzungen. Den Vogel schossen im Sommer 1994 die Analysten von Goldman Sachs ab: Sie erwarteten für das Jahr 1994 einen Gewinn von 110 D-Mark pro Aktie, 1995 könnten es sogar 188 D-Mark werden. Die Empfehlungen amerikanischer Brokerhäuser fielen gerade in den USA zunehmend auf fruchtbaren Boden. In 1993 waren 48 Prozent der SAP-Vorzugsaktien in ausländische, überwiegend amerikanische Depots gewandert, ein Jahr später waren es sogar schon mehr als 50 Prozent. Auch als Absatzmarkt für die SAP-Software gewann der amerikanische Markt zunehmend an Bedeutung. Wenn man dort Fuß gefaßt habe, so die Überlegungen der Walldorfer, würden die großen Unternehmen, eines nach dem anderen, die SAP-Software installieren.

Karl-Egmont Niem, einer meiner ständigen Gesprächspartner vom Frankfurter Bankhaus Georg Hauck und Sohn, sonst eher für seine ruhige und bedächtige Art bekannt, geriet angesichts der langfristigen Perspektiven des Unternehmens fast ins Schwärmen. Die Industrie brauche unbedingt einen schnellen Datenfluß, um im täglichen Wettbewerb die eigene Produktivität steigern zu können. Dieses sei nur mit einer weltweiten Standardsoftware möglich. Und genau auf diesem Gebiet habe sich die Software von SAP zu einem international anerkannten Industriestandard entwickelt. Eine ernsthafte Konkurrenz sei nicht in Sicht.

Das amerikanische Brokerhaus Merrill Lynch sah dies ein wenig anders: Diese paradiesischen Zustände, ohne Konkurrenten die Märkte weltweit abgrasen zu können, könnten sich schneller als erwartet ändern. Mit Oracle und Peoplesoft stünden potente Mitbewerber vor der Tür. Deswegen seien die Kurse der SAP-Aktien mehr als gut bewertet. Mit anderen Worten, Merrill Lynch hielt die Kurse für zu hoch.

An der Börse ging diese zurückhaltende Meinung als einzelne Stimme völlig unter, die Mehrheit war auf Jubel gestimmt, und das mit gutem Grund. Jeden Tag wurden auf dem Parkett neue Gewinnschätzungen herumgereicht, die den Börsenliebling SAP in den Himmel hoben. Im dritten Quartal 1994 werde das Ergebnis vor Steuern um knapp 200 Prozent steigen! Wen wunderte es angesichts dieser Zahlen noch, daß die Kurse fast in einen Crash nach oben gerieten. Trotz der jüngsten optischen Verbilligung der Kurse im Verhältnis eins zu vier lagen die Stämme schon wieder bei 935 D-Mark, kosteten die Vorzüge 850 D-Mark. SAP-Chef Hopp versuchte, die Börsianer von ihrer Wolke sieben wieder auf die Erde herunterzuholen. Das vierte Quartal werde wesentlich schwächer abschneiden als das vorhergehende. Man sei schon mit einem Wachstum von 60 Prozent für das gesamte Jahr zufrieden. Hohe zweistellige Wachstumsraten gehörten also inzwischen auch für ihn zur Tagesordnung.

Aber irgendwann mußte doch Schluß sein mit diesem Parforce-Ritt der SAP-Aktien, irgendwann mußte man wohl seine Gewinne realisieren, also verkaufen! Aber wann war der richtige Zeitpunkt? Während der Unternehmenspräsentationen in Orlando/USA vielleicht? Die jüngsten Kundenveranstaltungen der SAP in den Vereinigten Staaten waren offenbar riesige Erfolge gewesen, denn durch amerikanische Käufe erhielten die Kurse einen neuen kräftigen Schub. Aber in diese Aufwärtsbewegung durfte man doch nicht verkaufen! Den Fehler hatte ich schon einmal gemacht, das mußte reichen. Außerdem käme nach einem Verkauf die entscheidende Frage, wo man das frei gewordene Geld dann anlegen sollte. Welche Anlage verspräche ähnliche Renditen wie die SAP-Aktien? Mit Sicherheit gab es zur Zeit kein Wertpapier, das genauso erfolgreich laufen würde. Also dann mit dem freien Geld am besten doch wieder auf SAP setzen? Aber warum dann erst verkaufen, um später zurückzukaufen? Außer erheblichen Verkauf- und Kaufspesen hätten diese Aktionen wenig gebracht.

Vor solchen Problemen stehen börsentäglich viele Anleger. Ich habe für mich nach vielen leidvollen Fehlschlüssen eine eindeutige Antwort gefunden: Nur verkaufen, wenn das Geld für konkrete andere Zwecke dringend gebraucht wird oder wenn sich die fundamentale Meinung über eine Anlage grundlegend geändert hat. Die realisierten Gewinne zu wesentlich niedrigeren Renditen irgendwo parken, um dann zu einem späteren Zeitpunkt wieder einzusteigen, macht nur Sinn, wenn eine langanhaltende Baisse vor der Tür steht, die eine Trendwende an der Börse einleitet. Angesichts der wirtschaftlichen Zukunft im neuen Euroland sehe ich aber zur Zeit keine derartigen Gefahren für die europäischen Börsen.

Auf dem Börsenparkett ging es Anfang 1995 in den Gesprächen dennoch immer nur um eine Frage: SAP halten oder verkaufen? Vordergründig wurden die Kurse durch die Verkaufserfolge der neuen Standardsoftware R/3 nach oben getrieben. Eine SAP-Vorzugsaktie kostete inzwischen mehr als 1000 D-Mark. Doch das erfolgsverwöhnte Lieblingskind der deutschen Börse spürte plötzlich Gegenwind, der, so paradox es klingen mag, durch die unglaublichen geschäftlichen Erfolge entfacht wurde.

In Deutschland hatten sich schon nahezu alle großen Industrieunternehmen dieses Produkt angeschafft oder waren dabei, vom alten R/2 auf das neue R/3 umzusteigen. Größere Potentiale boten sich aber noch in den USA, die dort erzielten Gewinne würden allerdings unter der gegenwärtigen Schwäche des US-Dollars leiden. Die Verkaufserfolge hatten zudem eine erhebliche Aufstockung des Personals zur Folge. Weltweit arbeiteten für SAP jetzt 5044 Mitarbeiter. Die Personalkosten würden also in steigendem Umfang das Ergebnis belasten. Die »Wirtschaftswoche« aus Düsseldorf witterte gar in einer Titelgeschichte eine »Absturzgefahr« für den »Software-Star SAP« und sprach von Schwierigkeiten bei der Installation und dem Einsatz der Software. Gerüchte auf dem Parkett, wonach eine große deutsche Bank mit dem neuen R/3 nicht zufrieden sei, wurden mir gegenüber per Telefon von SAP selber eindeutig dementiert und tauchten später auch nicht mehr auf.

Als dann im Februar Vorstandsmitglied Hans-Werner Hector, einer der vier Gründerväter des Unternehmens, mit 55 Jahren in den Aufsichtsrat wechselte, nahm die Unruhe auf dem Börsenparkett weiter zu. Wollte sich da einer der Verantwortlichen in Etappen ganz zurückziehen und Kasse machen? Würde er seinen erheblichen Anteil an den Stammaktien, immerhin waren es knapp 16 Prozent, verkaufen? Welche Auswirkungen hätte das auf die Kurse? Käme es mit Hilfe dieses Aktienpaketes zu einer Übernahmeschlacht um das erfolgreiche Unternehmen? Stünde seine Unabhängigkeit auf dem Spiel? Aus meiner Sicht waren dies alles Signale für eine Gewinnmitnahme.

Die Gerüchte um eine mögliche Nähe des Unternehmens zur äußerst umstrittenen amerikanischen Organisation Scientology brachten vorübergehend ebenfalls Unruhe in die Kurse, wurden aber von der Börse bald als unwahrscheinlich unter »Blödsinn« abgelegt, zumal sich die Unternehmensleitung in eindeutiger Schärfe gegen die Scientologen aussprach.

Häufig müssen wir in der *Telebörse* Gerüchte zur Sprache bringen, selbst wenn man vom Unsinn dieser Gerüchte überzeugt ist. Als Reporter in einer Live-Sendung habe ich nur in Ausnahmefällen die Möglichkeit, den Wahrheitsgehalt eines Gerüchtes, das plötzlich auf dem Parkett auftaucht, direkt vor Ort zu recherchieren. Dennoch muß es in der Sendung erwähnt werden, wenn es die Kurse auf dem Parkett beeinflußt, schließlich ist es die Aufgabe der *Telebörse*, das Auf und Ab der Kurse zu erklären. Die Zeitnot in dieser Live-Sendung, die die Parkett-Börse während ihrer gesamten Handelszeit begleitet, ist aber nicht so groß, daß nicht doch in konkreten Einzelfällen in den Pressestellen betroffener Unternehmen oder Organisationen Stellungnahmen eingeholt werden können, um sie dann in einer späteren Schaltung als Ergänzung, Bestätigung oder Korrektur einer früheren Meldung zu bringen.

In den nächsten Monaten sollte ich noch häufig genug Gelegenheit und Grund haben, die Unternehmensführung von SAP um eine Stellungnahme zu bitten.

Unabhängig von den jüngsten Geschichten um SAP trennte ich mich zum zweiten Mal von meinen Calls auf SAP-Aktien. Die Kurse waren nach meiner Meinung einfach zu lange nur in eine Richtung gelaufen, nach oben. Die alte Börsianerweisheit »the trend is your trend«, wonach man also Gewinne laufen lassen sollte, solange der Trend stimmt, warf ich leichten Herzens über Bord und freute mich unbändig über die erheblichen realisierten Gewinne. Die Freude währte wiederum nur kurze Zeit, denn die Aktienkurse liefen weiter, ich hatte meinem Freund, dem Börsentrend, den Rücken gekehrt und wurde nun jeden Tag mit der Nase auf diesen Fehler gestoßen.

Täglich wurden jetzt an der Börse immer größere Stückzahlen von SAP-Aktien umgesetzt. Im Jahr 1994 waren es insgesamt mehr als 11 Millionen Vorzugsaktien. Der Umsatz bei den Stammaktien war mit 5,6 Millionen Stück deutlich geringer, weil die meisten Stammaktien direkt oder indirekt fest in den Händen der Firmengründer lagen. Inzwischen gehörten die SAP-Vorzugsaktien zu den umsatzstärksten Titeln an der deutschen Börse. Als die Schätzungen über das abgelaufene erste Quartal 1995 an der Börse durchsickerten, schien es kein Halten mehr zu geben. SAP-Aktien wurden wie seltene Briefmarken gehandelt. Um mehr als 100 Prozent, so hieß es, sei das Geschäftsergebnis wahrscheinlich gestiegen, der Auftragseingang sei sogar noch deutlicher gewachsen.

Uns wurde schwindelig, der Unternehmensführung offensichtlich auch. SAP-Chef Hopp warnte eindringlich davor, das erste Quartal mit seinen Zahlen auf das ganze Jahr fortzuschreiben, es werde im Laufe des Jahres mit Sicherheit zu einer Abschwächung kommen. Der Kurs der SAP-Aktien aber war nicht zu stoppen. Zusätzlicher Rükkenwind kam nicht ganz unerwartet aus einer anderen Richtung: Ab August 1995 werde man die Aktien auf einen 5-Mark-Nennwert umstellen, so der Beschluß der Hauptversammlung, das würde die Aktien optisch verbilligen und damit für die Kleinanleger interessanter machen. Und ab September werde die SAP-Vorzugsaktie in den großen

DAX aufgenommen, beschloß der Vorstand der Deutsche Börse AG, einem entsprechenden Vorschlag des Arbeitskreises Aktienindizes folgend. Mit einer Börsenkapitalisierung von 17 Milliarden D-Mark war der Aufstieg in die erste Bundesliga der deutschen Börsen eine Selbstverständlichkeit, die wir im Grunde schon lange erwartet hatten. Die Stammaktien schossen auf über 2 000 D-Mark, die Vorzüge blieben nur knapp darunter, ihr Abstand zu den Stammaktien verringerte sich zusehends.

Die Aussichten, ab September in den DAX aufgenommen zu werden, hätten im Grunde die Kurse der Vorzugsaktien von SAP bereits im August viel stärker beflügeln müssen. Denn mit der Aufnahme in diesen erlauchten Kreis der 30 wichtigsten deutschen Standardtitel gerieten die Vorzugsaktien automatisch auf die Einkaufsliste der Aktienfonds, die als Anlagestrategie lediglich das Ziel verfolgen, in ihrem Portfolio den DAX naturgetreu abzubilden. Wegen der hohen Börsenkapitalisierung der SAP mit 20 Milliarden D-Mark war es abzusehen, daß die Vorzüge von SAP im großen DAX und damit auch bei den Fondsmanagern einen erheblichen Stellenwert einnehmen würden. Immerhin gehört, gemessen an der Börsenkapitalisierung, die SAP AG zu den zehn größten deutschen Unternehmen an der Börse. Starke Käufe der Fonds nach dem September-Termin waren also abzusehen. Entsprechende Vorkäufe der Anleger bestimmten für Tage den Markt.

Doch was schön als Jubelparty an der Börse begonnen hatte, endete ganz plötzlich mit schrillen Mißtönen. Immer mehr Analysten warnten vor Kursübertreibungen bei SAP, setzten die Ergebnisprognosen herunter und verwiesen konsequent auf ein viel zu hohes KGV von 42 auf der Basis der geschätzten Gewinne von 1996. In der *Telebörse* unterstrichen meine Gesprächspartner die schlechten Aussichten für das dritte Quartal 1995, der Einstieg in den südamerikanischen und chinesischen Markt würde die Gewinn- und Verlustrechnung erheblich belasten, und das USA-Geschäft mache wegen des schwachen US-Dollars wenig Freude. Die Empfehlungen, die SAP zu verkaufen, häuften sich. Ich fühlte mich in meiner vorausgegangenen Entscheidung auszusteigen im nachhinein bestätigt, obwohl ich einen großen Teil der jüngsten Kursgewinne leider verpaßt hatte.

Das Jahr 1995 bescherte schließlich dem Unternehmen ein glänzendes Gewinnplus von über 40 Prozent, aber für die hochgespannten Hoffnungen der Analysten war es zu wenig. SAP-Chef Hopp hatte zwar im Dezember in Zeitungsinterviews den tatsächlichen Gewinn von 4 D-Mark pro Aktie exakt vorhergesagt, doch hatten wir an der Börse ihm nicht geglaubt, weil wir ihn längst als Tiefstapler eingeordnet hatten. Als sich dann aber seine früheren Warnungen bestätigten, reagierten die Anleger vergrätzt, die Vorzugsaktie, inzwischen wie die Stammaktie auch eine 5-Mark-Nennwert-Aktie, fiel um fast 10 auf 217,50 D-Mark.

Zu Beginn des Jahres 1996 häuften sich die Prognosen der nationalen und internationalen Analysten, und mit jedem Gespräch in der Telebörse wurden die Gesichter länger. Das einstige Wunderkind der deutschen Wirtschaft entpuppte sich offenbar als stinknormales Gör. Nicht ohne Charme, aber keine Spur mehr von den außergewöhnlichen Wachstumsraten, die die Kursexplosionen in der Vergangenheit gerechtfertigt hatten.

In diese angesäuerte Stimmung auf dem Börsenparkett platzte Mitte April eine Agenturmeldung, die den einst gefeierten Börsenliebling SAP in den Keller prügelte. Der Finanzanalyst Bob Cameron von der amerikanischen Beratungsgesellschaft Forrester Research aus Cambridge/Massachusetts hatte von Schwierigkeiten gehört, die anscheinend beim Umstieg vom SAP-Verkaufsschlager R/3 auf eine neue Generation R/4 entstehen würden. Da dieses Nachfolgemodell R/4 nicht kompatibel sei mit der aktuellen Standardsoftware R/3, gäbe es bei den SAP-Kunden in nächster Zukunft erhebliche Probleme. SAP werde mit dem Programm R/3 in der Umsatzkurve mit 1,4 Milliarden US-Dollar seinen Zenit erreichen und dann auf 1,1 Milliarden US-Dollar zurückfallen.

Diese Beratungsgesellschaft aus Amerika war den meisten auf dem Parkett ebenso wie mir zwar völlig unbekannt, aber die Computerfreaks unter uns wiegten bedenklich den Kopf, derartige Probleme seien durchaus vorstellbar.

Die Kurse der SAP-Aktien kennen an jenem 11. April nur eine Richtung: nach unten. Die Vorzüge sacken auf 176 D-Mark ab. Noch vor vier Wochen hatte der amerikanische Broker Morgan Stanley sein Kursziel von 235 D-Mark für diese Aktie bekräftigt, und jetzt dieser Einbruch! Alle, die sich von dieser Aktie getrennt hatten, fühlen sich jetzt bestätigt. Keiner, der auf günstigere Kurse für den erneuten Einstieg gewartet hatte, sieht sich veranlaßt, etwas zu tun. »Die Aktie ist angeschlagen«, ruft man mir auf dem Parkett zu und verkauft weiter.

Die Pressestelle der SAP in Walldorf ist telefonisch nicht zu erreichen, aber die Zeit drängt, ich brauche unbedingt vom Unternehmen selbst eine Stellungnahme zu den Äußerungen der amerikanischen Beratergesellschaft. Nach längerem Hin- und Herverbinden lande ich schließlich bei einem Mitarbeiter auf der Führungsetage. Ja, man habe von dieser Meldung gehört und über n-tv auch von der Reaktion an der Börse erfahren. Ja, das amerikanische Unternehmen sei in der Branche bekannt, nein, Negatives sei bisher nicht darüber zu berichten. Aber leider, oder besser, Gott sei Dank, sei die Meldung absolut falsch. R/3 sei anpassungsfähig und werde ab 1999 bestimmt kein Museumsstück sein. Die Kunden von SAP könnten sicher sein, es gebe in den nächsten Jahren bestimmt keine inkompatible Neuentwicklung.

Ich gebe diese Auskunft in den folgenden Schaltungen aus der Frankfurter Börse als offizielle Stellungnahme von SAP sofort an die Zuschauer von n-tv weiter. Der Verkaufsdruck hat in der Zwischenzeit etwas nachgelassen. Gleichzeitig halten immer mehr Börsianer und Anleger die Hand auf und steigen wieder ein. Die vielleicht übertriebene Verkaufswelle hat eine nicht unerwartete Gegenreaktion ausgelöst. Auf diesem niedrigen Niveau ist SAP offenbar wieder ein Kauf.

In den folgenden Tagen wurde der Absturz der SAP-Aktien beendet und schlug sogar in starke Käufe um, als die Schätzungen für die ersten drei Monate 1996 ein Gewinnplus von mehr als 60 Prozent signalisierten – die Umsätze hatten in diesem Zeitraum um 40 Prozent zugelegt. Da war sie plötzlich wieder, die SAP-Dynamik, die wir in den letzten Monaten so schmerzlich vermißt hatten. Trotzdem blieben die Kurse der Vorzugsaktie knapp über 200 D-Mark hängen, die alten Höchststände aus dem Herbst 1995 mit Kursen von über 260 D-Mark wurden nicht mehr erreicht.

Der Bericht von Forrester Research hatte alle Analysten und institutionellen Anleger trotz des Dementis aus Walldorf auf das Risiko eines Unternehmens aufmerksam gemacht, dessen Wohl und Wehe nur von einem Produkt abhängt. Das gab zu denken, selbst wenn SAP mit seiner Industriestandardsoftware R/3 inzwischen einen Weltmarktanteil von 34 Prozent erreicht hatte, sich zum Hauptlieferanten der Autoindustrie mauserte und mit seiner Software deutlich mehr Umsätze erzielte als seine Mitbewerber Baan, Oracle und Peoplesoft zusammen! Aber irgendwann würde der Markt gesättigt sein.

Von dem unglaublichen Auftragsboom durch die Entstehung von Euroland und durch die Umstellungsschwierigkeiten der Computerprogramme zur Jahrtausendwende sprach zu dieser Zeit noch kein Mensch auf dem Parkett. Die wichtigsten Gesprächsthemen blieben das Risiko eines Ein-Produkt-Unternehmens und das Ausscheiden des ehemaligen SAP-Vorstandes Hans-Werner Hector. Immerhin waren mehr als 10 Prozent der Stammaktien mit einem Marktwert von 1,8 Milliarden D-Mark aus Hectors Bestand an einen Trust verkauft worden. Wenn dieses Aktienpaket auf den Markt käme, würde es den Kurs der SAP-Aktien erheblich beeinträchtigen. Aus bloßer Angst vor einem möglichen Verkaufsdruck verloren die Stammaktien rund 3,5 Prozent und kosteten nur noch 196,50 D-Mark.

Nach einigen Tagen aber beruhigten sich die Gemüter, und wir konnten uns wieder unserem alten Lieblingsspiel widmen, dem Rätselraten um die Geschäftsentwicklung bei SAP. Diesmal standen die Neunmonatszahlen für das laufende Geschäftsjahr an. Bis zum Börsenschluß am 22. Oktober sickerte nichts durch. Die Vorzugsaktien hatten sich erstaunlich stabil bei 280 D-Mark gehalten. Keiner auf dem Parkett ahnte etwas Böses.

Am nächsten Tag wird die SAP unter dem lauten Geschrei der Händler und Makler aus dem siebten Börsenhimmel in die harte und staubige Realität gekippt. Nach Schluß der Präsenzbörse hatte das Unternehmen am Vortag selber eine »überraschende Wachstumsschwäche« in den ersten drei Quartalen 1996 bekanntgegeben. Ergebnis und Umsatz seien um nur 33 Prozent gestiegen. Ich hatte diese Zahlen in meiner Naivität noch als recht passabel interpretiert und den negativen Kommentar seitens der Unternehmensführung als die schon bekannte vorsichtige Haltung des Herrn Hopp gewertet. Die Reaktion an der Börse traf mich daher wie ein Blitz am heiteren Himmel.

Schon vor Börsenbeginn ballen sich die aufgeregt gestikulierenden Börsianer vor der Schranke des für SAP zuständigen Kursmaklers. Lautes Geschrei, Stolpern und Gerenne zwischen der Schranke und den Büros der Kreditinstitute am Rand des Parketts, hektisches, lautstarkes Telefonieren übers Handy ... Verkaufslimits werden heruntergesetzt, Kauflimite gestrichen. Jetzt bloß keinen Fehler machen, nicht zu früh, das heißt, nicht zu hoch wieder einsteigen, aber aufpassen, den Punkt nicht verpassen, an dem sich der Wind dreht. Mißverständnisse untereinander und am Telefon, Zornausbrüche, Erleichterung, Enttäuschung, alles auf wenigen Quadratmetern.

Meine Fragen in den Interviews, warum ein Ergebnisplus von mehr als 30 Prozent nach Jahren dynamischen Wachstums so katastrophal sei, und das in einer allgemeinen schlechten Konjunktur, stoßen bei meinen Gesprächspartnern auf völliges Unverständnis. Gegen die Wahrheit der Kurse bin ich hilflos: minus 60 bis 70 D-Mark bei den Vorzügen. Was vorher 280 D-Mark gekostet hat, ist jetzt nur mit Mühe für 220 oder 210 D-Mark zu verkaufen.

King Kong SAP wird von der Börse bestraft, kann man am nächsten Tag in der Börsenzeitung lesen. Das Schlachtfest dauert in den nächsten Tagen an. M.M. Warburg stuft SAP herunter, von übergewichten auf neutral. Ein eindeutiges Verkaufssignal, der Kurs der Vorzüge rutscht folglich weiter, unter 200 D-Mark, und mit den Kursen werden die Calls auf SAP-Aktien immer billiger. Dietmar Hopp versucht, seine eigenen sorgenvollen Worte wieder einzufangen, das vierte Quartal werde deutlich besser. »Kein Wunder«, kommt das hämische Echo von der Börse, »im dritten Quartal hat das Wachstum in Deutschland nur noch bei 9 Prozent gelegen, erwartet wurde aber für 1996 ein Gewinnplus bis zu 50 Prozent, das aber wird kaum zu schaffen sein.«

Das Unternehmen hatte zwar schon lange vorher immer wieder auf eine mögliche Wachstumsdelle hingewiesen, die Analysten aber hatten in ihrer SAP-Euphorie diese Mahnungen nur als die bekannte Tiefstapelei abgetan. Die Realität werde mit Sicherheit besser aussehen! Nun waren all diese Traumschlösser zusammengefallen, und jeder stolperte über die Trümmer am Boden zum Ausgang hinaus. Nur raus aus SAP! Enttäuschte Liebe kann sehr radikal sein.

In den ruhigen Stunden nach diesem Desaster machten wir uns in Gesprächen mit Computerexperten und Volkswirten ans Aufräumen. Wie sah die Zukunft für SAP tatsächlich aus? Stimmte die Unternehmenskonzeption, gäbe es noch genügend Märkte für die Industriestandardsoftware R/3? Der Wechsel vom Jahr 1999 in das Jahr 2000 werde die weltweit vernetzte moderne Gesellschaft in ein Chaos stürzen, erklärte man mir. Die Computer arbeiteten alle mit Programmen, die bei den Jahreszahlen nur die letzten beiden Ziffern wahrnehmen. Mit anderen Worten, nach 1999 stellt der Computer nicht auf 2000 vor, sondern auf 1900 zurück. Überall wird daher eine neue Software erforderlich, die dieses Problem löst. Die SAP-Software sei dazu in der Lage. Das werde zwangsläufig auf allen Märkten dieser Welt zu einem gewaltigen Auftragsschub führen!

Die zweite Quelle, aus der SAP im Überfluß schöpfen könne, werde die Einführung des Euro sein, wenn er denn zum 1. Januar 1999 käme. In den Teilnehmerländern müßten die großen wie kleinen Unternehmen und Behörden von nationalen Währungen auf eine einheitliche, gemeinsame Währung umstellen. Auch das mache die Installation einer neuen Software erforderlich. Und auch hierfür habe SAP die richtige Antwort. Voraussetzung sei aber halt, daß der Euro auch tatsächlich käme.

Ich war von der pünktlichen Einführung des Euro überzeugt: Die wirtschaftliche Vernunft sprach dafür, und Bundeskanzler Helmut Kohl würde schon sein ganzes politisches Schwergewicht ins Spiel einbringen, um dieses Ziel zu erreichen. Deshalb gab es im Grunde für mich nur eins: SAP kaufen! Direkt als Aktie oder über einen Call mit möglichst langer Laufzeit. Ich war also wieder dabei und sah mit Vergnügen, wie sich die Kurse in den nächsten Monaten wieder erholten.

Wer von den Analysten im Herbst noch den Daumen gesenkt hatte, riet jetzt auf dem niedrigeren Kursniveau wieder zum Einstieg. Die Researchabteilung der Bayerischen Vereinsbank setzte das Kursziel mittelfristig auf 240 D-Mark, und sie wurde, wie alle anderen Analysten, von der Wirklichkeit überholt.

Denn das Jahr 1996 erwies sich im nachhinein als ein doch nicht so schlechter Jahrgang. Wie von der Unternehmensführung vorhergesagt, hatte das vierte Quartal viel vom verlorenen Terrain zurückgewonnen. Mit einem Gewinnplus vor Steuern von 43 Prozent meldete sich SAP zurück im Kreis der dynamischen Wachstumswerte. Tätige Reue und Buße waren jetzt wieder auf dem Parkett angesagt. Selbst bei einem Kurs von fast 250 D-Mark und einem KGV von 35 hielten die Hauck-Bankiers die Vorzugsaktien wieder für kaufenswert. Die Analysten vom Helaba Trust setzten ihr Kursziel auf 300 D-Mark herauf und empfahlen: im Aktienportfolio übergewichten.

Wer seit der Börseneinführung im November 1988 bis zum 31. Dezember 1996 die SAP-Stamm-Aktie gehalten und alle Dividendenzahlungen wieder in SAP-Aktien investiert hatte, hatte eine jährliche Rendite von 45 Prozent erzielt. Aber wer war dieser Aktie schon vom ersten Tag an treu geblieben? In meinem privaten Umfeld gab es niemanden.

Als im Frühjahr 1997 die Zahlen für das erste Quartal im Vergleich zu dem allerdings sehr schwachen ersten Quartal 1996 einen überraschenden Gewinnsprung von mehr als 50 Prozent belegten, marschierten die Kurse der Vorzugsaktie entschlossen in Richtung 300 D-Mark. Bis zu 350 D-Mark seien durchaus drin, strahlten meine Interviewgäste in der

Teleborse, die SAP müsse man einfach haben. Wahrscheinlich werden selbst die Stammzuschauer meine Qual nicht bemerkt haben: Ich hatte mich nämlich längst wieder von meinem SAP-Engagement gelöst. Natürlich mit einem beträchtlichen Gewinn und natürlich zu früh (vgl. Abbildung 7).

Deprimierend, wie wenig man zuweilen aus seinen eigenen Fehlern lernt. Eingestiegen bin ich erst wieder viele Monate später bei einem Kurs von über 700 D-Mark. Dieses Mal werde ich der SAP-Aktie treu bleiben, obwohl das Jahr 1998 mit einem enttäuschenden Gewinnplus von nur 15 Prozent vor Steuern schloß. Die Japankrise hat offensichtlich die Ernte stärker verhagelt, als es selbst die sehr vorsichtigen SAP-Manager vorhergesehen haben. Doch 1999 wird schon aufgrund des schlechteren Vorjahres wesentlich besser aussehen und allein deswegen mit höheren Wachstumsraten an frühere Zeiten anschließen.

Hoffentlich ist diese Einschätzung kein erneuter Fehler.

Abbildung 7: **Kurs der SAP-Vorzüge vom 1. 1. 1997 bis zum 31. 12. 1997**

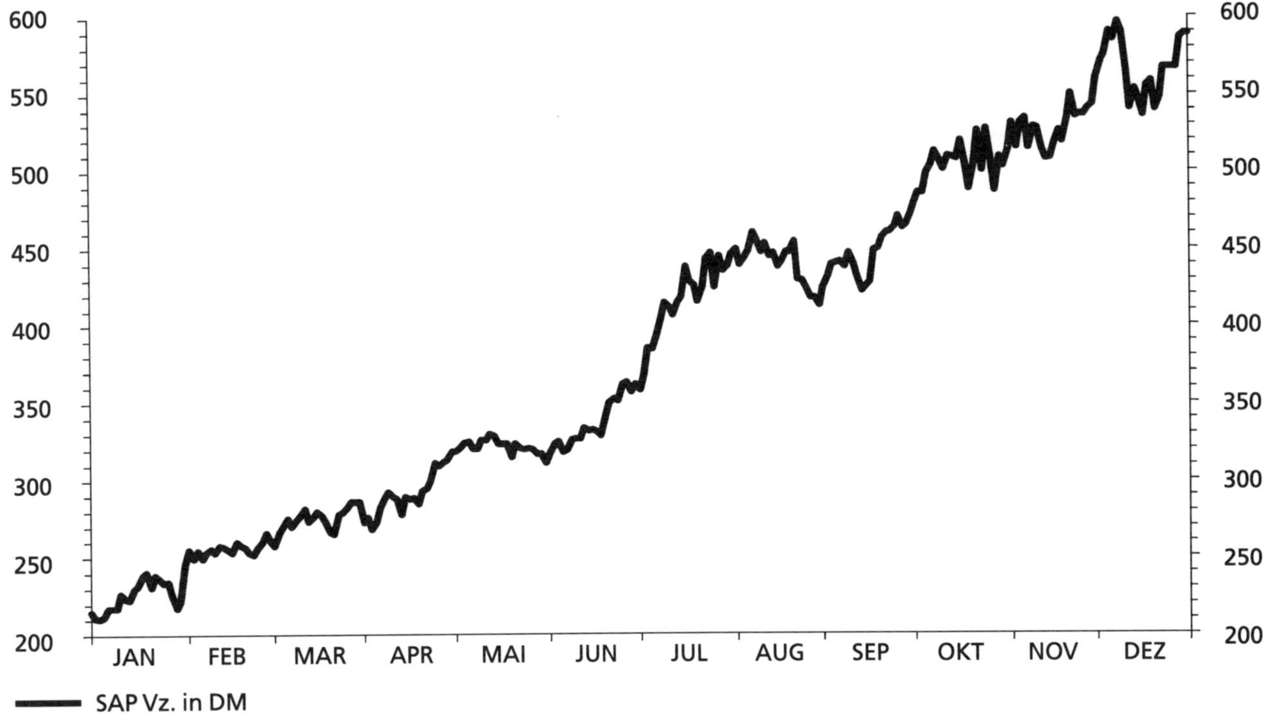

Hoch: 596,00 (8. 12. 1997). Tief: 210,90 (3. 1. 1997). Schluß: 588,50 (31. 12. 1997)

Quelle: DATASTREAM

Kapitel 9

Haussen sterben in der Euphorie

Die Gier am Neuen Markt

Geahnt hatte ich es schon am Abend zuvor, als der Analyst der Westdeutschen Landesbank, Martin Sowa, in der Telebörse den Wert EM.TV zum Kauf empfahl. Kursziel auf mittlere Sicht, also für das nächste Vierteljahr, 1100 D-Mark. Bei einem aktuellen Kurs von 585 D-Mark sage und schreibe eine knappe Verdoppelung des Kurses. Und das Mitte November 1998, in einer Zeit, in der die ersten Mutigen, wenn auch nur mit ganz langen Zähnen, die großen Standardtitel der deutschen Börse wieder auf die Kauflisten setzten. Der DAX würde es in den nächsten Monaten schwer haben, die Witterung für seine Rekordmarke von rund 6200 wieder aufzunehmen, die er seit Juli verloren hatte. Weltweit werde die Konjunktur einen Gang oder vielleicht auch zwei Gänge zurückschalten müssen; zu viele Steine hätten die Staaten im fernen Osten den Amerikanern und Europäern in den Weg gerollt. »Ehe die Straßen wieder ungehindert passierbar sind, wird noch ein längere Zeit vergehen«, unkten die Bedenkenträger.

Doch EM.TV muß sich im November offenbar darüber keine Gedanken machen. Mit einem Kurs-Gewinn-Verhältnis von rund 100, bezogen auf die für 1999 geschätzten Gewinne von 5 bis 6 D-Mark pro Aktie, gehört dieses Wertpapier im Spätherbst 1998 zu den absoluten Überfliegern am Neuen Markt. Am 30. Oktober 1997 mit einem Emissionspreis von 34 Mark gestartet, hat sich der Münchner Fernsehproduzent und Händler von Film- und Fernsehrechten aus dem Stand in galaktische Höhen katapultiert. Längst hat das Unternehmen die deutschen Umsatzgrenzen hinter sich gelassen. Von den Niederlanden oder von Frankreich und Spanien aus werden die Lizenzen von Sport- oder Unterhaltungssendungen gehandelt und vermarktet. Jetzt soll der asiatische Raum erobert werden. Ein Vertrag mit China ist offenbar in trockenen Tüchern.

Ein Unternehmen, wie geschaffen für den dynamischen Neuen Markt. Einmal ins Laufen gekommen, hat der Kurs jede Hürde übersprungen. Selbst ein Aktiensplit im Verhältnis 1 : 1 konnte den Sturm und Drang nicht bremsen. In den ersten neun Monaten des Jahres 1998 hat sich der Umsatz auf über 45 Millionen D-Mark verdreifacht, Analysten setzen im letzten Quartal noch einmal auf einen gehörigen Schub, so daß am Ende des Jahres Erlöse von 70 Millionen D-Mark in der Kasse klingeln könnten. Der Platow- Brief erwartet für 1999 über 180 Millionen D-Mark Umsatz, und für das Jahr 2000 sollen es schon 300 Millionen sein. Jährlich müsse dabei wohl ein Gewinn von 20 D-Mark je Aktie übrigbleiben. Auch ein steigender Kapitalbedarf für mögliche Firmenzukäufe wird die Champagnerlaune nicht stören können.

Über EM.TV wölbt sich offenbar nur noch der unendliche, grenzenlose Himmel. Ein Kursziel von 900 D-Mark sieht der Platow-Brief ganz locker in greifbarer Nähe, und die Westdeutsche Landesbank geht in der Telebörse mit ihrer 1100-Mark-Schätzung nur unwesentlich weiter. Wer bietet mehr?

Am Tag nach der Sendung nimmt die EM.TV-Aktie wieder Fahrt auf, der Kurs steigt um 41 D-Mark auf 626 D-Mark. Das Unternehmen hat Übertragungsrechte für die kommenden fünf Kämpfe des Schwergewichtsboxers Mike Tyson, den schlimmen »Ohrenbeißer«, bereits an zwölf TV-Sender in vier Kontinenten verkauft und kassiert dafür 64 Millionen D-Mark. Mit jedem Kampf steige der Gewinn pro Aktie um 3 D-Mark, rechnet mir ein freier Makler vor. Also, ab geht die Post. Das Kurs-Gewinn-Verhältnis auf der Basis der erwarteten Gewinne in diesem Jahr erreicht fast 180. Mit anderen Worten, bei dem gegenwärtigen Gewinn pro Aktie braucht das Unternehmen 180 Jahre, um diesen Kurs zu verdienen. Ganz schön langfristig gedacht! »Aber warum soll man sich darüber aufregen«, fragen sich die Börsianer, »es kommt doch am Neuen Markt längst nicht mehr auf den gegenwärtigen Gewinn und das altbackene Kurs-Gewinn-Verhälnis an, vielmehr ist die künftige Gewinndynamik ausschlaggebend.«

Und diese Dynamik und die Hoffnung auf künftige Gewinne rechtfertigen offenbar am Neuen Markt jede Kursexplosion. Wer mag da noch auf die guten alten Standardwerte wie Bayer oder Allianz setzen, die an guten Tagen vielleicht um 4 oder 5 D-Mark zulegen? Am Neuen Markt und bei Internet-Aktien spiele die Musik, nicht bei den langweiligen »Blue Chips«, entgegnen mir vor allem junge Anleger in den Diskussionen nach meinen Vorträgen, wenn ich für die langfristige Vermögensbildung auf die großen europäischen Werte mit ihrer hohen Liquidität zu sprechen komme. In der gegenwärtigen Situation habe ich in der Tat keinen leichten Stand, gegen die offensichtlichen Renditeerfolge auf diesen engen jungen Märkten zu argumentieren. Aber wie weit reicht diese Gegenwart in die Zukunft hinein, und was geschieht, wenn nicht nur einzelne Anleger mit geringen Stückzahlen Kasse machen wollen? Was helfen spektakuläre Kursgewinne auf dem Papier, wenn schon kleine Verkaufsaufträge nur in Teilen ausgeführt werden und dann auch nur zu deutlich nachgebenden Kursen ausgeführt werden können? Sehr schnell schnurren dann die Buchgewinne zusammen, und das bei fixen Kosten für jeden Teilverkauf.

Bis zur Jahreswende 1989/1990 hatte ich ähnliche Hinweise auf die außerordentliche Dynamik hin und wieder auch als Rechtfertigung für die langjährige Hausse an der japanischen Börse gehört. Als sich dann die Kurse an der Tokioter Börse auf eine achtjährige Talfahrt begaben, hatten wir natürlich alle schon vorher gewußt, daß die Kurs-Gewinn-Verhältnisse von durchschnittlich über 60 bei den japanischen Werten hoffnungslos übertrieben waren. Das hatte doch nicht gutgehen können! Alles war doch nur heiße Luft gewesen! Stimmt! Nur, warum hatte daran keiner gedacht, als die Kurse noch stiegen?

Oft schreiben berufene oder auch unberufene Börsenbeobachter nur den allgemein gültigen Trend fort. Mehren sich die Erwartungen auf steigende Kurse, kann man sich höchstens noch durch einen auffälligen Optimismus aus dem »stimmigen« Umfeld herausheben. Mit der nötigen Resonanz in den Medien werden auf diese Art Kursbewegungen verursacht, die nicht unbedingt mit den realen Verhältnissen übereinstimmen müssen, zum Leidwesen derer, die aufgrund dieser veröffentlichten Schätzungen noch versuchen, auf den fahrenden Schnellzug zu springen. Eine Beobachtung, die ich in den ersten Lebensmonaten des Marktsegmentes »Neuer Markt« immer wieder gemacht habe.

Am 10. März 1997 an der Frankfurter Börse uraufgeführt, hat dieser privatrechtlich organisierte Handel von Anfang an für spektakuläre Schlagzeilen gesorgt und dadurch allzuhäufig seinem großen Bruder, dem amtlichen Markt mit seinen amtlich bestellten und vereidigten Kursmaklern, die Schau gestohlen.

Die Idee der Frankfurter Börse, die zur Gründung des Neuen Marktes geführt hatte, war und bleibt goldrichtig. Jungen und dynamischen Unternehmern soll die Gelegenheit geboten werden, sich über den Gang an die Börse das Eigenkapital zu beschaffen, das sie für die Umsetzung ihrer Ideen und Pläne in der Produktion oder im Dienstleistungsbereich dringend benötigen. Auf der anderen Seite will die Frankfurter Börse risikobewußten Anlegern eine hochrentable Anlagemöglichkeit bieten. Beide Gruppen begegnen sich auf dem Neuen Markt und können voneinander profitieren.

Wer als Unternehmer auf dem Neuen Markt mitspielen will, muß dabei bestimmte Spielregeln beachten: So muß beispielsweise das Emissionsvolumen für den Börsengang mindestens 10 Millionen D-Mark betragen, weil sonst, selbst für den kleinen Neuen Markt, das handelbare Volumen zu gering wäre. Eine sogenannte Betreuerbank sorgt dafür, daß für mindestens 500 Aktien bei einem Nennwert von 5 D-Mark Kauf- und Verkaufskurse gestellt werden, mit einer maximalen Spanne von 5 Prozent. Hierdurch soll eine bestimmte Mindestliquidität garantiert werden. Die Altaktionäre, also zum Beispiel die Inhaber des Unternehmens – offensichtlich nicht aber deren Geschäftsfreunde und Bekannten –, sind verpflichtet, nach dem Börsengang mindestens sechs Monate lang ihre Aktien zu halten. So soll vermieden werden, daß die Unternehmer unmittelbar nach dem Börsengang Kasse machen und damit unter Umständen einen starken Druck auf den Börsenkurs ausüben. Über Jahresabschlüsse, Quartalsberichte und durch jährliche Analystengespräche muß der Anleger regelmäßig und ausführlich über die Entwicklung des Unternehmens unterrichtet werden. Das kostet in den Jahren nach der Emission fortlaufend viel Geld, wird aber in der Euphorie des Börsenganges hin und wieder verdrängt.

Vor allem aber sollen nur innovative, wachstumsstarke Unternehmen an den Neuen Markt kommen. Das zielt zweifellos nicht nur auf Unternehmen aus den Bereichen High-Tech und Kommunikation, wie es aus dem Kreis der Marktbeobachter vereinzelt gefordert wird. Doch ob tatsächlich alle Unternehmen, die sich über den Neuen Markt um das Kapital der Anleger bewerben, wirklich mit neuen Produktideen und herausragenden künftigen Wachstumschancen aufwarten können, wage ich zu bezweifeln. Mancher Altaktionär wird mit leuchtenden Augen auf das Kurspotential am Neuen Markt für seine Aktien schauen oder an den Publizitätsrummel denken, der mit dem Börsengang an den Neuen Markt verbunden ist. Für die Hunzinger Information AG könnte letzteres durchaus ein wichtiges Motiv gewesen sein.

Aber mit der wachsenden Zahl der Emissionen an diesem

Markt läßt allmählich auch die Exklusivität und Attraktivität nach. Nicht jeder Emissionspreis wird heute, wie zu Beginn des Neuen Marktes noch gang und gäbe, am ersten Handelstag fast zwangsläufig deutlich übertroffen. Hin und wieder hat es deswegen in letzter Zeit nach der Bekanntgabe des ersten Kurses wahrscheinlich betrübte Gesichter bei den Emissionszeichnern gegeben. Das muß, aus meiner Sicht, nicht unbedingt als Nachteil für dieses Börsensegment interpretiert werden, nimmt es doch ein wenig die Gier nach schnellen Kursgewinnen aus der Börse.

Der Anleger sollte sich heute also darüber im klaren sein, daß kleine, wachstumsstarke Unternehmen zwar für dynamische Gewinnentwicklungen stehen, daß dies aber keine Garantie für künftige Gewinnexplosionen ist. Zum anderen sollte jeder Anleger begreifen, daß ein Unternehmen mit einem eher geringen Eigenkapital auch nur über wenig handelbare Aktien verfügen kann. Wenn dann auch noch, wie offenbar üblich, von den emittierten Aktien ein mehr oder weniger großer Anteil an Geschäftsinhaber und ihre Familien und Geschäftsfreunde geht, verringert das die Zahl der im Streubesitz befindlichen Stücke zusätzlich. Für den Handel über den Freiverkehrsmakler hinter der Schranke bleibt somit nicht mehr viel übrig. Die logische Konsequenz sind hin und wieder unerwartete Kursschwankungen, die auch durch die Betreuerbanken nicht verhindert werden können. Mit 500 Aktien im Verkaufsangebot kann man sehr schnell überfordert sein, wenn auf einen Schlag 1000 oder 2000 Anleger in die betreffende Aktie einsteigen wollen. Umgekehrt kann es schon schwierig werden, 50 oder 100 Aktien zum aktuellen Kurs zu verkaufen, wenn partout kein Kaufinteresse vorhanden ist.

Die Anforderungen des Neuen Marktes an die Emittenten und die Anleger waren mithin von Anfang an deutlich definiert. Dennoch lief in der Anfangsphase des Neuen Marktes vieles aus dem Ruder. Die täglichen Schlagzeilen in der Presse spiegelten ein einziges Chaos am Neuen Markt. »Risikomarkt«, »Zockerbörse«, »Der Markt für die schnelle Mark«, »Millionäre am Fließband«, »Lizenz zum Gelddrukken«. Für mich war das alles ein Albtraum.

Jahrelang habe ich als Moderator der *Telebörse* versucht, die Abläufe am Aktien- und Rentenmarkt zu erklären, den deutschen Kleinanlegern die Angst vor der Geldanlage in Aktien zu nehmen. Zwar nutzen immer noch viel zu wenige Bundesbürger die Aktie als Instrument einer langfristigen Vermögensbildung, doch ganz allmählich haben sich die ersten zarten Pflänzchen einer Aktienkultur in Deutschland gebildet. Der Börsengang der Telekom-Aktie mit dem grandiosen Schauspieler Manfred Krug als Zugpferd mag dabei geholfen haben, vielleicht auch die regelmäßigen Sendungen der *Telebörse* auf n-tv und ganz bestimmt die beachtlichen Kursgewinne der letzten Jahre. Es tut sich also etwas am deutschen Aktienmarkt.

Aber was sich seit dem 10. März 1997 am Neuen Markt tat, war mir anfangs unverständlich und machte mir Angst. Wie die Lemminge stürzten sich offensichtlich die Kleinanleger auf die Werte am Neuen Markt. Den schnellen Gewinn vor den aufgerissenen Augen, sprangen sie ohne Rettungsring, also ohne Kauflimit für die jeweilige Neuemission, ins unbekannte Wasser. Tätigkeitsfelder, Umsatz- oder Gewinnerwartungen des Unternehmens, Anlaufkosten und Verbindlichkeiten, Eigenkapital und Fremdkapital, die Konjunktur innerhalb der Branche, die Stärken und Schwächen der Konkurrenten, alles das war vielen offensichtlich Jacke wie Hose. Allein die Triumphmeldungen in den Massenmedien über eine ungewöhnlich starke Zeichnung einer Neuemission, natürlich am oberen Ende der im sogenannten Bookbuilding-Verfahren angepeilten Preisspanne, ließen die privaten Kleinanleger schon aus den Schuhen springen. Je deutlicher eine Emission überzeichnet war, desto hektischer wurden die Kaufaufträge zum ersten Kurs plaziert, desto euphorischer stürzten sich die Anleger auf den Neuling am Neuen Markt.

Dabei sagt eine Überzeichnung im Grunde nichts aus über den fairen Aktienkurs, also über den fundamental erklärbaren Preis einer Neuemission, sie ist lediglich der erste Hinweis dafür, daß die Nachfrage angesichts der generell geringen Zahl von verfügbaren Aktien das konkrete Angebot der jeweiligen Neuemission wahrscheinlich deutlich übersteigen wird. Eine Vermutung, die sich in den Folgemonaten am Neuen Markt dramatisch bestätigen sollte.

In den meisten Fällen waren die Neuemissionen in dieser Zeit mehrfach überzeichnet. Ohne einen Unterschied zu machen zwischen kleinen und großen Kauforders, flüchteten sich die Emissionshäuser bei der Zuteilung in das objektiv gerechte Losverfahren. Zweifel über die korrekte Abwicklung dieser Art der Zuteilung von Neuemissionen wurden immer wieder hinter vorgehaltener Hand geäußert. Offenbar hatten einige Anleger, die über eine gewisse Nähe zum Emittenten oder zu den für die Emission zuständigen Banken verfügten, ein besonderes Losglück. Wer dennoch als »normaler« Kleinanleger zu den glücklichen Gewinnern zählte, erhielt gleichwohl häufig nur einen Bruchteil der gewünschten Aktienanzahl. Konsequent zeichneten daraufhin die Anleger höhere Mengen als ursprünglich beabsichtigt, in der Erwartung, wenn überhaupt, doch nur einen Bruchteil der gezeichneten Aktien zu bekommen. Sollte es dennoch zu einer höheren Zuteilung kommen, konnte man ja immer noch die überzähligen Aktien zum ersten Kurs verkaufen. Ein vermeintlich risikoloses Geschäft, da der erste Kurs bei einer starken Überzeichnung mit Sicherheit deutlich über dem Emissionspreis liegen würde.

Das ist vor allem in den letzten Monaten des Jahres 1998 ein gefährlicher Fehlschluß gewesen, wie der Hoppenstedt-Verlag in einer Aufstellung der Emissionen am Neuen Markt nachweist. In der Startphase des Neuen Marktes aber lagen die privaten Anleger mit dieser Strategie richtig, mit der Folge, daß wegen der zunehmenden Blindbuchungen die Überzeichnungen bei den folgenden Emissionen noch schneller stiegen, angetrieben von der Berichterstattung in den Medien, die die Überzeichnungen wie sportliche Höchstleistungen feierten. Je höher die Blindbuchungen stiegen, desto geringer wurde die Chance, bei der Zuteilung dabei zu sein. Der Ärger der Anleger, die bei der Zuteilung leer ausgingen, wuchs. Keine realistische Chance hatte der Anleger, der bei einem Kreditinstitut zeichnete, das nicht im Emissionskonsortium saß. Eine mißliche Entwicklung, die den Vorstand der Gold-Zack-AG, Dietrich Walter, auf eine clevere Idee brachte, die als APN-Methode sehr schnell Furore machte. APN steht für »Aktie Plus Neuemission.« Wer also Aktien der Gold-Zack-AG kaufte, erhielt damit gleichzeitig das Recht, bei all den Neuemissionen berücksichtigt zu werden, die über die Frankfurter Gontard-Bank, eine Beteiligung der Gold-Zack-AG, liefen. Dieser Schachzug trieb die Gold-Zack-Aktie im Sommer 1998 bis auf über 400 D-Mark, bevor sie dann im Zuge der deutlichen Konsolidierung zeitweise auf unter 110 D-Mark abstürzte. Nicht ganz unlogisch: Warum sollte man auch unter diesem Gesichtspunkt auf Gold-Zack-Aktien setzen, wenn Neuemissionen der Gontard-Bank angesichts der Aktienkrise kaum noch anstanden oder schnelle Kursgewinne mangels Interesse gar nicht erst anfielen?

Trotz der schlechten Erfahrungen mit dem Bookbuilding-System wählten, erst recht am Neuen Markt, viele Unternehmen bei ihrem Börsengang diese Art der Preisfindung. Bei diesem System entscheiden sich Kaufinteressenten für einen Preis innerhalb einer bestimmten Preisspanne, die von den Kreditinstituten, die den Börsengang des jeweiligen Unternehmens organisieren, festgelegt worden ist. Die Anleger lassen sich während einer vorgegebenen Frist mit ihrem konkreten Kaufangebot über die gewünschte Aktienmenge zu einem bestimmten Preis registrieren und ermöglichen somit dem Unternehmen, das neu an die Börse gehen will, einen Überblick über die Herkunft und die Qualität der möglichen Aktionäre. Also schon vor dem Börsengang kann sich der Börsenaspirant grundsätzlich ein Bild darüber machen, ob sich mehr ausländische oder eher mehr inländische Anleger für das Unternehmen interessieren, ob es sich um überwiegend institutionelle oder private Anleger handelt. Die einzelnen Zeichnungen innerhalb der Preisspanne signalisieren auch die Wertschätzung der Anleger, so daß das Unternehmen erkennen kann, ob die genannte Preisspanne auch den Vorstellungen der Anleger über den fairen Preis entspricht.

Im Grunde ist gegen dieses Verfahren nichts einzuwenden. Ob es aber auch bei kleinen Emissionen, wie sie am Neuen Markt die Regel sind, angebracht ist, darf nach den jüngsten Erfahrungen bezweifelt werden.

Das Kaufinteresse der zahlreichen privaten Anleger für Emissionen am Neuen Markt war besonders in der stürmischen Haussephase seit Gründung dieses Marktsegments im März 1997 bis zum Sommer 1998 so groß, daß die Zeichnungsfrist häufig wegen deutlicher Überzeichnung nachträglich verkürzt werden mußte. In schöner Regelmäßigkeit wurde als Emissionspreis der Preis am oberen Bandende der Bookbuilding-Spanne bestimmt. Welcher Anleger will schon das Risiko eingehen, wegen eines zu niedrigen Preisangebotes von vornherein aus dem Kreis der Glücklichen, die bei der Zuteilung zum Zuge kommen, ausgeschlossen zu werden. Folglich verzichteten die meisten Interessenten auf ein Kauflimit und orderten mit dem Zusatz »billigst«. Erst als der Boom in der zweiten Jahreshälfte 1998 abbrach, wurden auch Emissionskurse gewählt, die sich an Preisen unterhalb der festgelegten Preisobergrenze orientierten.

Ich wäre gerne einmal dabeigewesen, wenn der Sprecher des zuständigen Bankenkonsortiums dem Emittenten das überwältigende Ergebnis der Zeichnung präsentierte: »Herzlichen Glückwunsch, mehrfache Überzeichnung, und die meisten Kaufangebote am oberen Bandende oder ohne Begrenzung.« Den Emittenten wird dieses starke Interesse an seinem Unternehmen natürlich gefreut haben, zunächst zumindest. Aber dann wird er sich selber und vielleicht auch die Bank, die die Emission vorbereitet hatte und dafür bis zu 4 Prozent vom Emissionsvolumen kassiert, gefragt haben, ob der Preis an der oberen Bandbreite nicht zu niedrig gewählt worden war. Vielleicht wäre ja doch mehr drin gewesen. Insgeheimer Grimm auf die zu vorsichtigen Bankmanager mag sich hier und da aufgebaut haben.

Von diesem möglichen Ärger des Emittenten abgesehen, fordern Kritiker des Bookbuilding-Verfahrens, wie beispielsweise Bernhard Jünemann vom Börsenmagazin *Börse Online*, diese Art der Preisfindung aufzugeben und durch eine Art »Versteigerung« zu ersetzen. Ich habe erhebliche Zweifel, ob in einer Boomphase, wie wir sie monatelang am Neuen Markt erlebt haben, die zahllosen interessierten Kleinanleger clever und vernünftig genug sind, hysterisch bedingte Kursübertreibungen zu vermeiden; umgekehrt besteht die Gefahr, daß in Baissephasen ein Preis herauskommt, der weit unter dem fairen, nach fundamentalen Methoden berechneten Wert liegt. Bruno Hidding vom Hoppenstedt-Verlag, einer meiner regelmäßigen Interviewpartner seit Gründung der *Telebörse* im Oktober 1987, plädiert deshalb für einen festen, vorgegebenen Preis, wie zum Beispiel beim Börsengang des Börsenmaklers Kling, Jelko, Dr. Dehmel, dessen Aktien im März 1998 zu einem fixen Preis von 100 D-Mark an die Börse kamen. Im Laufe des ersten Handelstages zog der Kurs von der ersten Notierung bei über 220 D-Mark deutlich in Richtung 240 D-Mark an. Der Kursausbruch führte die Aktie bis auf 550 D-Mark, danach ließ das Interesse an dieser Makleraktie deutlich nach, zum Jahresschluß pendelte sich der Kurs mit 148 D-Mark deutlich unter dem Niveau des ersten Handelstages ein. Der Überdruck ist offensichtlich aus dieser Aktie heraus, was übrigens auch auf andere Makleraktien zutrifft.

Zu den Werten der ersten Stunde am Neuen Markt zählt die Aktie der Mobilcom AG. Dieses kleine Unternehmen aus der zukunftsträchtigen Telekommunikationsbranche war 1991 von Schleswig-Holstein aus als Mobilfunk-Dienstleister gestartet, um durch eine aggressive Preispolitik den Markt aufzumischen und die Mitbewerber das Fürchten zu lehren.

Unabhängig von dem zweifellos vorhandenen Unternehmenserfolg hat das Unternehmen Börsengeschichte geschrieben. Noch heute reibt man sich auf dem Börsenparkett ungläubig die Augen, wenn man sich den außergewöhnlichen Kursverlauf dieser Aktie anschaut und sich daran erinnert, wie er zustande kam.

Am 3. März 1997 begann die Zeichnungsphase im sogenannten Bookbuilding-Verfahren, wie es die privaten Anleger schon vorher bei der Deutschen Telekom ausführlich, aber ohne größere Erregung durchlitten hatten. Im Fall der Mobilcom AG war als Bandbreite für den möglichen Emissionspreis die Spanne zwischen 52,50 und 62,50 D-Mark für 480 000 Stammaktien zu einem Nennwert von 5 D-Mark genannt worden. 160 000 Aktien als sogenannter Greenshoe wurden von der betreuenden DG-Bank, die das aus mehreren Banken bestehende Emissionskonsortium anführte, als Reserve noch in der Hinterhand gehalten, aber schon nach wenigen Stunden hatten sich so viele Anleger als Kaufinteressenten gemeldet, daß die Aktie, die pünktlich zum Start des Neuen Marktes am 10. März mit der ersten Notiz in Frankfurt erstmals gehandelt werden sollte, 113fach überzeichnet war.

Im inoffiziellen Telefonhandel wurden prompt Kurse genannt, die mit fast 90 D-Mark deutlich über der Preisspanne im Bookbuilding-Verfahren lagen. Verständlich, daß sich die DG-Bank mit der Festsetzung des Emissionspreises an der oberen Bandbreite orientierte. Als dann der offizielle Handel mit Mobilcom-Aktien an der Frankfurter Börse begann, notierte der Freiverkehrsmakler Michael Wilhelm als ersten Kurs schon 95 D-Mark. »Nicht gerade billig«, hörte ich auf dem Parkett, »aber wegen der generellen Gewinndynamik in der Telekommunikation durchaus gerechtfertigt.« Auf der Basis des für 1997 geschätzten Gewinns pro Aktie sprach die DG-Bank, die ja als Emissionsführerin das Unternehmen vor dem Börsengang auf Herz und Nieren geprüft hatte, von einem Kurs-Gewinn-Verhältnis von 19. Bei steigendem Gewinn werde das KGV auf 16 zurückgehen. Wie sollten wir nun dieses KGV im Reigen der internationalen Telekommunikationwerte einordnen? War ein KGV von 16 günstiger als das höhere KGV eines Mitbewerbers, war es somit ein Kaufargument für Mobilcom? Ausländische Konkurrenten in Europa waren mit einem KGV von bis zu 44 wesentlich teurer, aber im Gegensatz zu Mobilcom verfügten diese Unternehmen auch über eigene Mobilfunknetze. Mobilcom wollte dagegen von D1 und D2 Mobilfunknetze einkaufen.

Ist es schon nicht leicht, mittels eines KGV einzelne Unternehmen miteinander zu vergleichen und daraus entsprechende Anlageentscheidungen abzuleiten, so ist es erst recht zweifelhaft, ob die Kurs-Gewinn-Verhältnisse aus verschiedenen Ländern mit unterschiedlichen Renditehöhen gegeneinander gestellt werden können, um zu beurteilen, welcher Markt billiger oder teurer ist.

Beispielsweise akzeptieren die Anleger an der amerikanischen High-Tech-Börse Nasdaq nicht derart hohe Kurs-Gewinn-Verhältnisse wie wir in Deutschland am vergleichbaren Neuen Markt, weil in den USA die Renditen für festverzinsliche Wertpapiere deutlich höher liegen als bei uns. Je höher nämlich die Renditen am Rentenmarkt liegen, desto geringer ist die Bereitschaft der Anleger, am riskanteren Aktienmarkt hohe Kurse beziehungsweise hohe Kurs-Gewinn-Verhältnisse zu akzeptieren. So erklärt es sich auch, daß amerikanische Wachstumswerte 1998 im Durchschnitt niedriger bewertet wurden als deutsche Wachstumsaktien am Neuen Markt. Das Zinsniveau spielt also gerade am Neuen Markt eine entscheidende Rolle.

Der überwältigende Erfolg des ersten Handelstages aber blieb der Mobilcom-Aktie auch in den folgenden Monaten treu. Das Unternehmen aus Schleswig-Holstein entpuppte sich als das Paradepferd des Neuen Marktes. Schon nach drei Monaten überschritt der Kurs die 100-Mark-Grenze. Und am Ende des Jahres kostete die Aktie bereits 272 D-Mark, das heißt, sie hatte, verglichen mit dem Emissionspreis von 62,50 D-Mark, einen Kursgewinn von sage und schreibe 335 Prozent erzielt. Der richtige Knaller aber sollte erst noch kommen.

Die Geschäfte entwickeln sich 1998 ungewöhnlich gut, der Einstieg ins Festnetz bringt neue Kunden und damit zusätzliche Umsätze, die bei der geringen Kostenbelastung im relativ kleinen Unternehmen den Gewinn vor Steuern um 182 Prozent auf mehr als 15 Millionen D-Mark ansteigen lassen. Mich wundert es nicht, daß alle Welt nur noch von der Mobilcom-Aktie spricht. Immer häufiger taucht jetzt diese Aktie als heiße Empfehlung in einem Fernseh-Börsenspiel der freitäglichen 3Sat-Börse auf, und der Chefredakteur eines Börsenbriefes, Egbert Prior, ist ihr Prophet. Schrill und laut schlägt er in der wöchentlichen Fernsehsendung die Trommel für dieses Papier. Die Kursziele für die nächste, die mittlere, die ferne Zukunft werden fortlaufend nach oben gesetzt, immer höher und höher. Weitere begeisterte Mobilcom-Experten mit neuen Kursschätzungen folgen. 1200, 2000, 3000 D-Mark. Wer bietet mehr?

Selbst wenn man dem dynamischen Unternehmen eine glänzende Zukunft bescheinigen will, trotz all der Probleme, die ein sich verschärfender Preiskampf mit Sicherheit bringen wird, trotz einer wachsenden Marktsättigung in den kommenden Jahren, in den frühen Märztagen 1998 drehen die Anleger durch.

Am 11. März liegen zur ersten Notierung dem skontroführenden Freiverkehrsmakler Michael Wilhelm mehr als 2000 Kauforders vor. Der Kurs schießt um 74 D-Mark nach oben auf 899 D-Mark. Am 13. März, es ist Freitag, abends wird es die 3 Sat-Börse geben mit dem Börsenguru Egbert Prior, steigen die Umsätze bei Mobilcom sprunghaft an. Schon zur Eröffnung werden 4500 Stück zu je 1080 D-Mark umgesetzt. Vor der Schranke, in der hinteren Ecke des Frankfurter Parketts beobachten wir kopfschüttelnd die nicht enden wollende Kursraserei. 1100, 1140, 1150, 1190, 1200 D-Mark. Es scheint kein Halten mehr zu geben. Von Kauflimiten ist nichts zu spüren. »100 Stück billigst«, ruft ein Makler, »für 1210 an Dich«, akzeptiert Makler Wilhelm dieses unlimitierte Kaufangebot. Innerhalb von zwei Stunden hat sich damit die Aktie um mehr als 300 D-Mark verteuert. Das entspricht einem Plus gegenüber dem Vortag von mehr als 30 Prozent.

Nicht ganz unerwartet treibt dann, wenige Stunden später in der 3Sat-Fernsehbörse, Egbert Prior mit großem Feldgeschrei, begleitet von einem erneuten Trommelwirbel, die deutschen Kleinanleger in die totale Hysterie.

Der folgende Montag läßt uns alle auf dem Parkett an der menschlichen Vernunft der Kleinanleger zweifeln. Freiverkehrsmakler Wilhelm ist angesichts der Orderlage augenscheinlich zunächst einmal gar nicht in der Lage, schon zu Beginn der Börsensitzung einen Kurs für die Mobilcom zu errechnen. Es gibt nur wenige Verkaufsangebote, wohl aber zahlreiche Kauforders mit teilweise kleinsten Stückzahlen. Offenbar haben sich die Zuschauer der 3Sat-Fernsehsendung vom vorhergehenden Freitag richtig heißmachen lassen von Egbert Prior und haben nur noch einen Wunsch: Mobilcom kaufen, ohne Wenn und Aber.

Von einem Kauflimit, das sich gerade nach den Erfahrungen der letzten Woche bei einem engen Wert wie Mobilcom aufdrängt, hat offensichtlich keiner etwas gehört. Natürlich sind in dieser Situation die Profis im Vorteil. Sie setzen ihre Verkaufslimits ganz oben an, und jeder, der eine unlimitierte Kauforder in den Markt gegeben hat, läuft geradewegs in diese Falle.

Während der Frankfurter Freiverkehrsmakler Wilhelm noch mit August Schäfer von der Handelsüberwachung auf dem Frankfurter Parkett überlegt, was zu tun sei, schlägt die Berliner Börse zu. Ihr dauert das Rechnen in Frankfurt zu lange. Im Berliner Freiverkehr wird der erste Kurs der Mobilcom-Aktie schon um kurz nach 9 Uhr ermittelt. Er liegt bei 1590 D-Mark, 375 D-Mark über dem Frankfurter Schlußkurs vom Freitag. Im Minutentakt katapultieren die unlimitierten Kaufaufträge den Berliner Kurs auf 1850 D-

Mark. Ein unglaubliches Plus von 950 D-Mark. Per Telefon erfahren wir von Berliner Kollegen vom Kursrausch an der Berliner Börse und fassen uns an den Kopf. Bei einem geschätzten Gewinn von knapp unter 5 D-Mark pro Aktie entspricht dieser Kurs einem KGV von 370.

Und immer noch versucht in Frankfurt der federführende Makler, einen fairen Preis zu finden. Erst um 10.38 Uhr steht der Eröffnungskurs fest. Er entzieht sich mit 1760 zwar ebenfalls jeder halbwegs realistischen Begründung, liegt aber doch schon 90 D-Mark unter dem Berliner Preis.

Das ist das Signal für die Profis, auszusteigen, notfalls auch mit Leerverkäufen einen zusätzlichen Kursdruck zu bewirken. Und jetzt geht es Schlag auf Schlag nach unten. Binnen einer Stunde rauscht in Frankfurt der Kurs in die Tiefe. Wo vorher noch dreifache Pluszeichen eine Kursexplosion angekündigt haben, tauchen nun in schneller Folge die Minusankündigungen auf. 1700 D-Mark, 1600 D-Mark, 1500 D-Mark, es scheint kein Halten mehr zu geben. Die zahlreichen kleinen Verkaufsorders, auch jetzt offensichtlich unlimitiert, also nur mit dem Hinweis »bestens« versehen, lassen auf eine Panik einzelner Kleinanleger schließen.

Erst bei 1450 D-Mark beenden einige Profis den Absturz der Aktie und halten wieder die Hand auf. Sie kaufen die Stücke zurück, die sie vorher »leer« verkauft haben. Sie decken sich wieder ein, wie es auf dem Börsenparkett heißt. Ein schönes Geschäft. Wer bei einem Kurs von 1850 D-Mark verkauft und sich bei 1450 D-Mark eingedeckt hat, um die Aktien, die er vorher zwar verkauft, aber noch gar nicht besessen hat, auch tatsächlich liefern zu können, hat in knapp drei Stunden 400 D-Mark pro Stück verdient.

Am Tag danach ist das Gejammere groß. Einige Kleinanleger beklagen sich bei mir telefonisch oder per Fax über diese rauschhafte Achterbahnfahrt, bei der sie offenbar aus der Kurve geflogen sind. Wochen später beginnen Untersuchungen der Staatsanwaltschaft gegen Egbert Prior, den Marktschreier des schnellen Geldes, der es so trefflich verstanden hat, die menschliche Gier zu füttern. Eigennutz im Umfeld des Tipgebers sei mit im Spiel gewesen, mutmaßt die Staatsanwaltschaft, vor der Fernsehsendung sei bereits gekauft worden, in der Erwartung steigender Kurse aufgrund der späteren Empfehlungen in der 3Sat-Börse. Es wird nicht einfach sein, diese Kausalität und ein Verschulden Egbert Priors nachzuweisen. Hat er andere vor der Sendung über seine späteren Empfehlungen informiert? War das überhaupt ein Verstoß gegen die Insiderregeln, die sich eigentlich nur auf Informationen über das Unternehmen, nicht aber auf Empfehlungen Dritter beziehen?

Was auch immer am Ende bei diesen Ermittlungen herauskommen würde, ich sah mich durch den unglaublichen Aufstieg und den jähen Fall der Mobilcom-Aktie in meiner Zurückhaltung gegenüber dem jungen Neuen Markt und in meinen Sorgen bestätigt. Durch ein verantwortungsloses, undifferenziertes Anheizen einer zweifellos vorhandenen Gier in den Gehirnen einiger Anleger könnte das zarte Pflänzchen »Aktienkultur« in Deutschland einen endgültigen Schaden nehmen.

Berichte von der »Zockerbörse Neuer Markt« machten bereits die Runde, zumal die Mobilcom kein Einzelfall blieb. Immer wieder versuchte ich, durch Hinweise auf die systembedingte Marktenge am Neuen Markt auf die Gefahren unlimitierter Kauf- und Verkaufsaufträge aufmerksam zu machen. Mit der Folge, daß nur wenige Tage nach dem Mobilcom-Eklat meine Warnungen in der Telebörse schon wieder auf erbitterte Kommentare einiger Zuschauer stießen, die sich durch meine öffentlichen Äußerungen um ihre sicher geglaubten Kursgewinne geprellt sahen.

Nach einem Vortrag in der Universitätsstadt Münster, meiner Heimatstadt, fand ich mich plötzlich in einem Kreis von Studenten wieder, die mich heftigst attackierten wegen meiner offenkundigen Abneigung gegenüber den Kursexplosionen am Neuen Markt. Ich hätte die Zeichen der Zeit nicht verstanden, hielt man mir vor, dynamische Unternehmen mit einer großartigen Zukunft seien nicht mit den Maßstäben einer überholten Börsenphilosophie zu messen. Das Kurs-Gewinn-Verhältnis, so wie ich es noch verstünde, sei längst ohne Bedeutung. Entscheidend sei das künftige Wachstum. Unter diesem Gesichtspunkt sei es auch durchaus gerechtfertigt, ohne Kauflimit in einen Wert mit extrem hohem KGV einzusteigen, denn innerhalb kurzer Zeit könne jeder wagemutige Anleger durch schnelles Handeln einen höheren Gewinn einstreichen als über die von mir immer wieder erwähnten langweiligen Standardtitel der deutschen Börse mit einem normalen KGV. Käme es einmal zu unerwartet heftigen Kursverlusten, gehöre dies eben zum Börsengeschäft.

Offensichtlich wird diese Meinung gerade von vielen jungen Kleinanlegern geteilt, die in den ersten Monaten des Neuen Marktes fast blind die Neuemissionen zeichneten. Einige Marktbeobachter wollen sogar in den Semesterferien einen deutlichen Umsatzeinbruch am Neuen Markt festgestellt haben. Meine nächtlichen Gesprächspartner in

Münster hatten zudem für sich eine eigene Strategie entwikkelt, um bei den üblichen knappen Zuteilungen der begehrten Neuemissionen ihre Chancen zu optimieren. Man hatte sich zu einer Anlegergruppe zusammengeschlossen, und jedes Mitglied dieser Gruppe hatte bei unterschiedlichen Kreditinstituten, die regelmäßig als Emissionshäuser am Neuen Markt auftraten, Konten eröffnet. Auf diesem Weg konnte man die Wahrscheinlichkeit erhöhen, bei der Zuteilung berücksichtigt zu werden. Die so ergatterten Stücke wurden von der Gruppe bezahlt und in einen gemeinsamen Topf geworfen. Nach schnellem Verkauf wurde der Gewinn nach Köpfen geteilt. An Verluste mochte keiner denken.

Mein Unbehagen über diese Kursrasereien am Neuen Markt wurde von den Börsianern auf dem Parkett geteilt. Selbst die Betreuerbanken, die ja die Aufgabe übernommen hatten, extreme Kursausschläge bei den von ihnen betreuten Aktien zu verhindern, zeigten sich oft ratlos. Wenn eine starke Nachfrage auf einen fast ausgetrockneten Markt traf, bei den engen Werten in diesem Marktsegment eher die Regel als die Ausnahme, war die betreffende, vielleicht sollte man sagen, die betroffene Betreuerbank überfordert. Wollte sie bei einem Run auf die Aktie durch Verkäufe gegenhalten, um hohe Kursausschläge zu verhindern, brauchte sie Stücke, die sie verkaufen konnte. Wenn ihre Reserven aber erschöpft waren, war sie zum Nichtstun verurteilt, es sei denn, sie ging »short«, verkaufte also Stücke, die sie gar nicht besaß, die sie aber nach spätestens zwei Tagen eindekken, also selbst kaufen mußte. Damit bestand die Gefahr, durch eigene Käufe zusätzlich Öl ins Kursfeuer zu gießen und damit das zu verstärken, was man eigentlich verhindern wollte. Folglich blieb den Betreuerbanken nichts anderes übrig, als den Kapriolen der Kurse weitgehend passiv zuzuschauen.

Ein anderer Vorschlag, die gewaltigen Kursschwankungen zu verhindern, richtete sich an den zuständigen Freiverkehrsmakler. Er möge doch bei überwiegend unlimitierten Kauf- oder Verkaufsorders nur geschätzte Kurse, also Kurs-Taxen festsetzen. Die Anleger bekämen damit die Möglichkeit, nochmal alles zu überdenken. Da aber offenbar viele Anleger ganz bewußt das Risiko eingingen, unter Umständen erheblich mehr für die Aktie bezahlen zu müssen als ursprünglich gedacht, kam diese Blockade des Handels ebenfalls nicht in Betracht.

Doch nicht nur die Kleinanleger hatten Schwierigkeiten, sich auf dem glatten Eis des Neuen Marktes zu bewegen, ohne hin und wieder aufs Gesicht zu fallen. Am 28. Oktober 1998 erlebten einige Freiverkehrsmakler außerhalb der Frankfurter Börse ihr Waterloo.

Auf der Tagesordnung in Frankfurt steht am Neuen Markt die Einführung des Börsenneulings Nr. 52. Die Aktien der Articon Information Systems AG sollen zum ersten Mal an der Börse gehandelt werden. Um 8.30 Uhr beginnt Freiverkehrsmakler Michael Wilhelm, die Auftragslage zu sichten. Im inoffiziellen »grauen Handel« haben wir schon am Tag zuvor von einem Kurs von ungefähr 100 D-Mark gehört, bei einem Emissionspreis von 58 D-Mark deutet sich also ein erfreulicher Kursgewinn für die Erstzeichner an. Da aber das gesamte Börsenumfeld eher lustlos wirkt, ahnt keiner auf dem Parkett, zu welchen Absurditäten der Neue Markt fähig sein kann.

Freiverkehrsmakler Wilhelm spricht in aller Ruhe mit dem Vertreter der Bank, die die Emission bei ihrer Premiere in Frankfurt begleitet. Die Orderlage wird geprüft, der Mitarbeiter der Betreuerbank telefoniert mit seinem Büro, Händler und Makler vom Parkett schlendern vorbei, fragen nach dem ersten Kurs. Der wird sich offenbar an den Kursen des »grauen Marktes« orientieren. Die Taxe wird mit 100 zu 120 D-Mark festgesetzt und kurz nach 8.30 Uhr auch auf der großen Anzeigetafel in Frankfurt angezeigt.

Plötzlich gibt es vor der Schranke des Frankfurter Maklers Unruhe und Ratlosigkeit. Ungläubiges Gelächter kommt auf. Über sein Handy hört einer der Börsianer, daß Düsseldorf bereits einen offiziellen Kurs für die neue Articon meldet. Dort wird im Freiverkehr für die Articon ein Preis von 280 D-Mark gezahlt. Berlin folgt mit 250 D-Mark, schon 30 D-Mark weniger als in Düsseldorf, aber immer noch deutlich über den Frankfurter Schätzungen. Die Betreuerbank, der zuständige Freiverkehrsmakler, die Frankfurter Börsianer, sie alle sehen den Kurs höchsten bei 120 D-Mark. Jetzt geht es Schlag auf Schlag. Von anderen Regionalbörsen kommen ebenfalls Kurse, die deutlich über 200 D-Mark liegen. Wie viele Stücke werden eigentlich zu diesen Kursen außerhalb Frankfurts gehandelt? Und wer kauft da? Noch spannender ist die Frage, woher die Stücke kommen. Das können doch im Grunde genommen nur Leerverkäufe sein, denn schließlich hat der offizielle Handel ja noch gar nicht begonnen! Die in Düsseldorf müssen verrückt sein!

Der Kurs in Berlin ist schon eher nachvollziehbar. Wer in Düsseldorf leer zu 280 D-Mark verkauft hat, kann sich in Berlin mit ruhigem Gewissen zu 250 D-Mark die Stücke besorgen, die er den Düsseldorfer Käufern liefern muß. Es bleibt ihm ein schöner Gewinn von ungefähr 30 D-Mark. Hoffentlich ist es nicht der Düsseldorfer Freiverkehrsmakler selber! Das würde der gesamten Aktienkultur in Deutschland einen Bärendienst erweisen und Wasser auf die Mühlen derer leiten, die schon immer vor dieser »Zockerbörse« gewarnt haben.

In Frankfurt schauen sich derweilen Handelsaufsicht, Freiverkehrsmakler und Betreuerbank die Kauf- und Verkaufsaufträge an ... und setzen den ersten Kurs bei 120 D-Mark fest, wie vorher auch durch den Taxkurs angedeutet worden ist. Jetzt liegt der Ball im Feld der Düsseldorfer, die vor dem ersten offiziellen Kurs in Frankfurt offenbar unlimitierte Kaufaufträge zu einem völlig überhöhten Kurs abgewickelt haben.

Erst einmal Funkstille in Düsseldorf. Dann die Entscheidung der Düsseldorfer Börsenleitung: Der erste Kurs in Düsseldorf wird korrigiert. Offiziell heißt es, der betreffende Makler habe die Börse gebeten, den offensichtlich »falschen« Kurs von 280 D-Mark auf 150 D-Mark herunterzusetzen. Da grundsätzlich nur der Makler eine solche Korrektur beantragen kann, die Börsenleitung dies hingegen vom Makler nicht verlangen kann, muß der Ablauf in Düsseldorf wohl so gewesen sein.

Vermutungen auf dem Frankfurter Parkett, die Börsenleitung habe mit dem betreffenden Makler »das Gespräch gesucht«, werden später offiziell nicht bestätigt. Gerüchte über diesen Ablauf in dieser Reihenfolge halten sich aber hartnäckig auf dem Frankfurter Parkett.

Auf jeden Fall steckt der Düsseldorfer Freiverkehrsmakler, der unbedingt dem offiziellen Handelsbeginn der dafür zuständigen Börse in Frankfurt zuvorkommen wollte, in der Klemme. Eindeutig hat es sowohl in Düsseldorf als auch in Berlin und an anderen Regionalbörsen einen Handel in Articon-Aktien und damit auch Kurse gegeben, bevor der Frankfurter Kurs mit 120 D-Mark festgesetzt wurde. Diese nachträgliche Kurskorrektur an der Düsseldorfer Börse könnte den Verkäufer, der die Articon-Aktien zu 280 D-Mark verkauft und sich danach und eventuell zu 250 D-Mark an der Berliner Börse wieder eingedeckt haben mag, theoretisch rund 100 D-Mark pro Stück gekostet haben. Von nachträglichen Korrekturen in Berlin haben wir in Frankfurt zumindest nichts gehört. Auch die Käuferseite in Düsseldorf, die sehr unvorsichtig wohl ohne Kauflimit in den Markt gegangen ist, hat allen Grund, mit der Herabsetzung auf 150 D-Mark unzufrieden zu sein, obwohl sie schließlich immerhin um 130 D-Mark billiger an die Aktie gekommen ist. 280 D-Mark für eine Articon-Aktie waren mit Blick auf den ersten offiziellen Kurs in Frankfurt also ein »falscher« Kurs, der korrigiert werden mußte. Weshalb aber 150 D-Mark ein »richtiger« Kurs sein sollte, konnte mir hinterher keiner plausibel erklären.

Eine entscheidende Lehre haben die Börsen aus diesem Desaster gezogen: In Zukunft werden die Regionalbörsen bei Neuemissionen am Frankfurter Neuen Markt solange mit der Eröffnungs des Handels warten, bis der offizielle erste Kurs in Frankfurt »gemacht« worden ist.

Am 30. November 1998 folgt dann der nächste Donnerschlag am Neuen Markt. Die Aktien der Entsorgungsunternehmen Sero und Lösch, zu einem großen Teil von der Holdinggesellschaft Euro Waste Service (EWS) kontrolliert, werden vom Handel ausgesetzt. Die ersten bösen Gerüchte machen in Frankfurt die Runde. Sieben Manager dieser Unternehmen seien verhaftet worden, heißt es. Wahrscheinlich handele es sich um Steuerhinterziehung.

Am nächsten Tag läßt die Bielefelder Staatsanwaltschaft dann die Katze aus dem Sack. Spitzenmanager der Lösch AG, der Sero AG und der EWS seien nicht nur wegen des Verdachts der Steuerhinterziehung in Untersuchungshaft genommen worden, vielmehr habe man bei den monatelangen Ermittlungen auch Unterlagen sichergestellt, die auf Kreditbetrug und Verstöße gegen das Börsengesetz hindeuteten. Es habe wahrscheinlich zwischen Unternehmen dieser EWS-Gruppe Scheingeschäfte in Millionenhöhe gegeben.

An der Börse waren Lösch und Sero als Teil der EWS-Gruppe noch im Frühjahr 1998 überschwenglich gefeiert worden. Alles, was nach Umweltschutz und Recycling schmeckte, würde sich bei einem möglichen Regierungswechsel in Richtung Rot-Grün einer erhöhten Wertschätzung erfreuen, so die Überlegungen einiger Analysten. Die Aktien der beiden Entsorgungsunternehmen waren am Neuen Markt bis auf über 70 D-Mark nach oben geschnellt, mit dem gesamten Markt im Sommer aus dem siebten Börsenhimmel abgestürzt, im November als arg unterbewertete Papiere wiederentdeckt worden und auf über 40 D-Mark gestiegen.

Sicherlich wird die Phantasie der privaten Anleger auch durch die offen diskutierten Pläne der Sero AG angeregt worden sein, Sero und Lösch mit weiteren Unternehmen aus der EWS-Gruppe zu einem der größten Recycling-Unternehmen Europas zu verschmelzen. Ganz oben auf der Gerüchte-Liste stand hierbei die B.U.S. Berzelius Umwelt-

Service AG, die bei 30 D-Mark am Geregelten Markt eher enttäuscht von einstigen Glanzzeiten zu Beginn dieses Jahrzehnts träumte, als sie noch umgerechnet 60 D-Mark gekostet hatte.

Mit der Verhaftung der Topmanager landen diese Pläne und die Kurse der Lösch AG und Sero AG im Reißwolf. Nach der Wiederaufnahme der Notierungen am nächsten Tag stürzen die Kurse der beiden Unternehmen in den tiefsten Keller, deutlich unter 30 D-Mark. Zwar ist noch nichts bewiesen, aber schon der Verdacht wird von der Börse brutal bestraft. Besonders unter den Öko-Freaks ist die Enttäuschung sehr groß, hatten sie doch die explodierenden Umsätze der EWS-Gruppe als Beweis für ihre Meinung angesehen, mit Umweltschutz, besonders mit Entsorgung, gute Geschäfte machen zu können. Und nun soll das alles nur heiße Luft gewesen sein? Mehr Schein als Sein, um Kreditgeber zu täuschen, um gutgläubige Anleger über den Tisch zu ziehen?

Kreativität ist zwar eine grundlegende Voraussetzung für den Neuen Markt. Einige Manager bei Lösch und Sero haben das aber offenbar falsch verstanden. Kreative Buchführung ist damit gewiß nicht gemeint. Sollten sich die Vorwürfe der Bielefelder Staatsanwaltschaft als richtig herausstellen, haben beide Unternehmen im Neuen Markt nichts mehr zu suchen.

Der Neue Markt hat die jüngsten schrillen Töne um zweifelhafte Empfehlungen, chaotische Kursfeststellungen und vermutliche Bilanzmanipulationen erstaunlich gelassen weggesteckt und ist ohne Stolperschritt zur Tagesordnung zurückgekehrt. Aus meiner Sicht hat er damit seine Reifeprüfung bestanden, denn vor einem Jahr noch hätten derartige Unfälle die Anleger vermutlich aus ihrem blinden Glauben an die goldene Zukunft dieses Marktsegmentes herausgerissen und zu generellen Panikverkäufen getrieben. Inzwischen aber hat sich die Einstellung der Anleger zum Neuen Markt offenbar grundlegend geändert, nicht zuletzt, weil sich der Neue Markt selber gemausert hat.

Mit mehr als 60 Werten bietet dieses Marktsegment den Anlegern eine breite Auswahl, die es auch großen Investoren, wie zum Beispiel Fonds, ermöglicht, mit ihrem Geld einzusteigen, ohne gleich mit jedem größeren Kauf selbst den Kurs der jeweiligen Aktie in astronomische Höhen zu katapultieren. Und mit den institutionellen Anlegern kommen auch deren Analysten, die die einzelnen Werte auf Herz und Nieren prüfen, um erfolgversprechende langfristige Anlagemöglichkeiten zu entdecken.

Damit verliert der Neue Markt in seiner Breite natürlich viel von seinem explosiven Charme, selbst wenn einzelne Werte auch in Zukunft von Schnäppchenjägern auf eine schwindelerregende Achterbahnfahrt geschickt werden sollten, ohne Rücksicht auf ihren fairen, weil fundamental abgesicherten Kurs. Doch glücklicherweise verfügt der Neue Markt heute allein durch die gestiegene Zahl der Titel, die bezüglich ihrer Dynamik und ihrer Wachstumschancen durchaus nicht alle über einen Kamm zu scheren sind, über eine Vielzahl von Unternehmen, die um die Gunst der Anleger kämpfen. Damit wird der spekulative Druck in der Pipeline erheblich gemindert. Zudem haben die Anleger offensichtlich die besonderen Spielregeln akzeptiert, die am Neuen Markt beachtet werden müssen, selbst wenn es hin und wieder zu Rückfällen kommt. Aber die kann es auch auf den eingefahrenen Märkten mit ihren großen Titeln geben. Die erschreckende blinde Gier mancher Kleinanleger nach schnellen, spektakulären Kursgewinnen scheint einer nachdenklicheren Börsenstrategie gewichen zu sein.

Grundsätzlich, so die Meinung meiner Gesprächspartner auf dem Parkett, rechtfertigen die Wachstumschancen der meisten Unternehmen am Neuen Markt ein Kurs-Gewinn-Verhältnis, das deutlich höher liegen kann als bei den bekannten Standardwerten im großen DAX, die nur selten mit überdurchschnittlichen Wachstumsraten aufwarten können. Da die jungen Wachstumswerte kaum vergleichbar sind mit diesen Dinosauriern der internationalen Finanzwelt, macht es auch wenig Sinn, ihre KGVs miteinander zu vergleichen.

Vor allem Unternehmen, die in den Bereichen Software und Informationstechnologie tätig sind – und diese Branchen stellen den Löwenanteil im Neuen Markt, gefolgt von Telekommunikation und Medien – verweisen in der Regel auf hohe Ertragsaussichten, die erst in der fernen Zukunft liegen. Die herkömmliche Bewertungsmethode mit Hilfe des Kurs-Gewinn-Verhältnisses aber bezieht sich nur auf das laufende Geschäftsjahr oder auf das folgende. Im äußersten Fall berücksichtigen ganz verwegene Analysten auch das übernächste Geschäftsjahr in ihrem Betrachtungszeitraum. Was danach kommt an Wachstumspotential, bleibt unbeachtet. Aber welches Jahr ist das »richtige« Jahr für ein junges Unternehmen?

»Die Bewertung nach dem KGV benachteiligt die jungen innovativen Unternehmen am Neuen Markt«, versichert mir Helmut Mader von der Deutschen Bank, den ich auf der Internationalen Anlegermesse in Düsseldorf zu diesem Thema befrage, »denn diese Unternehmen haben gerade in ihren ersten Jahren erhebliche Ausgaben für ihre Forschung und Entwicklung. Daraus könnte zu Beginn ihrer Geschäftstätigkeit in der Gewinn-und Verlustrechnung sogar ein negatives Jahresergebnis entstehen. Diese Aufwendungen sind aber sehr wahrscheinlich die Voraussetzungen für zukünftiges Wachstum. Schon hieran erkennt man, wie schlecht sich das KGV für die Bewertung innovativer Unternehmen am Neuen Markt eignet.«

Viele Analysten setzen deshalb das KGV ins Verhältnis zum durchschnittlichen Gewinnwachstum der nächsten drei Jahre. Andere orientieren sich an den zukünftigen Zahlungsströmen im Unternehmen. Welche Bewertungsmethoden auch immer für richtig befunden und angewendet werden, über eines sind wir uns an der Börse wohl alle einig: Der Neue Markt verspricht dem Anleger auch auf lange Sicht erhebliche Kurschancen, die aber, nicht zuletzt wegen eines unerbittlichen weltweiten Preiswettbewerbes, ein ebenso hohes Risiko enthalten.

Denn trotz der zunehmenden Zahl von Unternehmen am Neuen Markt bleibt die Tatsache bestehen, daß es enge Werte sind, die heftigst schwanken können, und dagegen helfen weder Betreuerbanken noch Handelsunterbrechungen bei zu großen Schwankungen. Daher verbieten sich im Grunde unlimitierte Aufträge, die nur mit den Zusätzen »billigst« beim Kauf und »bestens« beim Verkauf versehen sind.

Vor allem, wenn derartige Aufträge über das elektronische Handelssystem Xetra abgewickelt werden sollen, sind unlimitierte Aufträge eine offene Einladung an die Gegenseite, sofern sie Einblick in das Computerhandelssystem nehmen kann, den Auftraggeber auszuquetschen wie eine Zitrone.

Versieht der private Kleinanleger seine Aufträge über das Xetra-System mit einem Limit, kann er aber trotzdem noch bös' hereinfallen, denn seine eingegebene Order zeigt der Gegenseite, wieviel der Kaufinteressent im äußersten Fall zu zahlen bereit ist, beziehungsweise wie tief der potentielle Verkäufer mit seinem Preis noch heruntergehen könnte. Deshalb empfiehlt es sich, das Limit nicht allzu weit vom aktuellen Kurs festzusetzen, selbst auf die Gefahr hin, daß der Auftrag dann nicht ausgeführt wird.

Übrigens: Am Jahresende hat die EM.TV-Aktie die Kurs-Marke von 956 D-Mark erreicht. Das KGV auf der Basis der Gewinne in 1999 beträgt 159, aber was bedeutet das schon am Neuen Markt?

Kapitel 10

An der Börse braucht man einen langen Atem

Reifeprüfung für Kleinanleger

Es mag überraschend klingen, aber trotz des heftigen Kurseinbruchs im Juli halte ich 1998 für ein erfolgreiches Börsenjahr. Mit Blick auf die Aktienkultur in Deutschland ist es meines Erachtens sogar höher zu bewerten als das Boomjahr 1997.

Im späten Frühjahr 1998 wurde an der Frankfurter Börse jeder, der auch nur in einem Nebensatz von weiter steigenden Kursen sprach, als blinder Optimist verlacht. Nichts, aber auch gar nichts rechtfertige eine Fortsetzung der monatelangen Hausse, die im Grunde seit Ende Oktober vergangenen Jahres den DAX von 3600 bis auf über 5000 gehievt hatte. Die Krisenherde in Südostasien und in Rußland würden im nächsten Jahr auch Europa erreichen und das Wachstum der deutschen Wirtschaft beeinträchtigen. Zwar seien die deutschen Unternehmen im asiatischen Raum längst nicht so stark engagiert wie die amerikanische Konkurrenz, was sich jetzt als Vorteil herausstellen könnte, aber über eine Konjunkturabschwächung in den Vereinigten Staaten werde die Asiengrippe in einigen Monaten auch

Europa erreichen. Dazu käme, direkt vor unserer Haustür, der offensichtliche Kollaps der russischen Wirtschaft.

Meine Einwände, die deutschen Exporte nach Rußland seien so gering, daß sie bestimmt keinen Einbruch unserer wirtschaftlichen Entwicklung zur Folge haben würden, darüber hinaus seien die Engagements deutscher Kreditinstitute in Rußland über staatliche Hermesbürgschaften weitgehend abgesichert, wurden mit dem Hinweis gekontert, jenseits aller wirtschaftlichen Überlegungen würden mögliche gesellschaftspolitische Umbrüche im nahen Rußland unmittelbar auf den benachbarten deutschen Finanzmarkt durchschlagen. Die alte Frontstaatentheorie aus der Zeit des Kalten Krieges feierte also wieder fröhliche Urstände. Und natürlich, wie konnte es anders sein, drohte dem US-Dollar und damit letztlich auch der deutschen Exportwirtschaft die Gefahr, durch ein mögliches Amtsenthebungsverfahren gegen Präsident Clinton unter Druck zu geraten.

Daß durch die Unsicherheiten an den asiatischen, russischen und etwas später auch an den südamerikanischen Finanzmärkten viele Anleger weltweit aus ihren Renditeträumen aufgeschreckt wurden und mit ihren Geldern in die sicheren Häfen der USA und Europas flohen, also für dramatisch sinkende Renditen auch auf unserem Rentenmarkt und für steigende US-Dollar-Notierungen sorgten, das wollte keiner auf dem Parkett als Argument für steigende Aktienkurse interpretieren. Genausowenig wurde der Hinweis akzeptiert, die weltweiten Krisen seien schon lange bekannt, sie hätten doch bereits am 28. Oktober 1997 zu jenem dramatischen Einbruch am deutschen Aktienmarkt geführt, der sich allerdings im nachhinein nur als Beginn einer überraschenden Kursrallye entpuppt hatte.

Die Profis an der Börse ließen sich durch derartige Überlegungen in ihrer Skepsis nicht irritieren. Bei einem DAX-Stand von mehr als 5 000 Punkten läge das Kurs-Gewinn-Verhältnis der bekannten Standardwerte mit ihrem normalen Wachstum, bezogen auf die Gewinne des kommenden Jahres, deutlich höher als 20 und damit um 4 bis 5 Punkte zu hoch. Würde man zudem in Kürze die Gewinnschätzungen für das kommende Jahr wegen der zu erwartenden weltweiten Konjunkturdellen nach unten korrigieren, dann bewegten sich die gegenwärtigen Kursvorstellungen der Anleger jenseits jeder Realität. Die deutsche Börse sei ganz einfach deutlich überkauft. Der steile Aufwärtstrend werde sich also in kürzester Zeit in einen ebenso steilen Abwärtstrend verwandeln.

Dies sei aber keineswegs der Anfang vom Ende, sondern lediglich die längst fällige Konsolidierung, beruhigten mich die Analysten, der DAX brauche halt eine Verschnaufpause, um danach, wenn auch in einem gemächlicheren Tempo, die alte aufwärtsgerichtete Spur wieder aufzunehmen. Denn grundsätzlich sei auch bei einem langsameren Wachstum der Weltwirtschaft die Aktie nach wie vor ein erfolgversprechendes Anlageinstrument. Bei einer Fortsetzung der weltweiten Stabilitätspolitik habe die Inflation nur noch eine Außenseiterchance, folglich würden die Zinsen auf ihren derzeitigen Tiefstständen bleiben und dadurch die internationale Liquidität auf lange Sicht in die attraktive Aktienanlage treiben.

Die kurzfristigen Überlegungen der Profis waren leicht nachzuvollziehen: Nach einer Phase der extremen Überhitzung, in der viele private Kleinanleger offenbar blind dem scheinbar endlosen Aufwärtstrend gefolgt waren, würde es zu einer ebenso heftigen Abkühlung kommen. Der altbekannte Herdentrieb an der Börse würde in die andere Richtung genauso gut funktionieren wie vorher nach oben. Das müsse man ausnutzen.

Insgeheim, so war an der Börse immer wieder zu hören, setze man bei Beginn der Korrektur auf eine panische Reaktion der Kleinanleger, die sich bei einem länger anhaltenden Kursrutsch überstürzt von ihren Papieren trennen würden, nicht nur am spekulativen Neuen Markt, sondern auch beim großen DAX mit seinen Standardtiteln. Wenn die Panik ihren Höhepunkt erreicht habe, also bei deutlich fallenden Kursen und steigenden Umsätzen, müsse man die Hand wieder aufhalten und kaufen, weil dann die Korrektur beendet sei. Eine logische Überlegung, die aber durch die aktuellen Kursentwicklungen in den ersten Sommertagen konterkariert wurde.

Zwar gab es vor allem aus dem Ausland und aus dem Kreis der Börsenprofis leichte Verkäufe, aber das war's dann auch schon. Zu offensichtlich schufen sich die Profis mit ihren Verkäufen eine eigene Welt. Es war nicht eine kollabierende Weltwirtschaft, die die Börsen ins Taumeln versetzte. Vielmehr hatten sich die Profis an den internationalen Finanzmärkten eine eigene schreckliche Scheinwelt ausgedacht und danach gehandelt. Diese vorweggenommene Wirklichkeit führte dann über die Wechselkurse zu ernsthaften tatsächlichen Konsequenzen in einzelnen Volkswirtschaften, wie beispielsweise im Herbst 1998 in Brasilien.

In Deutschland erhielten die Börsenprofis bei ihrem Angriff auf die »überkauften« Kurse zusätzlichen Flankenschutz durch das wachsende Wahlkampfgetöse aus dem

Umfeld der SPD-Opposition. In Deutschland stehe eine Deflation vor der Tür, stand in den Gazetten zu lesen, der man nur Herr werden könne durch eine verstärkte staatliche Beschäftigungspolitik. Die Börse verstand das als Ankündigung der SPD, im Falle eines Wahlsieges die erfolgreiche Stabilitätspolitik der vergangenen Jahre aufgeben zu wollen.

Horrorszenarien wurden jetzt täglich auf dem Parkett herumgereicht. Unter einem möglichen Finanzminister Lafontaine könnte die fast schon vergessene Inflationsgefahr als mahnendes Zeichen an der Wand auftauchen, über Gebühr hohe Tarifforderungen bei Löhnen und Gehältern wären dann die logische Reaktion aus dem Gewerkschaftslager, steigende Zinsen die Antwort der kommenden Europäischen Zentralbank, die auftragsgemäß die Stabilität des Euro verteidigen würde. Die internationale Finanzwelt würde ihr zögernd aufgebautes Vertrauen in einen stabilen Euro wieder verlieren, die Hoffnungen auf einen Konjunkturaufschwung im kommenden Euroland würden zerfasern. Alte und neue Ängste wurden an der Börse wohlfeil herumgereicht, der Pessimismus war mit den Händen zu greifen.

Gleichwohl gab es keine breite, von hohen Umsätzen getragene Abwärtsbewegung. Da die meisten Börsianer, so meine Recherchen auf dem Parkett, ihre Bestände in den letzten Monaten schon eher niedrig gehalten hatten, verfügten sie auch nicht über genügend Material, um einen kräftigen Kursrutsch bei hohen Umsätzen auszulösen. Und nur wenige hatten den Mut, zu »shorten«, also leer zu verkaufen. Wer es dennoch versuchte und dabei für wenige Minuten oder Stunden richtig lag, nutzte sinkende Kurse umgehend zu Eindeckungen, also Rückkäufen aus. Statt weiter zu fallen, zogen die Kurse wieder an.

Die Panik der Kleinanleger wollte sich partout nicht einstellen, von den zittrigen Händen der privaten Anleger, die André Kostolany in seiner farbigen Erzählweise als Höhepunkt einer Baisse definiert, war nichts zu spüren. Selbst als im Juli die Aufwärtsbewegung beim großen DAX und auch am Neuen Markt jäh beendet wurde, war dies weniger auf starke Verkäufe als vielmehr auf einen ausgeprägten Käuferstreik zurückzuführen. Schon wenige und vor allem kleine Verkaufsaufträge reichten aus, die Kurse gen Süden, also nach unten zu schicken.

»Dies ist kein Grund zur Entwarnung«, versicherten mir die Anhänger der Charttechnik, die mit einem Kursrutsch in Richtung 3 000 beim DAX rechneten, »wenn schon geringe Umsätze zu solch starken Kursverlusten führen, was soll dann erst bei hohen Umsätzen geschehen?« Diese Frage mag berechtigt sein, doch im Sommer 1998 gab es halt keine hohen Umsätze, trotz der sinkenden Kurse.

Der deutsche private Anleger erwies sich, allen Vermutungen zum Trotz, als besonnener Aktionär, der offenkundig sein Engagement als langfristige Investition verstand, die man nicht gleich bei jedem widrigen Wind aufgeben sollte. Mit dieser Einstellung befand er sich im deutlichen Gegensatz zum Profi, der sich im kurzfristigen Tagesgeschäft einen derartigen langen Atem gar nicht leisten kann. Was manchen aber nicht daran hindert, für sich selber ähnlich langfristig zu agieren. Diese hastige Renditejagd mit ihren ständigen Käufen und Verkäufen kostet den Privatanleger zudem aufs Jahr gesehen neben der Steuer einen erheblichen Betrag an Mindestgebühren und Provisionen. Dieser Gesichtspunkt sollte nicht übersehen werden, wenn man sich als Kleinanleger auf das hektische Tagesgeschäft an der Börse einläßt. Für den Kleinanleger mag deshalb die Verlängerung der Spekulationsfrist auf ein Jahr durchaus einen heilsamen Zwang auslösen.

Überall in Deutschland schien es im Frühsommer 1998 nur noch ein Thema zu geben: die Börse und die Aktie. Nahezu jeder in meinem Freundes- und Bekanntenkreis rechnete mir stolz seine Buchgewinne vor, die er mit einem kurzentschlossenen Einstieg am Neuen Markt erzielt hatte, um mich sodann fassungslos zu fragen, warum ich nicht auch mit beiden Beinen in diesen Markt gesprungen sei. Manch einer sah sich auf dem Papier bereits als hochvermögender Aktionär. Kein Wunder, daß fachunkundige Politiker aller Parteischattierungen gierig auf diese vermeintlich fetten Pfründe starrten und überlegten, wie sie durch eine neue Steuergesetzgebung an dieses Vermögen ihrer Steuerbürger kommen könnten.

Mehrmals versuchte ich in der *Telebörse*, diese Kurseuphorie zu dämpfen, doch meine Hinweise auf die tatsächlich vorhandenen Krisenherde dieser Welt und die diffusen Steuerpläne einer möglichen rot-grünen Regierung wurden immer häufiger von Anrufern als leeres Gerede über eine vorgeblich nahende Weltkatastrophe abgetan. Dies war für mich eine ungewohnte Rolle, in der ich mich äußerst unwohl fühlte.

Als Pessimist wäre ich wirklich eine grandiose Fehlbesetzung gewesen. Nach wie vor war für mich die Aktienanlage die beste und zwingendste Möglichkeit, ein privates Vermögen aufzubauen, erst recht in Deutschland mit seiner sehr wahrscheinlich zum Scheitern verurteilten gesetzlichen Rentenversicherung, das auch eine neue rot-grün bestimmte Bundesregierung nicht würde verhindern können.

Spätestens im Mai 1998 schien mir die deutsche Börse völlig überhitzt zu sein, wäre aus meiner Sicht eine Pause beim DAX zum Jahresende ratsam und für eine stetige Fortsetzung der Aufwärtsbewegung auch hilfreich gewesen.

Die Anleger aber folgten in der Mehrheit einer anderen Überlegung. Große institutionelle wie private Anleger schauten nur noch auf die niedrigen Zinsen und die nicht zu übersehende Liquiditätsschwemme und zogen daraus den einzigen Schluß: Kaufen!

»Was sollen wir machen«, klagte mir ein Manager eines Publikumfonds, »wir werden überschüttet mit dem Geld unserer Anleger und müssen deshalb kaufen, auch wenn wir die Börse für absolut überkauft halten.« Ein Umstand, der es den Managern großer Publikumsfonds generell erschwert, sich antizyklisch zu verhalten. Wollen die Anleger alle rein in die Aktien, müssen die Fondsstrategen dem Wunsch der Kunden folgen, auch wenn sie dadurch zusätzliches Öl ins Feuer schütten. Sinken dagegen die Kurse, trennen sich viele Anleger von ihren Fondsanteilen, mit der Konsequenz, daß auch die Fonds verkaufen müssen, um die zurückfließenden Anteile auszahlen zu können, was dann zur Verstärkung des Abwärtstrends führt.

Doch nicht alle Fondsmanager befinden sich grundsätzlich in dieser Zwangslage. Die Verwalter großer Spezialfonds haben es etwas leichter. Sie werden bei kurzfristigen

Schwankungen nicht sofort mit ebenso kurzfristigen Reaktionen der Anteilseigner konfrontiert und können mit diesen in aller Ruhe über die künftige Strategie reden, was bei einem guten Ergebnis nicht schwerfallen dürfte.

Ende Juni 1998 konnten viele Manager dieser Spezialfonds mit Stolz auf ein sensationelles Halbjahresergebnis verweisen. Wenn sie mit ihrem Portfolio ganz einfach nur dem DAX gefolgt waren, hatten sie zur Halbzeit bereits einen Gewinn von fast 50 Prozent in den Büchern. Aus den Gesprächen mit einzelnen Spezialfondsstrategen glaubte ich, hin und wieder die Absicht herauszuhören, diese Gewinne unmittelbar nach der Veröffentlichung der Halbjahresbilanz zum 30. Juni für das ganze Jahr sichern, also verkaufen zu wollen. Bis zum Jahresschluß werde man den Verkaufserlös in aller Ruhe am Geldmarkt bei geringen, aber garantierten Renditen parken. Ab Dezember werde dann die Strategie fürs neue Jahr festgelegt und auch schon teilweise umgesetzt, wobei es wegen der Umstellung auf den Euro zum 1. Januar 1999 bis Ende des Jahres diesmal wohl nur ein flaues Geschäft geben werde, weil die Kreditinstitute mit ihren Mitarbeitern bis zum 4. Januar 1999, dem ersten Börsentag mit der neuen Euro-Notierung, alle Hände voll damit zu tun haben würden, die innerbetriebliche Organisation auf diesen Tag vorzubereiten. Ein umfangreiches Kundengeschäft werde dabei nur stören.

Die Rückschlüsse aus diesen Hinweisen waren ganz einfach: Bis zur Jahreshälfte würden vor allem Spezialfonds, aber auch große Publikumsfonds, die zur Jahresmitte bilanzieren, alles tun, um den DAX in seinem Erfolgsrausch nicht zu verschrecken, also kaufen. Schließlich will man ja den Anteilseignern einen stolzen Gewinn vorweisen. Klappern gehört zum Handwerk, auch im gar nicht mehr so vornehmen Finanzgewerbe.

Danach müßte es bis zum Spätherbst beziehungsweise Winter zu fallenden Kursen kommen, die dann Ende des Jahres durch den Beginn eines neuen Aufwärtstrends aufgefangen und bei geringen Umsätzen in eine Jahresendrallye münden könnten. Die Umstellung auf den Euro war geeignet, diese Entwicklung in die ersten Tage des neuen Jahres zu verschieben.

Meine Ratschläge in der *Telebörse* zielten ab Mitte Juni in diese Richtung, stießen aber, wie gesagt, auf zunehmendes Unverständnis, zumal der DAX, scheinbar unbeirrt, seine Rekordjagd fortsetzte. Erst bei einem Stand von ungefähr 6 200 war es schlagartig vorbei mit der Herrlichkeit, und die Talfahrt begann.

Doch trotz des Kurseinbruchs Ende Juli bemerkte ich auch in den folgenden Wochen nicht die geringsten Anzeichen für Panikverkäufe der Kleinanleger. Als Beweis hierfür konnte ich immer wieder auf den Kurs der Deutschen Telekom verweisen, die sich seit ihrem Börsengang Ende November 1996 zu einem hervorragenden Barometer für das Verhalten der deutschen Kleinanleger gemausert hatte. Von einem Kursniveau um die 32 D-Mark aus in das Börsenjahr 1998 eingetreten, hatte sich der Preis der Aktie während der ersten Jahreshälfte bis auf über 55 D-Mark nach oben gearbeitet, nach dem Juli-Einbruch fiel er gelegentlich in Richtung 40 D-Mark zurück, konnte sich aber im Grunde auf seinem erfreulichen Niveau von knapp 50 D-Mark behaupten. Weder die Asienkrise, noch die Ungewißheit um den künftigen Kurs in Rußland und schon gar nicht die unappetitlichen Einzelheiten in der Clinton-Lewinsky-Affaire konnten einen Keil zwischen die T-Aktie und ihre deutschen Anleger treiben.

Erst als zum Jahresende der Konkurrenzkampf um den Telefonkunden in einen wilden Preiskampf umschlug, begannen die Anleger, ihr langfristiges Engagement in Telekom-Aktien zu überdenken, häuften sich die Abgaben. Eine verständliche und meines Erachtens richtige Reaktion, denn durch sinkende Tarife für Telefongespräche werden zwar vielleicht einige Telefonkunden länger telefonieren, ganz bestimmt wird dies aber nicht die Einnahmeeinbußen ausgleichen können, die durch die Absenkungen der Tarife entstehen. Der Preiswettbewerb um den einzelnen Kunden muß zwangsläufig bei allen Anbietern zu sinkenden Gewinnen führen, das werden auch zusätzlich gewonnene, neue Kunden nicht verhindern.

Die Kleinanleger hatten offensichtlich ihre Lektionen gelernt und die Reifeprüfung bestanden. Denn in den turbulenten Herbsttagen zeigten sie sich gelassener und ruhiger als die Profis. Fondsmanager, die vorauseilend bereits für Liquiditätsreserven gesorgt hatten, um die zu erwartenden Rückflüsse der Anteile auffangen zu können, berichteten mir später, daß es diese Rückflüsse kaum gegeben habe, die Anleger seien ganz einfach auf ihren Beständen sitzen geblieben.

Unter langfristigen Gesichtspunkten war dies auch gar nicht so verkehrt. Denn auf lange Sicht wird sich die weltweite Zinslandschaft wohl kaum grundlegend verändern, werden festverzinsliche Wertpapiere nur sehr dürftige Renditen abwerfen und damit unattraktiv bleiben.

Die überraschend starken Käufe auf den Kapitalmärkten in den USA und in Deutschland im Herbst 1998 widerlegen diese Theorie nicht. Sie wurden an der Börse vor allem als Flucht spekulativer Anleger aus den hochverzinslichen, weil stark gefährdeten Anlagen in Mittel- und Osteuropa, in Südostasien und Südamerika in die sicheren Anlagehäfen dieser Welt interpretiert. Bei normalen Windstärken würden diese Fluchtgelder auch wieder hinaussegeln auf die hohe See. Dadurch könnte es zwar zu leichten Renditeerhöhungen auf dem amerikanischen und deutschen Kapitalmarkt kommen, dennoch werde das Zinsniveau weltweit auf einem sehr niedrigen Stand verharren. Wie sollte es auch anders sein, angesichts der kommenden Konjunkturdellen, der niedrigen Rohstoffpreise und angesichts der Globalisierungseffekte, die nationale Alleingänge bei den Preisen schneller wieder auffangen, als es den Unternehmern lieb sein kann. Wenn es keine dramatische Kehrtwende in der europäischen, besser gesagt, in der deutschen Stabilitätspolitik nach dem Bonner Regierungswechsel gebe, so versicherten mir die Volkswirte in den Kreditinstituten, dann werde es auf absehbare Zeit auch keinen Grund für Inflationsängste geben.

Andererseits aber werde die weltweite Liquidität, also das Kapital, das eine attraktive Anlagerendite suche, weiter anwachsen. Vor allem in Deutschland müßten die jungen Bundesbürger begreifen, daß spätestens in zehn bis fünfzehn Jahren die staatliche Rentenversicherung schon wegen der demographischen Entwicklung vor dem Kollaps stehen werde, so der Chefvolkswirt der Deutschen Bank, Professor Norbert Walter. Dann werde jeder Erwerbstätige feststellen, daß die gesetzliche Rente nicht ausreicht, um den gewohnten Lebensstandard zu sichern.

Folglich heiße das Gebot der Stunde: Schon heute eine private Altersvorsorge betreiben, auch wenn es zu einem zusätzlichen Zwangssparen führt! Diese Erkenntnis sei im Grunde unstrittig, da die Politik offenbar nicht bereit sei, dieser Wahrheit ins Auge zu schauen und immer noch auf ein plötzliches Beschäftigungswunder hoffe, das alle Probleme der Sozialversicherung aus der Welt schaffe.

Die Krise der gesetzlichen Rentenversicherung ist nach Ansicht des Darmstädter Finanzwissenschaftlers und Rentenfachmannes, Professor Bert Rürup, die am besten vorhergesagte Krise in der Geschichte der Bundesrepublik Deutschland. Was aber nicht heißt, daß die verantwortlichen Politiker eine Lösung parat haben. Einen möglichen Notausgang aus diesem Dilemma bietet halt die private Altersvorsorge, die jeder einzelne für sich selber oder über Investmentfonds aufbauen kann.

Angesichts der niedrigen Zinsen weltweit – hochverzinsliche Risikoanleihen in exotischen Schwellenländern kommen für eine finanzielle Absicherung im Alter wohl kaum in Frage, wird der Zwang zur privaten Altersvorsorge künftig an den europäischen Aktienmärkten für einen spektakulären Auftrieb sorgen. Sparbuch, Immobilien und Lebensversicherungen werden mit Sicherheit in der Gunst der Bundesbürger ihren hohen Stellenwert bei der Vermögensbildung behalten, auch wenn ich mich frage, welche Renditen eine Immobilie in den nächsten Jahren bringen kann, wenn niedrige Preissteigerungsraten deutliche Mietpreiserhöhungen verhindern. Und wie wollen Lebensversicherungsgesellschaften bei den üblichen Kapitallebensversicherungen die erwarteten Renditen erwirtschaften, wenn nicht – stärker als bisher – über die Aktienanlage!

Alle Wege beim Aufbau einer eigenen privaten Altersversorgung führen also in Richtung Aktie, die das ideale Instrument einer langfristigen Altersvorsorge ist. Nach einer Umfrage, die das Kölner Forschungsinstitut Psychonomics im Auftrag der Allgemeinen Deutschen Direktbank bei 1,5 Millionen Personen in Deutschland vorgenommen hat, nennen gerade junge Menschen an erster Stelle die Aktie als Anlagemöglichkeit. In der generellen Anlegergunst liegt in Deutschland die Aktie mittlerweile an dritter Stelle. Spektakuläre Börsengänge wie bei Deutsche Telekom, Pro Sieben oder auch Lufthansa werden mit ihrem Werberummel dazu beigetragen haben, vielleicht aber auch ein wenig die Berichterstattung in der *Telebörse* auf n-tv.

Die Geburt von Euroland am 1. Januar 1999 wird den Trend zur Aktie meiner Meinung nach noch stärker beschleunigen, denn von diesem Tag an können sich die Anleger auf einem riesigen europäischen Markt ohne Wechselkursrisiken und mit verbesserter Transparenz bewegen. Seit diesem Tag gibt es nicht mehr, wie bisher, eine Vielzahl von einzelnen nationalen Märkten in Europa; der Zug ist abgefahren in Richtung »europäische Branchenmärkte«. Und in dem Zug sitzen bereits in der ersten Klasse unsere europäischen Nachbarn, die entschiedener und wohl auch früher als die deutschen Anleger die Aktie als Instrument der Vermögensbildung entdeckt haben. Da sich in den letzten Jahren vor allem deutsche Industriekonzerne einer rigiden Fitneßkur für Europa unterworfen haben, sollten deutsche Unternehmen in der Gunst der europäischen Anleger auch auf den vorderen Tabellenplätzen stehen, wenn es gilt, innerhalb einer erfolgversprechenden Branche den Favoriten auszuwählen.

Von einem volkswirtschaftlichen Analysten der Frankfurter DG-Bank erhielt ich vor einigen Monaten eine statistische Untersuchung über die Renditeentwicklungen in Deutschland in den letzten 30 Jahren. Danach hätte ein Anleger, der von 1966 bis 1996 sein Geld in deutsche Standardwerte investiert hätte, trotz all der Kurseinbrüche in 1987, 1989, 1990 oder 1991 und ohne Berücksichtigung der Steuer, eine jährliche Rendite von mehr als 10 Prozent erzielt. Eine entsprechende Anlage in deutsche Festverzinsliche hätte dagegen pro Jahr nur etwas mehr als 7 Prozent gebracht. Dies ist natürlich keine Renditegarantie für die Zukunft. Kurzfristige Kursrisiken, besonders bei einzelnen Werten, werden immer wieder auftreten. Diese Rückschau auf die letzten 30 Jahre mag aber ein Hinweis darauf sein, wie sehr sich die Aktienanlage lohnen kann, wenn man sie mit der Elle einer langfristigen Strategie mißt. Selbst das aufregende Börsenjahr 1998 hat dem DAX bei einem Schlußstand von 5006 einen »Gewinn« von rund 18 Prozent beschert (vgl. Abbildung 8).

Ich möchte aber nicht mißverstanden werden: Die Langfrist-Strategie ist kein Freifahrschein für jahrelanges Nichtstun. Am Anfang einer jeden Überlegung muß die fundierte eigene Meinung zum betreffenden Unternehmen, zur Branche oder zum gesamten wirtschaftlichen Umfeld stehen. Nur dann, wenn sich die Voraussetzungen nicht grundlegend verändern, macht es Sinn, auf seinen Beständen sitzen zu bleiben, gleichviel, was vorbeiziehende Techniker oder Chartanalysten mit ihren Widerstands- oder Unterstützungslinien Ihnen an meistens kurzfristig gemeinten Ratschlägen zurufen.

Kommt es dagegen zu entscheidenden Korrekturen der

Abbildung 8: **Entwicklung des DAX vom 1. 1. 1998 bis zum 31. 12. 1998**

Hoch: 6171,43 (20. 7. 1998), Tief: 3896,08 (8. 10. 1998), Schluß: 5002,39 (31. 12. 1998)

Quelle: DATASTREAM

fundamentalen Daten, muß auch der langfristig orientierte Anleger entsprechend reagieren und sein Engagement neu ordnen.

Angesichts der täglichen Aufgeregtheiten, vor allem im politischen Deutschland, wird es dabei die schwerste Aufgabe des Anlegers sein, den Wortmüll vom Wichtigen zu trennen, andernfalls läuft er Gefahr, auf die falsche Fährte zu setzen.

Nicht ohne Grund lautet ein wichtiger Satz an der Börse: »Information gleich Ruination.«

Kapitel 11

Steigende Zinsen sind Gift für Aktien

Und die Mehrheit hat doch recht!

Schlimmer hätte es für Telekom-Chef Ron Sommer an diesem Montag, dem 17. April 2000, kaum kommen können. Ausgerechnet zum Start seiner Internet-Tochter T-Online am Neuen Markt meldeten die High-Tech-Werte aus dem Internet-Bereich »Land unter«. Weltweit waren in den letzten Tagen die erfolgsverwöhnten Lieblinge der Anleger immer schneller ins Rutschen geraten. An der Leitbörse aller High-Tech-Enthusiasten, der amerikanischen Nasdaq, hatten die Spekulanten, aufgeschreckt von Regierungsattacken gegen den Software-Riesen Microsoft und allmählich zermürbt von den wiederholten Zinsängsten in den USA, schon vor dem Wochenende das Licht ausgeknipst und ihre stattlichen Gewinne aus den letzten Monaten eingesackt. Sollten in der nächsten Zeit die Zinsen weltweit weiter anziehen, würde das Risiko einer Aktienanlage, verglichen mit festverzinslichen Wertpapieren als Alternative, immer höher, manchem vielleicht zu hoch. Ein Kurssturz um knapp 10 Prozent war die Folge dieses Ausverkaufes. Wieder einmal ein schwarzer Freitag an der amerikanischen Börse.

Verständlich, daß sich mancher Marktbeobachter in den Massenmedien voll Grauen an den Oktobercrash 1987 erinnerte, als die amerikanische Börse schlagartig um über 20 Prozent in den Keller stürzte.

An dem Wochenende vor dem Börsenstart von T-Online konnte man in der Frankfurter Szene die Spannung und Nervosität mit den Händen greifen. Eishockey und Fußball, sonst die wichtigsten Themen in den Kneipen und Restaurants an der Alten Oper, waren spurlos von der Tagesordnung verschwunden. Der Schlußkurs der Nasdaq, der mögliche Ausgabepreis der neuen T-Online-Aktie, die Höhe ihrer möglichen Überzeichnung und die Chancen auf eine Zuteilung, das waren die Stichworte, um die all die Stammtisch- und Thesengespräche kreisten.

Mancher Kleinanleger, der bei der Emission der Siemens-Tochter Infineon leer ausgegangen war, hatte, gewitzt durch die schlechten Erfahrungen, gleich bei mehreren Kreditinstituten ein Konto eröffnet und T-Online-Aktien gezeichnet. So erhöhte man seine Chancen auf Zuteilung. Bekäme man mehr Anteile als ursprünglich geplant, konnten ja die überzähligen Stücke zum ersten Kurs am Montag verkauft werden. Mit Gewinn, versteht sich. Denn daß die T-Online-Aktien schon bei der Einführung mit einem deutlichen Kursplus am Neuen Markt gehandelt werden würden, das war noch wenige Tage vor der Einführung für jeden Zeichner eine Selbstverständlichkeit gewesen. Als Internet-Aktie zählte die T-Online doch zum innersten Kreis der heißbegehrten Börsenstars der letzten Monate, zumal sie als Schwergewicht im Index von all den Fondsmanagern gekauft werden mußte, die mit ihrem Depot lediglich einen bestimmten Index abbilden, in diesem Fall eben den Index des Neuen Marktes.

Als am 3. April mit der Bekanntgabe der Bandbreite von 26 bis 32 Euro die Zeichnungsfrist begonnen hatte, wurde die Aktie im inoffiziellen Telefonhandel beim Düsseldorfer Makler Schnigge auch prompt per Erscheinen mit 55 Euro gehandelt.

Zwar ist der Telefonhandel grundsätzlich mit Vorsicht zu genießen, weiß man doch nie, wie hoch das tatsächliche Handelsvolumen ist, das hinter den angezeigten Kursen steht, und ob der Telefonhandel von Anlegern nicht bewußt benutzt wird, um die Kurse bestimmter Aktien nach oben zu treiben. Steigende Kurse im Telefonhandel aber werden trotz dieser Fragezeichen von vielen Anlegern als Indiz dafür angesehen, daß man mit der Aktie am Tag ihrer Emission schnelle Gewinne einstreichen wird. Mithin winkt ein risikoloses Geschäft. Vorausgesetzt, man gehört zu den Glücklichen, die bei der Zuteilung bedacht worden sind. Also ordert man, ohne Rücksicht auf Verluste, denn die kann es ja gar nicht geben. Die Folge: Die Überzeichnung der Neuemission wird von Tag zu Tag größer, die Medien können ihr Ausmaß gar nicht laut genug hinausposaunen.

Bei der T-Online-Aktie soll es unmittelbar vor der Emission zwanzigmal mehr Kaufaufträge der Kleinanleger gegeben haben, als Aktien für sie zur Verfügung standen. Ob ein Preis von 55 Euro für die neue Aktie tatsächlich gerechtfertigt war, spielte dabei nicht die geringste Rolle. Alles in allem also ein verheißungsvoller Auftakt für die Telekom und für den Altaktionär Vater Staat, der von dem Börsenstart erheblich profitieren würde, ungeachtet der Tatsache, daß in linken sozialdemokratischen Zirkeln mit Abscheu über Zockermentalität und kapitalistische Auswüchse an den Börsen dieser Welt lamentiert wurde. Links reden und rechts leben ist eine Disziplin, in der wir Deutschen es zu einer erstaunlichen Fertigkeit gebracht haben.

Doch die Vorfreude wich jäh bangen Sorgen, als sich die Stimmung an den High-Tech-Börsen dieser Welt deutlich eintrübte und die Kurse der T-Online-Aktie am grauen Markt nachgaben. Unmittelbar vor dem ersten Handelstag der Aktie konnten wir an der Frankfurter Börse beobachten, wie auf dem Bildschirm des Telefonhändlers Schnigge der inoffizielle Kurs abrutschte bis auf das Niveau der oberen Grenze der Bandbreite von 32 Euro. All die schönen Gewinne, von denen Altaktionäre wie Kleinanleger bereits geträumt hatten, konnten in den Kamin geschrieben werden. Uns allen schwante, was das für die gesamte Börse bedeuten konnte: Käme die Aktie zum Preis von 32 Euro am oberen Ende der Bookbuilding-Spanne heraus, drohte ein blamabler Reinfall, der in dieser angeschlagenen Stimmung für alle High-Tech-Werte die Börse generell erfassen konnte.

Verständlich, daß wir alle am Abend vor der Börseneinführung erleichtert aufatmeten, als die Deutsche Telekom in Absprache mit den Emissionshäusern den Preis bei 27 Euro, also am unteren Ende der Spanne festsetzte. Damit hatte Ron Sommer freiwillig auf einen großen Teil des möglichen Emissionserlöses verzichtet, um trotz des eingetrübten Umfeldes die Gefahr eines Fehlstarts der Telekom-Tochter zu verringern.

Aber würde tatsächlich am morgigen Tag der Kurs der

neuen Aktie über dem Emissionspreis bleiben? Angesichts der deutlichen Kurseinbrüche ringsum war das keine Selbstverständlichkeit. Und nicht wenige Kleinanleger werden am Sonntag wohl gehofft haben, diesmal bei der Zuteilung durch den Rost zu fallen.

Eine leichte Panik war in den Kneipen Frankfurts also schon zu spüren. Bei den Kleinanlegern! Nicht bei den Börsianern! Im Gegenteil. Die meisten von ihnen fühlten sich nach langen Wochen oder gar Monaten erstmals wieder in ihren eigenen Zweifeln bestätigt und ernst genommen. Immer wieder hatten sie, gerade wegen der steigenden Zinsen in den USA, vor Korrekturen bei den High-Tech-Werten an der Nasdaq oder auch bei uns am Neuen Markt gewarnt. Vergeblich. Angesichts der explodierenden Kurse hatten sie nur Hohn und Spott von Seiten der jubelnden Online-Broker geerntet, die mit ihren Billigtarifen ganze Heerscharen von jungen Kleinanlegen heißgemacht hatten auf das schnelle Geld an den Börsen.

Die börsenerprobten Bedenkenträger, die angesichts der deutlichen Konjunkturerholung verständnislos auf die lahmenden Standardwerte schauten, verstanden die Welt nicht mehr. Trotz guter bis sehr guter Gewinn- und Umsatzzahlen dümpelten die Kurse der Chemie-, Maschinenbau- oder auch Automobilaktien seit geraumer Zeit ohne nennenswerte Kursgewinne vor sich hin, manche näherten sich gar längst vergessenen Tiefstständen. Substanz war offenbar überhaupt nicht mehr gefragt. Man mußte sich ja fast schämen vor seinen Freunden und Bekannten, angesichts der offensichtlichen Fehleinschätzung. Was an der Börse zählte, war Phantasie, war Wachstum, je weiter entfernt in der Zukunft die versprochenen Gewinne lagen, desto höher das aktuelle Kursniveau. Dies konnte nicht gut gehen. Irgendwann mußte dieser Zug zum Stillstand kommen. Und je früher die Bremsen wirken würden, je früher diese Blase platzen würde, desto geringer wären die Enttäuschungen, desto besser wäre es für die Börse generell.

Der jüngste Kurseinbruch war also alles andere als eine Überraschung. Überraschend höchstens die Tatsache, daß man so lange auf ihn hatte warten müssen. Auch über die T-Online-Aktien hatte sich kaum ein Börsianer Illusionen gemacht. Trotz hoher Kundenzahlen in Europa und vor allem in Deutschland werde das Unternehmen bestenfalls in zwei bis drei Jahren schwarze Zahlen schreiben, und aus dem Internet-Zugang würden die Gewinne wohl kaum kommen, denn angesichts des intensiven Wettbewerbs sei damit nicht viel zu verdienen. Dafür werde überdies auch der geplante Pauschaltarif für Internet-Nutzer sorgen. Der bevorstehende Einstieg großer Stromversorger und Elektrokonzerne ins Geschäft mit dem Internet aus der Steckdose werde ein übriges tun.

Gleichwohl sei ein erfolgreicher Börsengang so gut wie sicher. Der schlaue Taktiker Ron Sommer, der mit der ungeahnten Erfolgsstory der Telekom-Aktie in der Vergangenheit immer wieder alle Kritiker eines besseren belehrt hatte, bringe von insgesamt 1,2 Milliarden T-Online-Aktien in einem ersten Schritt nur etwas mehr als 100 Millionen Stück an die Börse, davon seien etwas mehr als 51 Millionen Stück für den privaten Anleger vorgesehen. Das verknappe das Angebot erheblich und trage bei zur 20fachen Überzeichnung der Emission, wie lauthals und werbewirksam von den Medien verkündet würde. Die restlichen mehr als 80 Prozent der Aktien wolle die Telekom später einsetzen, wenn es gelte, Firmenanteile weltweit einzutauschen. Schon deswegen sei vor allem Ron Sommer brennend an einem erfolgreichen Börsengang der Telekom-Tochter interessiert. Und nicht nur er. Auch die Kreditinstitute, die die lukrative Emission abwickeln würden, würden alles tun, um der Aktie eine zufriedenstellende Zukunft zu sichern. Man wolle sich doch nicht die Gunst des Telekom-Chefs verscherzen, denn schließlich winkten weitere einträgliche Börsengänge. Im Sommer sollte die dritte Tranche der Telekom an den Markt gebracht werden, die jetzt noch bei der Kreditanstalt für Wiederaufbau geparkt war, und für den Herbst war die Emission der Telekom-Tochter T-Mobil geplant. Manna vom Himmel für die beteiligten Institute. Wer würde angesichts dieser rosigen Aussichten nicht alles tun, um der T-Online-Aktie eine respektable Zukunft zu sichern? Ein Fehlstart sei also nach menschlichem Ermessen, trotz der dramatischen Kursverluste in den USA, nicht zu befürchten.

Der Montag an der Frankfurter Börse beginnt dennoch so recht nach dem Geschmack der zahllosen Fernsehkollegen, die sich lange vor dem Beginn des Börsenhandels an der Schranke des Maklers Michael Wilhelm um die besten Plätze streiten. Hier, in der Ecke des Frankfurter Börsensaals, wo die meisten Werte des Neuen Marktes gehandelt werden, wird gegen 10 Uhr der erste Kurs des neuen Börsenstars T-Online ermittelt werden.

Wie schon zur Einführung der Telekom-Aktie im November 1996 haben die Pubic-Relations-Strategen Ron Sommers alle Register ihres Könnens gezogen. Vor der Börse lassen riesige magentarote Plastikquader keinen Zweifel darüber aufkommen, wer hier heute das Licht der Börsenwelt erblicken wird. Auf einem gewaltigen Computerbildschirm versucht Robert T-Online, der blonde Plapperriese aus dem Cyberspace, die letzten Zweifler an der »Superzukunft« der »Superaktie« T-Online platt zu brüllen.

Mir war Manfred Krug als Trommler für die T-Aktie sympathischer – auch wenn er genauso wenig an wirklich wichtigen Informationen gebracht hat wie sein künstlicher Nachfolger. Er war halt menschlicher. Aber vielleicht sind das ja auch unzeitgemäße Gedanken aus der Vergangenheit. Unsere Gegenwart, das ist offenkundig die Zukunft.

Die zahlreichen Jugendlichen, die an normalen Börsentagen auf ratternden Skateboards vor dem Börseneingang Fußgänger ängstigen, drängen sich heute vor den Internet-Terminals der Telekom – die umworbenen »User«, wenn schon nicht von heute, dann doch hoffentlich von morgen.

Auf dem Börsenparkett läuft derweil alles wie vorausgedacht, so wie es sich die Redakteure in den Sendestudios in ihren Katastrophenträumen ausgemalt haben. Andächtig filmen die Kameramänner die große DAX-Tafel, auf der der Index der wichtigsten 30 deutschen Aktien seit Handelsbeginn um 9.00 Uhr den Sturzflug probt. Ein Raunen geht durch die Reihen des dichtgedrängten Publikums, als der DAX wie ein defekter Fahrstuhl unter die Marke von 7 000 rutscht. Fast wie an der richtigen Börse an der New Yorker Wall Street!

Aufgeregt suchen die Zeitungsjournalisten nach bekannten Gesichtern auf dem Parkett, nach Gesprächspartnern aus Politik und Wirtschaft, die jetzt das kommentieren sollen, was die Börsianer bereits seit Monaten gebetsmühlenartig jedem, der es hören oder auch nicht hören wollte, zu erklären versucht haben. »Nein, dies ist kein Crash.« »Ja, dies ist nur die überfällige Konsolidierung.«

Die Kommentare mancher Parketthändler und Makler sind angesichts des heutigen Auftriebs ein wenig zynisch. Als Zirkusarena für Bosse, Politiker und Fernsehberichterstatter erfülle das Frankfurter Parkett allemal noch seinen Zweck. An normalen Börsentagen aber störe es eher die hochfliegenden Globalisierungspläne der Manager und ihrer Kostenrechner, die das effiziente Computersystem Xetra der Präsenzbörse vorziehen und diese deswegen am liebsten abschaffen möchten.

Gedanken, von denen heute keiner der illustren Gäste etwas wissen will. Sie passen auch nicht ins Bild. Überall strahlende Gesichter, als kurz vor 10 Uhr der erste Kurs der T-Online-Aktie bekannt gegeben wird: Mit 28,50 Euro liegt er klar über dem Emissionspreis von 27 Euro. Kein überwältigender Kurssprung, keine Zeichnungsgewinne von 100 Prozent und mehr, wie noch vor Wochen bei Neuemissionen gang und gäbe. Vielleicht schon ein Zeichen von mehr Realitätssinn der institutionellen und privaten Anleger? Die Rückkehr zur Vernunft?

Die Erleichterung über den reibungslosen Ablauf ist ganz besonders Heinz-Jürgen Schäfer anzusehen. Er ist als Vertreter der Dresdner Bank zuständig für den Börsenstart der Aktie. Ich weiß wirklich nicht mehr, wievielen Aktien Heinz-Jürgen Schäfer in den letzten 13 Jahren zu einem erfolgreichen Beginn auf dem Parkett verholfen hat, aber an einen Fehlstart unter der Führung dieses Börsenprofis kann ich mich erst recht nicht erinnern.

»Da wird nichts anbrennen«, hatte er mir noch wenige Minuten zuvor versichert, »die Aktie wird gut laufen, die

Nachfrage ist da, große Verkaufsorders der enttäuschten Schnäppchenjäger Fehlanzeige. Und die schwache Wall Street zieht auch keine Blasen.«

Genau so ist es gekommen. Er hat halt wieder das richtige Näschen gehabt. Wie auch Ron Sommer, dessen Rechnung ebenfalls aufgegangen ist. Der niedrige Emissionspreis hat der Phantasie für weitere Kursgewinne genügend Raum gelassen. Die TOI-Aktie, so das offizielle Börsenkürzel findet offenbar Anklang. Toi-Toi-Toi! Der Kurs zieht weiter an. Offenbar wollen immer mehr Kleinanleger einsteigen, die institutionellen Anleger, wie beispielsweise die Fonds, ziehen mit. Nach wenigen Minuten kostet die Aktie bereits mehr als 30 Euro.

Finanzminister Eichel, der wie Ron Sommer vor der Maklerschranke die Kursentwicklung und die millionenfachen Kaufaufträge beobachtet, zeigt sich mehr als zufrieden. Der Börsengang der Telekom-Tochter macht Freude und bringt auch ihm Gewinn. Am Ende der Börsensitzung, gegen 17.30 Uhr, erreicht die Aktie einen Preis von 37,50 Euro. Doch noch ein stattliches Plus von fast 40 Prozent. Aber das haben die illustren Gäste und ihr Medientroß schon nicht mehr mitbekommen. Sie sind längst wieder unterwegs zu neuen Terminen. Das Börsenparkett gehört wieder dem Tagesgeschäft mit seinen wenigen Maklern und Händlern.

Die Botschaft des Tages lautet in der *Telebörse*: »Kein Fehlstart für T-Online«. Im Schlepptau der TOI-Aktie konnte sogar der DAX seine anfänglichen Verluste bis zum Schluß des Börsenhandels nahezu vollständig wieder wettmachen. Es blieb gerade mal ein Minus von 27 Punkten.

Frankfurt hat den Crash-Test offenbar bestanden. Finanzminister Eichel schreibt dies alles frohgemut dem erfolgreichen Börsengang der T-Online-Aktie zu. »Der Anstieg des Kurses könnte ein Zeichen sein, daß der Markt nicht weiter fällt«, lesen wir am nächsten Tag in den Zeitungen.

In der Tat spricht vieles dafür, daß die Finanzmärkte in diesen Apriltagen zurückgefunden haben zu einem inneren Gleichgewicht zwischen Risiko und Chance, zwischen Substanz und Wachstum, zwischen fundamentalen Daten und Phantasie. So hat sich die amerikanische Freiverkehrsbörse Nasdaq, der wichtigste Marktplatz all dieser von der Phantasie getragenen Wachstumswerte der so genannten »New Economy«, in der jüngsten Zeit deutlich von ihren historischen Höchstständen bei 4900 entfernt. Allein in der zweiten Aprilwoche mußte sie einen Verlust von mehr als 25 Prozent hinnehmen – den größten Einbruch ihrer Geschichte. Eine böse Überraschung für all die Anleger, die geglaubt hatten, an der Börse könnten die Bäume in den Himmel geredet werden, ohne Wurzelwerk, ohne Wasser und ohne Nährstoffe.

Auch wenn die andauernde Liquiditätsschwemme auf jede Kurskorrektur an den Weltbörsen prompt eine Gegenreaktion nach oben auslöst und auslösen wird – der blinde Glaube an das schnelle Geld mit Hilfe der High-Tech-Werte ist offenbar dahin. »Die Märkte sind angeschlagen, besonders bei den Internet-Werten schießt die heiße Luft aus den Kursen«, konstatieren die Börsenprofis, und eine leichte Genugtuung in ihrer Stimme ist nicht zu überhören. Was in den letzten Monaten in diesem Bereich der Börse passiert ist, hat keiner von ihnen verstanden. Mitgemacht haben sie schon, denn schließlich macht es noch weniger Sinn, sich gegen den Markt zu stellen. Aber freudestrahlend und lauthals gesungen hat keiner bei diesem Tanz ums Goldene Kalb, genannt Internet.

Unvernünftige und nicht nachvollziehbare Reaktionen hat es an den Börsen immer gegeben und wird es auch immer wieder geben. Aktienkurse werden auch in Zukunft ganz plötzlich in den Himmel wachsen und genauso unvermutet wieder abstürzen. Aber das Ausmaß und die Dauer der Hausse und besonders die unerbittliche Konsequenz, mit der die Käufer und ihre Ratgeber jede fundamentale Argumentation, jede Warnung vor Übertreibung als obsolet oder gar lachhaft abtaten, das hatte alle erfahrenen Börsianer irritiert und vor unlösbare Rätsel gestellt.

Die leiseste Warnung in der *Telebörse* vor steigenden Verlusten oder sinkenden Gewinnmargen, und schon flatterten die Prost-Faxe auf meinen Schreibtisch, mochten sich die Internet-Experten in ihren Chatrooms oder Boards fast ausschütten vor Lachen über diese alten Börsen-Fuzzis, die nicht mehr auf der Höhe der Zeit waren und alles hinunterredeten, was sie nicht verstanden und deshalb auch nicht in ihren Depots hatten.

Dabei waren sich die konservativen mit den aggressiven Anlegern und Experten in einem durchaus einig: Nichts wird künftig in unserer Welt funktionieren können ohne die Informationstechnologie, ohne die Telekommunikation. Unser Leben wird in den kommenden Jahrzehnten geprägt sein vom Internet, um nur ein Beispiel zu nennen.

Nichts wird so bleiben wie bisher. Das gilt für den Verkäufer von Waren wie für den Dienstleister. Die Kunden werden online die preiswertesten Angebote suchen, ihre

Bestellungen aufgeben und online bezahlen. Die Produzenten selber werden über elektronische Plattformen ihre Vorprodukte ordern und kostensenkende Vergleichsmöglichkeiten haben. Sie werden auch direkt mit dem Endverbraucher über das Internet in Verkaufsgespräche eintreten. Das schließt den Einzelhändler aus, senkt die Kosten und macht alles noch viel billiger.

Hierin liegt, nebenbei gesagt, auch die Ursache der zunehmenden Fusionen und Firmenübernahmen weltweit. Dem allgemeinen Preisdruck, der von dem Einsatz der neuen Technologie ausgeht, kann man als Unternehmen nur begegnen, indem man für eine ausreichend große Zahl von Kunden sorgt. Indes wird wohl kein Unternehmen dieser Welt in der Lage sein, auf allen Gebieten seiner gesamten Produktpalette über einen genügend großen Absatzmarkt zu verfügen. Also beschränkt sich das Unternehmen auf seine Stärke, auf sein Kerngeschäft und versucht durch Übernahmen oder Fusionen diesen Bereich auszudehnen. Was nicht zum Kernbereich zählt, wird abgestoßen, d. h. verkauft oder stillgelegt.

Ob dieser Zug in Richtung Größe tatsächlich lange genug unter Dampf oder Strom bleiben wird, um ans Ziel zu gelangen? Ich habe da meine Zweifel. Am Ende könnten all diese Megakonzerne an ihrer eigenen Größe, an ihrer Unregierbarkeit zugrunde gehen. Doch das wird vermutlich erst in 20 Jahren auf der Tagesordnung stehen. Bis dahin aber wird die Weltwirtschaft mit diesem Marschbefehl unterwegs sein, und das Internet ist die Fahne, hinter der alle her laufen.

Die Warnungen der Börsianer vor der grenzenlosen Spekulation in High-Tech-Werten richtete sich auch gar nicht gegen die Internet-Branche generell. Kein noch so konservativer Anleger oder Berater wäre so vermessen, grundsätzlich auf Internet-Aktien in seinem Depot oder bei den Kundengesprächen zu verzichten. Die Frage war und bleibt: Welche Internet-Unternehmen haben eine erfolgversprechende Zukunft? Und ist ihr Kurs gerechtfertigt?

Fast ein Jahr lang wurde jeder Zweifel mit dem lapidaren Hinweis erstickt, es sei im Grunde unerheblich, an welchem Unternehmen man sich beteilige, die Hauptsache sei, es gehöre zur »New Economy«. Mit anderen Worten, alles was im Internet-Bereich tätig war oder vorgab, dort tätig zu sein, war schon aus diesem Grund ein klarer »Kauf«, egal zu welchem Preis. Zögernde Nachfragen seitens der Anleger führten dann allenfalls zu dem Ratschlag, auf die Weltmarktführer zu setzen, da könne kaum etwas passieren. Die größten Anbieter im Internet würden sich mit großer Sicherheit gegen die Konkurrenz durchsetzen.

Wer also mit seiner Anlagestrategie auf der Höhe der Zeit sein wollte, setzte auf »New Economy«. Das galt für das Millionenheer der Kleinanleger rund um den Globus, und das galt nicht zuletzt auch für die Fondsmanager, die von ihren Kunden durch Milliardenzuflüsse nahezu gezwungen wurden, in »New Economy« zu investieren. Das Ergebnis war Tag für Tag in den Medien zu bestaunen: Die Kurse all der Unternehmen, die auch nur im Entferntesten mit Internet, Telekommunikation oder Medien zu tun hatten, schossen in den Himmel. Neuemissionen aus diesen Bereichen wurden fast blindwütig gezeichnet und ab der ersten Sekunde ihres Börsenlebens nachgekauft.

Nach dem Hintergrund fragte kaum jemand. Warum auch? Manche dieser Börsenwundertüten bescherten den Käufern Zeichnungs- und Kursgewinne von mehr als 100 oder 200 Prozent. Direktbanken, die per Telefon oder über das Internet Aktien wie Brötchen zu Billigstpreisen verhökerten, wurden von Kunden überrannt. Die Spaßgesellschaft entdeckte die Aktie als einträgliches Freizeitvergnügen. Warum sollte man überhaupt mit eigenem Geld ins Spielkasino namens Börse gehen oder gar richtig arbeiten, wenn innerhalb weniger Stunden an der Börse riesige Gewinne eingesackt werden konnten? Und das ohne größeres Risiko! Die Kurse kannten doch seit Monaten nur eine Richtung: Nach oben!

Diese Einstellung bereitete vor allem in den USA den Verantwortlichen zunehmend Sorge. Aktienkäufe auf Kredit kamen immer mehr in Mode, und offenbar war nicht jeder Aktienverkäufer bereit, sich hinreichend der Sicherheiten seiner Kunden zu vergewissern.

Wenn Aktien der »New Economy« zunehmend als »fast food« konsumiert wurden, durfte es keinen verwundern, dass im Umkehrschluß die so genannte »Old Economy« vom Spielplan abgesetzt wurde. Fundamentale Daten wie Gewinne, Finanzreserven oder Dividendenzahlungen aus dem operativen Geschäft waren mega-out.

Als ich in Berlin während der Präsentation eines Unternehmens aus der High-Tech-Branche eine junge Analystin nach ihren Gewinnschätzungen für die kommenden Jahre fragte, um daraus den möglichen Emissionspreis abzuleiten, erntete ich zunächst verständnisloses Schweigen und dann schallendes Gelächter. Aus ihrer Sicht verständlich, denn in der »New Economy« spielen Begriffe wie Gewinne oder Cash-flow kaum noch eine Rolle. Wie sollten sie auch, denn ein neues Unternehmen in einem neuen Markt kann noch gar keine Gewinne machen. Im Gegenteil, in den ersten Jahren werden vermutlich hohe Verluste anfallen. Ein Unternehmen aufbauen, Produkte entwickeln, Mitarbeiter für die Produktion anwerben, seinen Absatzmarkt finden und besetzen, das alles kostet zunächst nur und bringt kaum Geld. Deswegen geht man ja an die Börse, um von den Anlegern genügend Eigenkapital zu kassieren. Über Kredite allein wäre dies in dem einen oder anderen Fall schon schwieriger, da nicht jede Bank bereit ist, derartige Risiken zu übernehmen.

Nebenbei gesagt, liegt hierin auch ein Grund für die Flut von Neuemissionen am Neuen Markt. Aber wenn die Anlaufprobleme überstanden sind, wenn das alles vorhanden ist, wenn alles steht, ja dann wird die einzigartige Produktidee ein unglaubliches Wachstum generieren, und die Gewinne werden nur so sprudeln. Und alle sind zufrieden.

Wenn man dennoch unbedingt am Kurs-Gewinn-Verhältnis (KGV) als Bewertungsmaßstab festhalten wolle, so wurde mir beschieden, müsse man diese rechnerische Größe dynamisieren und nur noch auf die Zuwachsraten künftiger Gewinne abheben und diese dann ins Verhältnis setzen zu den gegenwärtigen Kursen. Besser sei es aber, man verzichte gleich ganz auf das antiquierte KGV und setze auf das Verhältnis der Kurse zu den Umsätzen.

Wenn aber schon Weltmarktführer wie der amerikanische Internet-Buchhändler Amazon bei deutlich steigenden Umsätzen einen noch stärkeren Anstieg der Verluste melden müssen, darf doch wohl die Frage erlaubt sein, welchen

Sinn steigende Umsätze heute haben, wenn sie lediglich zu noch höheren Verlusten führen? Der Einkauf über das Internet wird in wenigen Jahren erheblich an Bedeutung gewinnen, daran kann es keinen Zweifel geben. Aber rechtfertigt allein das potentielle Wachstum mit visionären Gewinnaussichten Kurssprünge um Hunderte von Prozentpunkten? Was geschieht mit den aufgeblähten Kursen, wenn diese visionären Weltmarktführer mit ihrer Nischensoftware im Cyberspace verglühen und auf ihren Produkten sitzen bleiben? Wenn der Wettbewerb die Preise ruiniert? Wenn die Unternehmen der »Old Economy« mit ihrer Erfahrung im angestammten Geschäft, mit ihren Beziehungen und vor allem mit ihren Finanzreserven ebenfalls ins Internet-Geschäft einsteigen und gegen die Cyberkonkurrenz zurückschlagen? Wenn qualifizierte Mitarbeiter immer seltener und damit auch teurer werden? Nicht jeder gibt sich mit Aktien anstelle von Gehalt zufrieden, zumal diese Belegschaftsaktien in der Regel über Monate gebunkert werden müssen, bevor sie an der Börse zu Bargeld gemacht werden können. Was passiert, wenn das Geld aus dem Börsengang verbraucht ist, bevor die Umsätze zu Gewinnen führen?

Das angesehene amerikanische Wirtschaftsmagazin *Barron's* kommt aufgrund eigener Befragungen von amerikanischen Internet-Firmen zu dem Ergebnis, daß in den nächsten Monaten von den untersuchten 207 Unternehmen in den USA rund 25 Prozent pleite gehen werden, weil die operativen Verluste die finanziellen Reserven dann aufgefressen haben. Ob diese kurze Zeitspanne richtig bemessen ist, bleibt fraglich, im Grunde aber wird diese Untersuchung auch von Merrill-Lynch-Analysten bestätigt, die rund 75 Prozent der gegenwärtigen Internet-Firmen keine

Zukunft geben, weil diesen das Geld ausgehen wird. Pech für die Anleger, wenn sie Aktien gerade dieser Unternehmen in ihrem Depot haben.

Hin und wieder aber beschleicht mich die böse Ahnung, daß sich manche Anleger schon deshalb kaum um die fundamentalen Daten kümmern, weil sie nur an dem schnellen Schnäppchen interessiert sind. Kaufen, die hohen Schwankungen der Kurse beobachten und sofort bei der nächsten Kurssteigerung den Gewinn realisieren – wer kümmert sich dabei noch um die langfristige Zukunft des Unternehmens? Spekulationsfrist und Einkommensteuer scheinen ebenfalls in diesem Zusammenhang von untergeordneter Bedeutung zu sein.

Nahezu jeder meiner Gesprächspartner auf dem Parkett der Frankfurter Börse war schon Ende 1999 fest davon überzeugt, daß diese Spekulationsblase über kurz oder lang platzen werde. Selbst große Investmenthäuser, wie die Frankfurter DG-Bank, orakelten über eine bevorstehende 40prozentige Korrektur am Neuen Markt. Eine Warnung von erheblicher Bedeutung, waren es doch gerade die DG-Bank mit den genossenschaftlich verankerten Fonds der Union Investment, die die Wellen am Neuen Markt mit erstaunlichem Erfolg abgeritten hatten. Jetzt bliesen auch sie zum Ausstieg. Je früher die Kurse vorübergehend konsolidierten, so las man es plötzlich nicht nur in den Analysen der DG-Banker, desto besser sei es für eine weitere Aufwärtsbewegung an den Börsen. Eine bedenkenlose Fortsetzung der gegenwärtigen Euphorie könnte dagegen die Notenbanken unter Führung der Amerikaner veranlassen, die Zinszügel stärker als vielleicht beabsichtigt anzuziehen.

Da war es wieder, dieses Stichwort »Zinsangst«. Immer häufiger in den letzten Monaten hatten nahezu alle konservativen Marktbeobachter davor gewarnt, die Zinsdrohungen des US-Notenbankchefs Alan Greenspan auf die leichte Schulter zu nehmen. »Die Mehrheit hat nie recht«, tönten dagegen die alerten Jung-Broker der privaten Vermögensverwaltungen, »die Hausse nährt die Hausse, Liquidität ist im Überfluß vorhanden. Und wenn die Mehrzahl der Analysten pessimistisch gestimmt ist, können die Kurse nur weiter steigen, weil diese Pessimisten keine Bestände haben, die sie kursdrückend auf den Markt werfen können.«

Nicht ganz falsch. Der andauernde Zufluß der Milliarden aus dem Kreis der Privatanleger ist in der Tat ein gutes Argument für einen dauerhaften Aufwärtstrend an den Finanzmärkten. Dies gilt vor allem in Deutschland, wo nach den offenkundigen Problemen der gesetzlichen Rentenversicherung und der mangelnden Bereitschaft der verantwortlichen Politiker, durch eine grundlegende Reform Abhilfe zu schaffen, wohl auch der letzte junge Erwerbstätige begriffen hat, daß er für seine Altersversorgung selber sorgen muß. Der Blick auf die Statistiken der letzten 30 Jahre zeigt, daß hierfür eine breit gestreute Anlage in Aktien zumindest bisher eine sehr gute Entscheidung war. Sie könnte es auch in der Zukunft bleiben, wenn die Aktienanlage als fundamental abgesicherte Langfristinvestition verstanden wird. Hektische Kurssprünge von mehr als 100 bis 200 Prozent in wenigen Tagen oder Wochen mögen der Spaßgesellschaft spannenden Gesprächsstoff liefern, einer berechenbaren und soliden Altersvorsorge sind sie indes wohl kaum förderlich.

Die wieder aufgeflammte Zinsdiskussion ist vielleicht

gerade noch im letzten Augenblick auf die Tagesordnung der Finanzmärkte gesetzt worden, um einer gravierenden Fehlentwicklung mit dauerhaften Schäden an den Börsen vorzubeugen. Dabei möge man sich aber auch davor hüten, nun das Kind mit dem Bade auszuschütten. Es stimmt, daß die Notenbanken, allen voran die der Amerikaner, vor steigenden Inflationszahlen warnen und deshalb nicht nur mit ihrem Folterinstrument »Zinserhöhung« drohen, sondern es auch einsetzen. Die Analyse der jüngsten Preiserhöhungen nährt aber die Erwartung, daß mit dem jüngsten Rückgang der Preise für das Rohöl auch der allgemeine Preisauftrieb wieder zum Stillstand gekommen ist. Die moderne Dienstleistungsgesellschaft, die offenkundig dabei ist, die alte Industriegesellschaft abzulösen, wird zudem weniger von Rohstoffen und ihren Preisen abhängen, als dies in der Vergangenheit der Fall gewesen ist. Hohe Rohölpreise würden diese Entwicklung nur beschleunigen In der nächsten Zukunft werden sich mit großer Wahrscheinlichkeit die Preissenkungstendenzen fortsetzen, die wir dem internationalen Wettbewerb in dieser globalisierten Welt mit ihren neuen Technologien und ihrer Transparenz verdanken. Höhere Lohnkosten werden durch einen effektiveren Einsatz, das heißt, durch eine steigende Arbeitsproduktivität weitgehend neutralisiert, was gleichzeitig die Bedeutung der Gewerkschaften zunehmend verringern wird. Wenn zudem weiterhin staatlich verordnete Bürokratien weltweit abgebaut werden, wird es nicht bei dem dramatischen Preiswettbewerb bei Nahrungsmitteln, in der Telekommunikation oder bei der Stromversorgung allein bleiben. Die Inflation verliert ihre Giftzähne, überall auf der Welt, überall in unserem täglichen Leben.

Dies ist auch eine Botschaft der »New Economy«! Warum dann aber die Angst vor weiteren Zinserhöhungen, wenn die Stabilität trotz gestiegener Rohstoffpreise nicht wirklich in Gefahr ist? Es ist ganz offensichtlich die Angst der amerikanischen Notenbanker vor einer überbordenden Konsumfreude ihrer Landsleute. Nach einer zehnjährigen Aufwärtsbewegung an den amerikanischen Finanzmärkten haben viele Amerikaner durch ihre Aktienanlagen ein erhebliches Vermögen angehäuft. Immerhin besitzen 50 Prozent der erwachsenen Amerikaner Aktien. Allein in den letzten beiden Jahren ist deren Vermögen um 3 Billionen US-Dollar gestiegen. Nur auf dem Papier, wohlgemerkt. Aber warum sollten diese Amerikaner sparen? Warum sollten sie sich beim Konsum zurückhalten? Wer sich reich fühlt, wer sich angesichts der Vollbeschäftigung keine Sorgen um seinen Arbeitsplatz machen muß, der gerät natürlich in die Versuchung, mehr auszugeben als bisher.

Der Anstieg der Konsumausgaben in den USA liegt mit gegenwärtig 5 Prozent noch außerhalb der Gefahrenzone. Dennoch läutet Alan Greenspan die Alarmglocken. Wehret den Anfängen, so seine Botschaft. Der Reichtum der Amerikaner fußt zu einem großen Teil auf den andauernden Kursexplosionen an den Finanzmärkten. Die Gewöhnung daran könnte mit der Drogenabhängigkeit verglichen werden. Käme es durch irgendein Ereignis zu einem plötzlichen, vielleicht sogar erheblichen Rückschlag an den internationalen Finanzplätzen, könnte dies wie ein kalter Entzug wirken, mit schwerwiegenden Folgen. Schlagartig würden sich die Amerikaner bewußt, daß ihr Reichtum nur auf dem Papier existiert, daß zum Börsenalltag auch fallende Kurse gehören, daß die Börse eben keine Einbahnstraße ist. Die Konsequenz dieser Erkenntnis wäre eine plötzliche Konsumenthaltung, die wiederum eine verwöhnte Boom-Wirtschaft auf dem falschen Fuß erwischen würde. Nur unter schweren und langwierigen Verwerfungen würde Amerika aus diesem Konjunkturabschwung wieder zurück finden in die Normalität.

Eine sanfte Landung der Hochkonjunktur, das ist vermutlich das wirkliche Ziel der Zinspolitik Alan Greenspans, ein Abbau der Übertreibungen an den Aktienmärkten. Lange Zeit hat er auf den Erfolg seiner Maßnahmen warten müssen. Kleine Zinsschritte nach oben wurden von den Märkten mit leichter Hand beiseite gewischt. »Alles schon in den Kursen enthalten«, hieß es immer wieder frohgemut. Und weiter ging die erfolgreiche Rekordjagd an der Nasdaq, getrieben von einer anscheinend unaufhörlich sprudelnden Liquidität. Schließlich könnten die steigenden Zinsen die Unternehmensgewinne gar nicht beeinträchtigen, weil viele ja sowieso nur Verluste machten. In ferner Zukunft aber würden die Zinsen schon wieder fallen. Wozu sich also heute grämen? Lediglich die Werte der »Old Economy«, die an der Wall Street den guten alten Dow Jones Industrial Index prägen, spiegelten allmählich die Sorge, daß die Konjunktur angesichts der steigenden Zinsen allmählich Wirkung zeigen und die Quartalsgewinne nachgeben könnten.

Eine fatale Situation für Alan Greenspan. Zeigten sich die Anleger an der Nasdaq weiterhin hartleibig gegenüber jeder Zinserhöhung, müßte eigentlich der ganz dicke Knüppel einer drastischen Zinserhöhung aus dem Waffenarsenal der Notenbank geholt werden. Damit aber wüchse die Gefahr eines schlagartigen Einbruchs der Konjunktur, was Greenspan ganz offensichtlich unbedingt vermeiden will.

Vielleicht hat aber die Nasdaq mit ihren High-Tech-Werten, oder besser gesagt, vielleicht haben die Anleger in letzter Sekunde gerade noch einmal zur Einsicht zurückgefunden, wofür der deutliche Kurseinbruch um fast 40 Prozent der Beweis sein mag. Denn besonders die jungen High-Tech-Unternehmen sind gefährdet, wenn die Zinsen anziehen. Ihre Gewinne liegen, falls es sie überhaupt jemals geben sollte, zwar in aller Regel in weit entfernter Zukunft. Will man sie aber auf den heutigen Tag herunterbrechen, etwa um die Aktienkurse dieser Unternehmen mit den Kursen anderer Unternehmen zu vergleichen, müssen diese künftigen Gewinne pro Aktie mit dem aktuellen Zinssatz abgezinst werden. Je höher also die Zinsen, desto weniger sind die Gewinne der Zukunft aus heutiger Sicht wert. Nicht zu unterschätzen sind auch die Folgen steigender Zinsen auf junge Unternehmen, die unter Liquiditätsmangel leiden. Wie die erwähnte Studie des US-Magazins *Barron's* zeigt, trifft dies nicht zuletzt junge Einsteiger im Internet.

Verständlich also, daß die Ankündigung weiterer Zinserhöhungen dem Überschwang bei Internet-Aktien ein wenig die Luft oder auch Lust genommen hat. Auch die »New Economy« kommt halt nicht vorbei an der uralten Börsianerweisheit, daß steigende Zinsen Gift sind für Aktien.

Dies soll nicht heißen, dass wir Abschied vom Internet oder ganz allgemein von der Kommunikationstechnologie nehmen müssen. Die Kurskorrektur im Frühjahr 2000 bedeutet nicht mehr, aber auch nicht weniger, als daß die Anleger an den Finanzmärkten offensichtlich zurückgefunden haben zur Realität und zur Vernunft. Auch in den kommenden Monaten und Jahren werden die Kurse der Internet-Aktien steigen – vermutlich aber nicht mehr im bisherigen

Ausmaß und hoffentlich nicht ohne jede Berücksichtigung fundamentaler Überlegungen. Kein Grund zu verzagen, denn schließlich gibt es ja auch im Internet-Geschäft schon heute Unternehmen, die auf erfreuliche Gewinne und auf eine stabile Stellung im Markt verweisen können und nicht nur auf phantastische Visionen.